儒學義理通詮

周群振著

臺灣 學生書局 印行

自序

本書輯錄之篇章，乃著者最近十餘年間，多次參與國內外相關之學術會議，及反乎異說而爲不得已之辨正所完成。書名《儒學義理通詮》，蓋由總旨悉據孔孟以降，歷經創發昭顯之儒家形上思想與道德信念爲論也。全部內容，雖具統體一貫之思理和進向，然以對應不同問題，而亦有輒致議論殊方者，故今集合成書，必須析爲「本文」及「附篇」之兩類編列。

本文十篇：依思維開展之架構流程看，大體皆屬一般所謂「宇宙論」式之格局。順傳統故有之名言爲說，即以「天理爲首出，形氣爲副貳」；或「理以生氣，氣以載理」之體、用相成的義路。切就具體之踐履生活，循由議論以爲詮表時，則必然得進至存在意義的道德本質之肯定，而不得不隨歷史中聖賢人物既經證成之超特原則或實蹟作鋪敘和析述。蓋人之爲生，原本「心性」與「身軀」相待，勢正有如理、氣合一而化之小宇宙。不過心性以好德而存明覺；身軀以適欲而屬無記。故其著落於因應世務之動作云爲，總會有個主宰和被主宰的機制，足徵「心性自然發命於先；身軀必然受命於後」。如實言之，亦即「心以思而御身，身以行而運心」。孔子宣「仁教」，明言人若用力於仁，未見有力不足者；孟子主「性善」，逕稱盡心知性可以知天，存心養性所以事天。即聖人之深識乎此而創爲開光點化之先聲者也。

十篇之文，雖各依觀念系絡或哲人思致，有所爲主題命意之別異，微旨固必不外乎綜合上述理氣、體用之兩層四相，秉故家遺緒，試作交相融貫之義理疏通；時且藉不同之圖式爲助解，差可望經天緯地之人間至寶——「道德理性」破重霧而光顯於來茲。區區芻議，自問志夸而學不逮、才不稱、身未及修，徒欲以效野人獻曝之忱，得與千秋同好者共勉而已。

附錄三篇：前二係因觀於近人之論述儒義，有令此心頓感難安，所爲直言無諱之申辯。語辭雖或略帶犀利，基本上固仍屬義理之諍，不當訾爲異數而廢棄。後一爲評斷古代暴君秦始皇之大惡，乃由不契電視劇編導者之曖昧心態，與夫深痛共黨文革進行「批孔揚秦」之絕對反動悖謬而作，事關人文化成之大是大非，辭氣不稍假借，亦理勢之所難免。讀者君子，諸希曲予鑑諒！

儒學義理通詮

目錄

陸、《論語》冠首群經與持載生命之大義蠡測……一九七

捌、孟子本義之疏釋及疑難試解
——陳大齊先生《孟子待解錄》讀後抒見……二五七

附篇

壹、儒家圓極教旨之體段抒義

——作爲一個新儒學後進者的信念

一九九〇年十二月第一屆「當代新儒學國際研討會」發表

本文論旨，要在對儒家思想之義理規模，作個整體地架構形態的陳述：標題概分「前言」和「本論」兩部份，重點在本論部份，其下復分二大節、八小節。循理為說，條列有序；如實省察，輪廓自見。幸請讀者注意及之。

前言：題旨簡介

古今中外，任何既成之學術系統或家派，都必有其所欲施教於人而得爲學統或家派之大義和主旨，以及由之而凝鑄建構的鮮明的體態。在此意義下，我們特別宣說：儒家之教旨與體態是「圓極」的。何謂「圓極」？自當先作文義方面之交待。

首先是，圓極之意涵：當從詞性上作「形容」與「名號」之兩重分說。㈠在形容詞方面，我們可以即字爲解，而謂「圓極者，即圓融至極也」。此乃通釋，人皆認得，然僅有助成主觀理解的方便之功，尚未及於所當指述之客觀內容爲何是。以是應知，㈡在名號詞方面，概與先哲所稱「太極」、「無極」之號同科，蓋有眞實理體之爲本根也。不過，太極、無極之稱，惟在特顯高卓相與幽深相，一般疏於學思的人，往往覺得懸隔而莫知所由。於是或則如陰陽術士者流之奉如神明，興起附會奇幻之想；或則如現實享樂者流之視同廢話，甘爲浮薄輕淺之生。以致天人之間，總成違異而無可彌縫。今之別謂「圓極」，則義賅縱向的上下與橫向的四方：存在地言之，亦即通遠近內外，往古來今，而人皆可有我爲中心及當下即是之感受。如是，或將更能免於妖妄無稽之迷亂乎！

其次是，圓極之情狀：順上文第㈡項，作進一步之推述，「圓極」亦當有「平面的環形圓狀」與「立體的球形圓狀」之分：前者爲一般觀想之所對；後者爲切實體證之所成。此則須待後文詳實發明，茲僅爲貌相殊異之辨，所以預立論說之宗綱與輪廓耳。

本論：圓極的教旨與體段

一、道德本質義之貞定

要知儒家圓極的教旨與體段，首須明其所以爲教與爲體之道德本質義。所謂「道德本質」，亦可具象地稱之曰「道德實體」，是從來儒家統觀宇宙萬象之生息流變，所揭發出來的一個言之順通，行之利便的生命性眞實的物事；古聖前賢，在其心靈發露、文化創建之初，即充份掌握住這個物事，扣緊著這種觀念而立言、制行的。試看尚書堯典之贊堯：「曰放勳，欽明文思安安，允恭克讓；光被四表，格于上下；克明峻德，以親九族；九族既睦，平章百姓；百姓昭明，協和萬邦，黎民於變時雍」。舜典之贊舜：「曰，重華協于帝，濬德文明，溫恭允塞；玄德升聞，乃命以位；愼徽五典，五典克從；納于百揆，百揆時敘；賓于四門，四門穆穆；納于大麓，烈風雷雨弗迷」。正爲上古典憲，盛稱上古聖王言行之一依於道德的實錄。由之迤邐而下，夏、商、周書所記各代君相如禹、湯、文、武、稷、契、伊、周之思慮及業績，亦無不皆秉「好生之德，恰于民心」（大禹謨）的信念，制爲「正德、利用、厚生」（同上）教養生民之槼範，形成「惟精惟一，允執厥中」（同上）相傳不墜之心法。暨乎孔子，以平民而集往聖先賢修爲之大成，得一總持之實體觀念曰「仁」，並舉以爲盡人皆當踐行與力所能及之鵠的。孟子繼之，又反觀內省，見得：「人皆有惻隱、羞惡、辭讓、是非的四端之心」，「仁、義、禮、智，非由外鑠我也，我固有之也」（同見公孫丑及告子上篇）。於是肯定：「仁，人之安宅也，義、人之正路也」（離婁上），「仁，人心也；義，人路也」（告子上），竟爲「曠安宅而弗居，舍正路而不由」，「舍其路而弗由，放其心而不知求」者，一再發出「哀哉」的浩嘆（同上）！此乃儒家教旨之爲道德本質義貞定之始末——至少自有文書傳述以來，可以令人確信是初起於二帝三王、終成於孔孟之梗概也。孔孟而後、經漢、魏、晉、唐、宋、元、明、清以至於今，歷代賢哲——包括內求誠意正心、明善修身，外求平治天下、繁興文化之或隱或顯的人物，雖皆各有適時適機之創發與成就，甚或免不了彼此間的意見相左，然終不得不以承續孔孟之儒者自許，則其所循由之基本義路和理念，亦必在於展露道德本質或道德實體爲尚之規模，固屬昭然明白而不容異議者也。於是我們當切就人類生命乃至所成歷史生命之情態，略申其實爲總體德性運作下之應然與必然。

㈠人生存在必然之歸趨——好善惡惡

人，無論就其獨體的、或社會、歷史的存在之實質而言，基本上都可以一「生」字來概括，明白言之，即人之一切，可以全幅藉生之原理作表述。這個意思，初或未必爲人人所察識，但通常亦多有隨現勢情境而至的直覺的流露。例如：古書籍中之每見「生民」、「生人」，乃至以通人所經營之事業爲「生事」或「生計」；近世文、哲類學者之撰文抒見，則慣常創用新名曰「人生」，而且多方運作，不覺其贅。是皆足爲「生」與「人」間關係密切之證。在此，我們要問，「生」之爲義果如何？一般粗略的看法，好像只是個套結人的定然僵固的機括，是與死之彼邊相對之此邊的事實。莊子嘗言：彼出於是（此），是亦因彼，彼是方（相）生之說也」，又曰：「方生方死，方死方生」（齊物論）。雖其本意在豁醒人之終當「莫若以明」，然著實地講，生生死死亦確屬自然變現之常情。所以世俗之人，對於這種事實，每視爲無可避免而安之若素；宗教家則特感其翻覆輪迴，苦罪深重，而欲竭力超拔之。其實我們現在若順莊子「莫若以明」之意，進一步作具體的推置以論，則可說徧天地間，蓋盡爲「生」之所充盈；明白言之，亦即整個大宇長宙全幅是個永恒的生或生命之相續不斷的呈露。我們眼前所見或所遭遇的「死」及與死相對之「生」，不過爲宇宙永生中流衍變化之小的浪花——如熊十力先生所常說的「大海水」與「衆漚」之互爲消長，而實則並無任何的增損可言。易傳曰：「夫乾、其靜也專，其動也直，是以大生焉；夫坤、其靜也翕，其動也闢，是以廣生焉」（繫辭上）。此中之特以「大生、廣生」稱述乾、坤之「靜專動直」、「靜翕動闢」，即所以視生爲充盈天地（宇宙）之實質者；故當其贊易而極稱「易與天地準，故能彌綸天地之道……」之餘，且復申言「生生之謂易」（均見繫辭上）。「生生」者，實寓生而又生，永不停息之意，中間卻不帶任何毀損破滅的陰影，是可知這所謂的生，乃超脫俗見羈絆而爲萬事萬物所以得成之純淨的主力，具象地說，亦即爲恆常宇宙之本源或本根也。由此更作推觀：正因其對萬事萬物之只「成」而無「壞」，我們且可逕作體性學的論斷，而謂之即是道德實體之充量表現或如實存在，然後連屬「生」與「德」而具稱爲「生德」；尙書之言「好生之德，恰于民心」（大禹謨），易傳之言「天地之大德曰生」（繫辭下），中庸之言「天地之道，可一言而盡也：其爲物不貳，則其生物不測」（第二十六章），是皆所以視德與生爲一體之物事而不容間言者。至於孟子，在爲孔子仁教作圓極的深思下，竟引詩經「天生蒸民，有物有則；民之秉夷，好是懿德」（大雅文王篇），以證人德之徑自天生，而創人性本善之論，則更使好善惡惡，成整個人生存在必然之歸趨矣。

(二)精神活動必具之特色——人文性與宗教性

上來所爲人生歸趨之說明，猶只純屬理念層面的事；然理念固必抒發爲具體的行止，這時，便將見一自成體段之精神活動及其所蘊積的特色。儒家道德爲本的精神體段之特色，可用中庸所謂「尊德性而道問學，致廣大而盡精微，極高明而道中庸」

（二十七章）三語作表徵；如實言之，亦即兼具「超越」與「內在」之雙重意涵。刻就其所成文化業績與價值效應處看，便是「人文性」與「宗教性」之並行不悖。關此，初固必有歷史進程及發展之軌迹可尋：

順著尙書所記虞、夏、商、周各代之政教措置而體察之，最先似皆有所謂超絕的神——昊天或上帝之爲主宰與操持。這本是世界上任何民族文化首創階段，通有的現象，中國自亦不能例外。所不同者，惟在中國諸先哲心目中的尊神觀念，並非信服其特異的靈驗、懾於其絕對的威權；而是以爲道德上純淨無染的代表，所以殊少驚奇怪異、不合情理的神話之流傳，惟取其助成明君統治，如夏書大禹謨的「帝德廣運，乃聖乃神，乃武乃文，皇天眷命，奄有四海，爲天下君」；阻遏昏君的暴虐，如夏書甘誓的「有扈氏威侮五行，怠棄三正，天用勦絕其命」。類此的記載甚多。嚴格論之，可以說根本是人之基於道德至尙之要求，乃象徵地藉託客觀之神（無論其是否眞實），以嘉善而斥惡，於是而有「惟上帝無常，作善降之百祥，作不善降之百殃」（伊訓），「皇天無親，惟德是輔」（蔡仲之命）的觀念，展衍開來，遂使一般奉爲臨監在上，顯赫可畏之位格神，愈到後來，便愈近乎降尊紆貴、透出「天聰明自我民聰明；天明畏自我民明畏」（皐陶謨），以及「天視自我民視；天聽自我民聽」（泰誓）的開明親和之貌。迄於周世，子孫們且得以有德之先祖，配對天神，如詩經之所詠嘆：「思文后稷，克配彼天，立我烝民，莫匪爾極」（周頌思文篇）；「文王在上，於昭于天……文王陟降，在帝左右」（大雅文王篇）。甚至當世事艱難，不得紓解之時，詩人們竟敢遷怒或輕藐天神，而每有「悠悠蒼天，曷其有極」（唐風鴇羽），「民今方殆，視天夢夢」（小雅正月）；「如何昊天，辟言不信」（小雅雨無正）；以及「疾威上帝，其命多辟，天生烝民，其命匪諶」（大雅蕩之什）；「上帝板板，下民瘁癉，出話不然，爲猶不遠」（大雅板板）等等不一而足的咨嗟與怨尤。現在我們推究其所以如此的發展，當然必更有實理上之可得而明解者：

蓋因觀念上之以「德」爲最尙者，德便自然尊據宇宙「大始之元」位，凡宇宙中一切之存有，無論其爲精神的或物質的，必皆屬於「大始之元」（此辭取義於董仲舒所稱「謂之元者，大始也」及「春秋之道，以元之深、正天之端」云云。語見春秋繁露玉英篇）化育管攝下之一一的個體，而勢將若孔子所示「衆星之拱北辰」（論語爲政篇：「子曰、爲政以德，譬如北辰，居其所而衆星拱之」），乃共得環中之理（道）以自存與自爲。就在這種情實之下，縱使是較之萬物超特的「神」與「人」，也同樣不能有例外；明白言之，亦即人固必須尊德而爲人，神亦必須依德以爲神。左傳曰：「神，聰明正直而壹者也」（莊公二十三年），正足說明神、人德性之同一，至少二者間並無任何蘄向上的差別。當然，此乃就一般認定的相對於人之位格神而言者；若是進而順「形而上者謂之道」（易繫）的方式作理解，則神亦實可即視爲德性之本身。只是體質方面，神（德性）爲隱而不見的純粹的靈；人則在性靈以外，復有其可以分明辨識，且待切磋琢磨的物質身軀或生命。這個同異的區別，甚關重要！由之，我們可說神（德性）無任何的牽累，不用修爲而自然至善無惡；人則必須從現實中翻騰拔舉而上之，始能臻於至善。能臻於至善，即人之可同於神靈，但有翻騰拔舉之艱困的過程。即以此故，所以神靈的世界，可以沒有文化生事的問題（依存在而言，祂亦實無這樣的必要）；惟獨人的世界，則正因親歷了艱困，投注了力氣，乃有隨生事而至的文化之光輝與華彩。回到前文聲稱德爲中心的精神活動以言，也就是所謂的「人文性」。這是人所特擅的勝場，周邊廣闊無垠——甚至無周邊；於中，人之爲生成育發、屈伸往來，可以縱情自主自決，而無所假於相對於我的位格神之助益（因事實上，人本有與神同質的德性）。中國歷史上，神之所以漸失其威柄而歸於平實（如今之民間信仰多元化，彼此間可以相互尊重，不見衝突，便是最好的例證），終致異於他族之惟神是依，惟天國是向，誠屬理勢之所必至者也。

雖然，神之不得其便以助人，固由與人對峙之位格、及人有可以自作主宰的德性等因素使之然；但人本身之爲精神的活動，則仍須有所以得成其活動之神的功化，是即必須轉異實地在上監控之神爲同體地即見在己的神，如孟子所謂之「萬物皆備於我矣，反身而誠，樂莫大焉」；「君子所過者化，所存者神，上下與天地同流」；「君子所性，仁義禮智根於心，其生色也，睟然見於面、盎於背、施於四體，四體不言而喻」（均見盡心上），乃明見「道中庸」之人文性中，正復有「極高明」之宗教性。惟二者兼具，然後可眞造於既內在、又超越的「圓極」之境。其落實的工夫，一方在誠意、正心以修身；一方在齊家、治國、平天下——前者即成己，後者即成物，而理想的業績，便是進世界於大同，建天國於人間，念茲在茲，信行不怠，是之謂人文性與宗教性之並存不悖也。

二、義理之層序與分合

在上文之論析中，因爲道德實體之終必通徹天道與人事，業已隱然透出人生宇宙「超越」與「內在」的兩重意義，本節所稱「義理之層序與分合」，即在進而爲之作境相及內容上的明辨。關此，我們首須具有開通的觀念——構思一個我人居中之整全完足的「圓極」（圓極之辭解見前），然後於我之所在處，再設一假想之橫剖線，乃見有上下分明，相映成趣之兩個層境。試爲簡單之圖示於後：

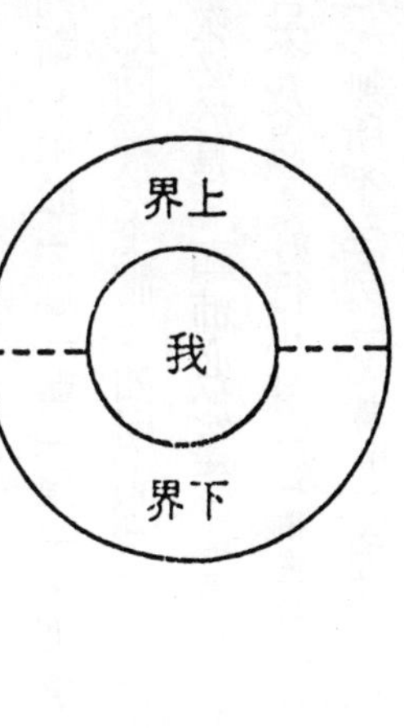

此圖之形構，看似粗枝大葉，無甚可以吸引人處者。實則其所代表的意義，卻極乎絕頂之精微與廣大——從內廓說，可以是人生完美的象徵；從外廓說，可以是宇宙通體的朗現；中間由虛線分隔的上下界，則為不相斥而必相成的天道與人事之位序。以是，我們即可分就人生，宇宙存在之實理，及其變化流行之多方，而為不同角度的論析與詮釋。

㈠依人生之情境而論：上界表主體，下界表經驗

蓋人自始生以下，即為雙具心靈與身軀之存有：心者、精神之所蘊藉；身者，物質之所凝積。合二者而為人，為生命，以成其整全之活動，固必涉及，甚至是：實存

於形上、形下之兩境。形下之境，可以具稱爲「經驗界」，是物質身軀遊走或造作的場所；形上之境，可以具稱爲「主體界」，是心靈精神安措或生發之泉源。兩者在人求爲美善之生的過程中，並非彼此對立，互不相涉之敵體，而是主體隨經驗而俱至；經驗待主體而始生（宋明理學家，多言「即本體是工夫，即工夫是本體」，正是見得此意而發）。但就各自之功能而言，主體足以控馭經驗；經驗必須聽命於主體，故在分位上，仍可有上、下兩界之大別。而且就整體之人生情境說，還實有個價值高低之意義在；明白言之，即人可依自身努力所得成就之大小，而有存在地位之升降。升則位於上，降則位於下，所以一般之觀念中，總是上者爲尊，下者爲卑。尤其在道德爲本之價值意識下，人也總是應該由下位（存在地位）逐步遷轉向上的。孔子論人嘗言「君子上達，小人下達」（憲問）；又自述己志說「下學而上達」（同上）。其間所爲上、下之分，當然是基於道德價值作成的判斷。至於「達」與「學」，則更明白點示有其所達、所學之定然的境域——「上達」即回歸於主體；如所謂「克己復禮，天下歸仁」（顏淵）；「君子無終食之間違仁，造次必於是，顚沛必於是」（里仁）者是。「下達」即沉湎於經驗：如所謂「群居終日，言不及義，好行小慧」（衛靈公）；「其未得之也，患得之；既得之，患失之。苟患失之，無所不至矣」（陽貨）者是。而「下學」，則是不捨經驗而即於其中求證或展露主體之所是以成上達。否則便是下達。是故一判爲「君子」，一判為「小人」。此人生情境之大略，凡學者，不可不知所以自處也。

㈡依宇宙之展衍而論：天理先發在上，人事後至處下

人，隨其經驗層的身軀之限隔而觀，都是一個一個不相連屬的獨體，如果僅據此層以論人，則應只有單個的飢求食、渴求飲，喜則笑、哀則號之機械式動作，而無所可別於禽獸或他物的人類文化與人間事務之足言：然而我們詳察自生民以來之歷史事實（包括能為歷史記錄的事實），卻明顯地並非如此，則是其更有位屬本體層，以主於中而制乎外的心（性）靈之運作所使然。蓋惟心靈之主中制外的運作，必然破除經驗下之身軀的限隔，而與他人合情意，與萬物相感通，始能連屬家國天下為一體，而開發世務，蔚成文化。就在這裡，我們稍加留意，便可知心靈之本身，並非任何單一之個人所獨具，乃是通天下或世界人之所共有的物事。既云「共有」，則在個人，便兼涵超越與內在之兩義；而在群體，則透露出持載乾坤，裁成萬物而永不停息的大理。由是推擴衍引、以論宇宙之徵象，則見心為形上之道，身為形下之器，而有傳統中所謂「天理」與「人事」之分判也。天理先發在上，人事後繼居下，是即中庸「天命之謂性，率性之謂道，修道之謂教」之理序及大義之所存。不過，就工夫進程言，天理是本源之地，得之則存，不得則失，是便全是，非便全非，若經悟到，立可通體朗現，

無所假於斤斤之行的充實；或者說，斤斤之行實在著不上力。要說著得上力，乃至必須著力的，那就是承天之命而爲所當爲的人事了。孟子嘗言「盡其心者，知其性也；知其性，則知天矣」。此中所結證的「知性」、「知天」，正是關於性德、天理之覺悟；而工夫則不過爲不落痕迹的盡字與知字而已，尙非足以充量顯發性德、天理者。是故繼之復曰：「存其心，養其性，所以事天也；殀壽不貳，修身以俟之，所以立命也」（盡心首章）。必由泛稱的「盡，知」字，轉而爲親切的「存、養」字，直到如實的「事天」，始是性德、天理之充量的顯發，而著力處，則全在「殀壽不貳」的「修身」以「立命」。命者，在此爲宿緣定限之代稱，立、則有衝破或升舉之義，「立命」，即衝破或升舉於宿緣定限之命之上，所以對應身命之囿於現實，不可違而又不得不違之精神所措意也。如孔子之言「天生德於予，桓魋其於予何」（述而），「天之未喪斯文也，匡人其於予何」（子罕），實也不是說桓魋、匡人眞的不能加害於孔子，乃是孔子精神已超然挺立於現實的被害之上，不再把它當作一回事看就罷了。然則違之之道如何？簡言之，便是「修身」，亦即於現實世界中，修其相對於天理之人事之所當爲。自此以下，正如投身於浩瀚無邊的大海，有著無限奮鬥的歷程，故須強毅地持以「殀壽不貳」的決心；至於所及之內容，則應是遐邇俱照，巨細彌遺——近如日用平常之瑣事，遠如家國天下之大業，無不包攝其中。當然，人之欲有所爲，不可能一切全如己願，盡致其成功，但於當下適遇之節目，本天理而一以貫之，做個如橫渠西銘所稱：乾父坤母大家庭下之肖子，抱定「富貴福澤、將厚吾之生也；貧賤憂戚、庸玉女於成也。存、吾順事；沒、吾寧也」之達觀的態度，則宇宙展衍之形勢，可以眞說幾於完美無缺矣。

㈢依主觀之嚮往而論：內存者為理想，外露者為現實

夫以心爲主體，對外而有知見、有堅持，是可名爲「主觀之嚮往」；順著嚮往之情而定立目標，毅勇邁進，如曾子所謂之「任重而道遠」（語見論語泰伯篇。按：「任」與「道」，俱作動詞用），便有所謂的「理想境」。理想者，字面的解釋是合理之想；如實言之，則爲道德本心、求所以成己成物、不容自已的完善之思也。由此以往，著落而爲具體之語默行止，例如：所作藏修遊息，出處進退，乃至政治、經濟、文化、教育，等等之活動，便成所謂的「現實界」。現實本乎理想，理想導生現實，二者雖同爲個體生命之所必具，卻亦不能無上下主從，甚至尊卑貴賤之分。不過，理想是內蘊於心境，隱爲無形的規範；現實是外成於事務，顯見炫赫的效驗。一般不肯深思的人，往往迷眩於功利之一途，以致見外而不見內，知顯而不知隱，於是只重現實而輕忽理想，或則竟以在現實中翻騰攪混所冒出的夢幻式意圖爲理想，而一切來自虛僞欺蒙之沽名

釣譽，起於貪欲暴戾之奪利攫權之行，遂亦公然擺弄於人前而不自慚。此則非吾所謂理想與現實之眞意也。

易傳有言：「形而上者謂之道，形而下者謂之器」（繫辭上）。道，即我們所謂的理想界；器，即我們所謂的現實界。綜之則名曰「易」，而以乾坤之動靜、專直、翕闢張其架構，故復詳言：「夫易，廣矣大矣，以言乎遠則不禦；以言乎邇則靜而正；以言乎天地之間則備矣。夫乾、其靜也專，其動也直，是以大生焉；夫坤，其靜也翕，其動也闢，是以廣生焉。廣大配天地；變通配四時；陰陽之義配日月；易簡之善配至德」（同上）。至於中庸，則總歸於「道」，而謂之有「費、隱」，其言曰：「君子之道，費而隱。夫婦之愚，可以與知焉；及其至也，雖聖人亦有所不知焉。夫婦之不肖，可以能行焉；至其至也，雖聖人亦有所不能焉。天地之大也，人猶有所憾！故君子語大，天下莫能載焉；語小，天下莫能破焉」（第十二章）。是二傳的作者，所以分就宇宙（如謂「易道廣大」）、人生（如稱「君子之道」）之全，而明其實義之可有不同的方所和層序，正與近世學者所持理想與現實之各有恰當之分位說無異也。

㈣依客觀之質性而論：善本於道，惡成於行

宇宙與人生，是客觀實在的存有；凡存有則必有質性。質性者，本質及性能之合

稱，在凡物皆有之泛稱或概觀下，可有善惡、誠偽及中不中等之分。惟宇宙人生，則因自始為道德實理之所流貫，乃至即是道德實理之呈現，便根本為是善無惡、至誠無偽、只中而無不中者，所以孟子論性善，特引大雅蒸民之詩「天生蒸民，有物有則，民之秉夷，好是懿德」（告子上），並舉孔子「為此詩者，其知道乎」之贊語以證之。蓋天之生物必有則，人之秉夷而好德，而天人上下，統為一理之所注溉。作詩者，見及於此，乃特為孔子所贊曰「知道」。道者，徹地通天、潤物制事、以導人於至善之坦途者也，易傳於是斷之曰：「一陰一陽之謂道，繼之者善也，成之者性也」（繫辭上）。此中所謂之「陰、陽」，不當只從質實的物或氣之二元去看它，而是當從宇宙本體——道在生生過程中，變化推移所顯示出來的二種相輔相成的相狀。必如是，而後可說「繼之者善，成之者性」。善與性，是道之本來面目，工夫則在繼與成：我人居中、上承道體而無違異，下開物事而不走作，則盈天地或宇宙間俱為至善之所充量流貫矣。

在此，人們或許要問：世間之惡，果何自來？則先須知得惡之為物，並無超越地主之之道或元之可言，它只是人生宇宙之下截中，散亂而無體統，無規律之雜多的行為物，起因則在於人對善的道體之未能堅持而一貫，便留下間隙任惡滋生也（此義在後第柒篇「孟子性善論與人生存在意義之省察」文中所列第三圖式有詳解、請參閱）。如實體察，當然也就是如上文所屢說，現實經驗的世界，太過複雜，人之投置其間，面臨無窮的引誘、甚至前逼，要能身承其苦，志意不懈，固亦甚難！但人之爲人，正在能操危慮患、破除萬難，以成其精神之圓滿自足，如所謂：「反身而誠，樂莫大焉」（孟子盡心上）者；若是，則天地或宇宙間將俱爲善的充塞流衍，又何「惡來」之足慮乎！中庸曰：「大哉聖人之道，洋洋乎發育萬物，峻極于天；悠悠大哉，禮儀三百，威儀三千，待其人而後行」（二十七章）。又曰：「或生而知之，或學而知之，或困而知之，及其知之，一也；或安而行之，或利而行之，或勉強而行之，及其成功，一也」。又曰：「博學之、審問之、愼思之、明辨之、篤行之……人一能之，己百之；人十能之、己千之。果能此道矣，雖愚必明、雖柔必強」（二十章）。是所以勉人爲善之意，及其實效之深而廣者可知矣！

㈤依圓極之體段而論：心物合一、天人不二

綜上所陳，業已證見儒家教旨，確然有個統括萬物，照應萬品而無不妥善，無不浹洽的最高準則。此準則，在先聖前賢舉以示人之時，卻常對機施設不同之名號，大別言之：有依其顯露之形式而字之曰「道」、曰「理」，乃至「元」「本」「性」「命」者；有兼就其所具之內容而揭櫫爲「仁」「義」「誠」「善」，乃至「天德」、「良知」者。是皆已使抽象化之準則，轉而爲具象化的實體了。既爲實體，則必有客

觀之貌相或樣態——即使是純粹義理的，也十足令人有這種感受——所以我們亦可簡省地謂之爲「體段」。基於這個意思，我們乃得說儒家教旨有體段，並且可不限於形容的詞語；而逕以實名呼之曰「圓極」——如本文篇首之所言。圓極之意，即通上下四方（古人謂之「六合」）圓之至極而無不包藏，無有範限也；升舉而言之，是爲天象；沈實而視之，則見萬物。人以獨得心性之靈，居中而俯仰周旋，應對進退；無時不順、無適不宜，是之謂物我合一，天人不二。此義，宋明儒者感發特多，最爲人所熟知的大家如：張橫渠之言「天地之塞，吾其體；天地之帥，吾其性。民吾同胞；物吾與也」（西銘）。程明道之言「仁者渾然與物同體……此道與物無對，天地之用，皆我之用」（識仁篇）。又言「天地之常，以其心普萬物而無心；聖人之常，以其情順萬物而無情」（定性書）。陸象山之言「萬物森然於方寸之間，滿心而發，充塞宇宙，無非此理」（象山語錄）。王陽明之言「良知即是易，其爲道也屢遷、變動不居、周流六虛，上下無常，剛柔相易，不可爲典要，惟變所適」（傳習錄）。又言：「大人者，以天地萬物爲一體者也，其視天下爲一家，中國猶一人焉」（大學問）。凡此，皆可說是包天人物我，同心同體的「圓極」之論，蓋悉本易傳所謂「大人者，與天地合其德、與日月合其明，與四時合其序，與鬼神合其吉凶。先天而天弗違；後天而奉天時」（文言傳）之一根而發，抑亦吾華族之學術文化，所以歷數千年傳承不衰、最幽深之主因所在也。

㈥依踐履之工夫而論：全體在用，盡善無惡

以上各節逐步之分解，俱是循理論的必然為說，義則大多重在「體性」的揚舉；殊少及於「作用」的推述。然就可見的人生存在之過程或事實而言，正可說完全為作用之表現。何謂「作用」？定義是由動作以致功用之謂也。此亦可有形上形下──本體與經驗、理想與現實──之分，譬如說，天道好生：天道、即體性；而生與所生之一切──包括人事物變、乃至山河大地，日月星辰，則為作用或作用之表現。惟天道成物之過程，卻非凡眼之所能見，所以其為「體、用」之交關是形而上的。至於落在人的行止上，因為為主之人的行止，及行止所成之物事，俱屬可見可感，便整個是形而下的。人在此界中，處處本著超越體性（天道）之指引，徹底實現其眞義於世間，便有所謂的「踐履工夫」。蓋在圓極之上下兩界中，上界既至善無惡，自足無缺，有我無我，全都不成影響；下界則紛繁而待為，我在其間，正有一份承上啓下，裁成輔相之重大責任，是故必假工夫以伸展其作用。中庸曰：「誠者，天之道也；誠之者，人之道也」。又曰：「誠者，不勉而中，不思而得，從容中道，聖人也；誠之者，擇善而固執之者也」（第二十章）。其中所言「誠者」之天道與「誠之者」的人之道，義即吾人上、下兩界區分之所本。惟天道本然如是，不待勉而自中，不待思而自得；人之

修養至極，固可從容中道而爲聖〔按：依原文、聖人似乎無須修養之工夫。其實不然。蓋所言「不勉、不思、從容中道」，是已經達至聖人之境以後，自然不失榘範之事，若在未達而求達之過程中，則聖人與一般人同樣有工夫。如孔子、在平日之「爲之不厭，誨人不倦」（述而），「入太廟，每事問」（八佾），「吾嘗終日不食，終夜不寢，以思，無益，不如學也」（衛靈公）等俱是〕。但是，既言修養，便必然不能不循人之道而努力，是故復曰「誠之者，擇善而固執之者也」。此中之言「擇善而固執」，通常人多是因其鮮明易解，便不經意地輕鬆帶過了。其實，在整個儒家圓極的教旨中，卻是個特別值得注意和辨析的問題：

須知既云「擇善」，則必有相對地與之並峙的不善或惡之待排距。這樣的擇善，分明是限於圓極的下界，亦即經驗現實界的事，人之縱身其中，實如面臨萬象環伺，紛繁無盡之境——就學思言：有文、法、哲、科……之任其鑽研；就行動言：有政、經、育、教……之任其施展；總歸於時空而論之，則有歷史、社會之大局，任其奔馳表演。概括地說：凡人皆可以各據一席，要求成何樣態，便將成何樣態的——如人之欲成爲忠義人，便將成爲忠義人；欲成爲奸邪人，便將成爲奸邪人，初無任何的限隔。然人不只個經驗現象的存在，而是更有超乎經驗現象之上的精神理性，亦即同時具備上界那種善的本質或本領之圓極的存在。在此，人們如果不能理解或肯定上界之精神理性有必要，而一味沉墮於下界的經驗現實之追逐，固可各憑所能成其所欲，如上文之所說。可是究其實際，則非但於個體圓極之人生，僅得殘缺之半截；且於群體合成的社會與歷史，將盡成破壞，甚至泯滅是非，而全無善惡、對錯、美醜之可言——因無上界的精神理性爲主，便失其所以判定善惡、對錯、美醜之準則故也。老子有言「天下皆知美之爲美，斯惡矣；皆知善之爲善，斯不善矣」（第二章）。莊子亦言「是亦彼也，彼亦是也；彼亦一是非，此亦一是非；果且有彼是乎哉？果且無彼是乎哉？彼是莫得其偶」（齊物論）。都是見得這經驗現象的下層世界裡，僅有相對地各說各話的爭辯與攻擊，殊難絕對地得如易傳所謂「易與天地準，故能彌綸天地之道」（繫辭上）之定則。中庸的作者，當是有感於是，所以於「誠之者」之下，特著一定義式的「擇善而固執之者也」的解釋。蓋以人之繼天而爲道，本全在於對下界之開發；而開發下界，則必須先知依是以決非，崇善而去惡。舉例言之，如學思有偏全，則當取全而廢偏；言行有邪正，則當秉正而避邪；人際有親疏，則當先親而後疏；物事有重輕，則當持重以運輕，推而至於求爲歷史、社會之存在，則當只爲君子，不爲小人。凡此之類，不勝枚舉，總之於一言，即是所謂的「擇善而固執」。詳其歷程，自有無窮的艱難待克服，無盡的困苦待承擔，故吾人亦可依其念慮眞誠之堅執不捨，而謂之爲「踐履的工夫」。惟踐履的工夫既至，在個人則爲美大聖神之完人；在歷史社會，則爲太平郅治之盛世。夫然後圓極之上界的體質，充份化成下界的作用，是之謂全體在用，是之謂盡善無惡。其爲景象，蓋已進於禮運大同所向往的至好至美之境矣。

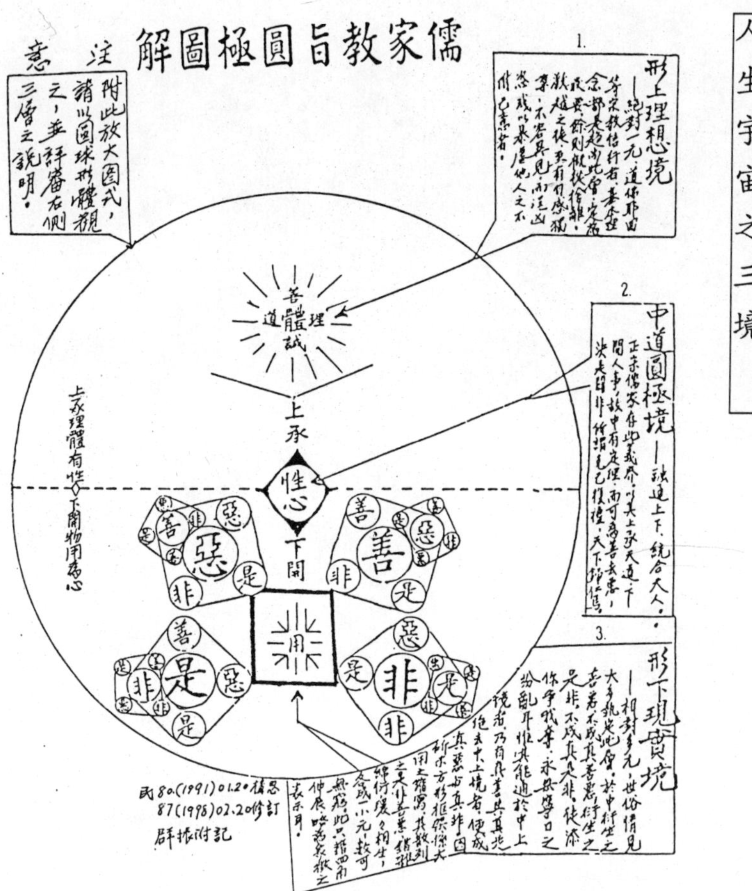
儒家教旨圓極圖解
注意
附此放大圖式，請以圓球形體觀之，並詳審右側三層之說明。
人生宇宙之三境
1.
形上理想境
2.
中道圓極境
—疏通上下，統合天人。
3.
形下現實境
善
理
道
誠
體
上承
性
心
下開
用
上承理體有性
下開物用為心
惡
善
是
非
民80(1991)01.20構思
87(1998)02.20修訂
群振附記

貳、儒學——「仁」與中國之歷史文化

本文之第四章於一九九二年第二屆「當代新儒家國際研討會」發表。前之一、二、三章由鵝湖月刊二一四、二一五兩期刊出

一、儒學之歷史的地位與意義

在於人類之社會或世界，凡能通過自然之翻覆淘煉，得以形成推陳出新，相續不斷之歷史文化者，莫不有其精神理念之先爲蓄勢或蘊育；順一民族或國家之生發成長以言，也就是必有高明精善的學術思想爲基因。依此體認，吾人乃可以論中國歷史上之孔子與儒學，以及由之導引衍展的中國歷史與文化。

(一)儒學源流及發展之大勢

如所周知，創始儒學的宗師是孔子，並且人皆尊爲集大成的至聖，以其所示教，

後世學術無有或能而自外也。試讀《漢書藝文志〈諸子略〉》、班氏開列自戰國以下學術流派者共十家，而以儒家爲首出，著言：

「儒家者流，蓋出於司徒之官，助人君、順陰陽，明教化者也。游文於六經之中，留意於仁義之際。祖述堯舜、憲章文武，宗師仲尼，以重其言，於道爲最高。孔子曰：『如有所譽，其有所試』，唐虞之隆，殷周之盛，仲尼之業，已試之效者也」。（後頁有諸子學術源流表可供參考）

按：此段既敘且論之文字，蓋有上承於《中庸》《易傳》之思想觀念者。

《中庸》曰：

「大哉聖人之道，洋洋乎發育萬物，峻極于天。優優大哉，禮儀三百，威儀三千，待其人而後行。故曰：『苟不至德，至道不凝焉！』故君子尊德性而道問學，致廣大而盡精微，極高明而道中庸。溫故而知新，敦厚以崇禮。」

《易傳》曰：

「易與天地準，故能彌綸天地之道……與天地相似，故不違；知周乎萬物而道濟天下，故不過；旁行而不流，樂天知命，故不憂；安土敦乎仁，故能愛。範圍天地之化而不過，曲成萬物而不遺，通乎晝夜之道而知，故神無方而易無體」

詳此三則之文意，適相表裡。分析言之，即《中庸》、《易傳》所說爲內容眞理之揚舉；而班氏志所載，則爲歷史實跡之驗證。於是，吾以爲後世所稱百家之說，縱多異議，而基本要求，則應爲通儒理念之所必統攝涵具，或者說根本爲儒學之在發展過程中，執行各方實務鎔鑄之定型。姑請爲之表解及說明如下：（圖列後頁）

就歷史的進程而觀，此表概分前後兩階段，而由孔子之生或存在爲分界，並因實具綜合性劃時代的意義，故以大圓寰表之。其前即一般所謂的「王官之學」，大抵爲三代聖王，尤其是西周以來治國安邦的體制與理想之所寄，班志則分別列舉各種職官及所由建立之要旨或內容。迨乎周室東遷，王統式微，封建解紐，而原先所以維繫邦國秩序之禮文法制，既不能爲實際有效之持續控馭，遂轉而以學理或知識學問的形式，流傳於世家巨室餘裔的賢士大夫之間。孔子適逢其會，雖然份屬平民，卻聖且多才而有斯人之徒爲與之襟懷，乃不厭其學、不倦於教，使一切先聖正德厚生、勤政憂民之事蹟行誼，及其優善之儀則典型，得以普播於社會之大衆。此即爲事實上之繼往而開來。「來」之顯而可見者，便是表解所列後段的各個流派，如實言之，亦即戰國時

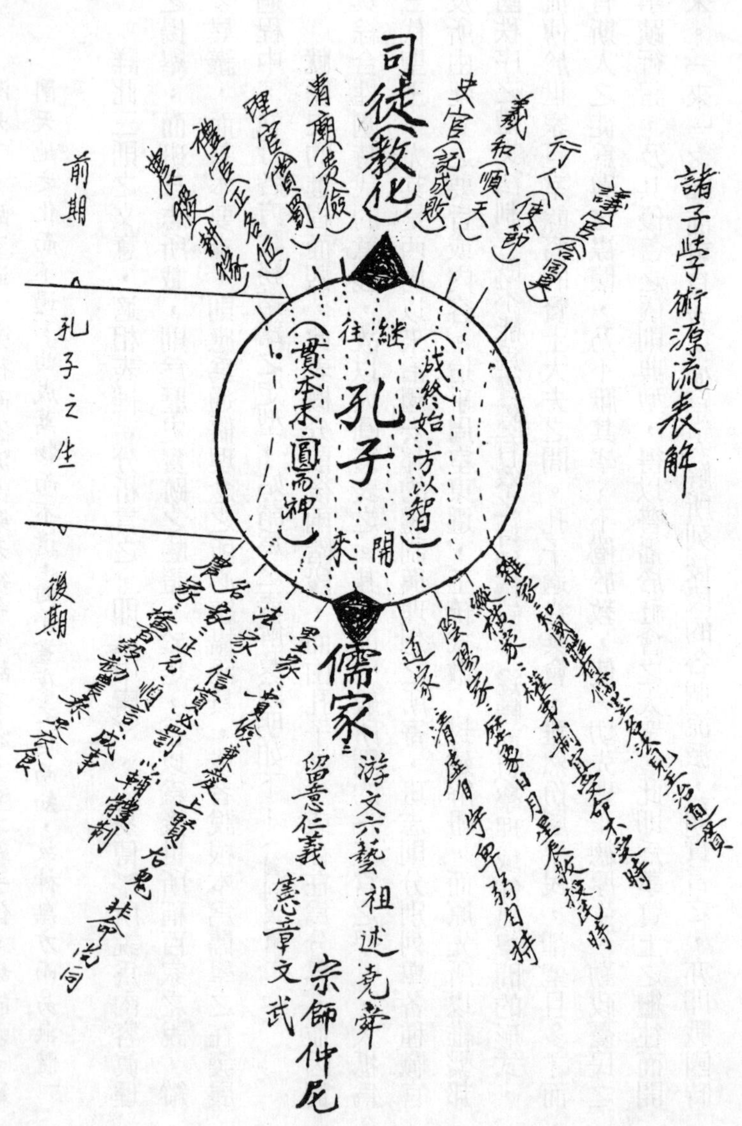
諸子學術源流表解
司徒(教化)
孔子
繼往開來
(成終始方以智)
(貫本末圓而神)
儒家
游文六藝 祖述堯舜 宗師仲尼
留意仁義 憲章文武
道家
陰陽家
墨家
法家
名家
農家
前期
孔子之生
後期

期諸子百家之繁興。於中特具包容總攝，含弘光大之德量者，當然以直承孔子之教的「儒家者流」最爲大宗和正宗。班氏之稱其「出於司徒之官，助人君，順陰陽，明教化，游文六藝，留意仁義，祖述堯舜，憲章文武，宗師仲尼，於道爲最高」，用意正在於此。其餘依次爲道、法、名、墨、陰陽、縱橫、雜、農、小說諸家，明係通過孔子而後推衍所知或所獨感爲美善者別出之異說。茲就其或有「能與吾道並行不悖」，乃至僅爲「天下之得一察焉以自好」之各說，徑取物各付物之超然態度以觀之，理亦當屬儒者之所必兼容而並許。問題是彼等每多自錮於僻執，又常好是己之所是，非人之所非，乃不免偏傾而失其所據；至於孟子之時，便竟成生心害政之詖行邪說，而在所必闢矣。秦漢以下，除老莊清虛無爲之說，頗有合於孔子「毋意、毋必、毋固、毋我」及「無可無不可」之精神體驗，學者猶或隱然兼採之外，餘則甚厭其淆亂是非，無益於道，遂併其所長之巧思奇技亦不復顧，終致完全湮沒而莫之或行也。

㈡孔子開啓儒學之實績

雖然，義有必須更進而深辨者，即儒學之在於歷史的地位，絕非僅爲因緣時會，迎合時尚之詭遇適幸所致，而是更有如前舉《中庸》《易傳》所示內容眞理之極成。此則仍當從孔子其人之兼具「述古」與「創新」二重之實績以說。

1. 傳述古道

述古，由比較正定的意義來說，即所謂「道統之傳承」：關此，我們首須肯認，中國自上古文明初現之際，便已充分意識到人之不能離群孤立以爲生，其切實通有的需求，惟在眞得社會性和睦安善與價值意義之存活。是以聖帝明王挺身而起，組合黎庶，建立邦國以爲政化民，乃特別重視群體分義及謹身修德的啓導，誠如孟子所言：「人之有道也，逸居而無教，則近於禽獸，聖人有憂之，使契爲司徒，教以人倫：父子有親，君臣有義，夫婦有別，長幼有序，朋友有信。放勳曰：『勞之來之，匡之直之，輔之翼之，使自得之，又從而振德之』」。（〈滕文公上〉）因而成就得唐、虞、三代的世道之隆盛，其存於易書詩禮的典謨勳業與理想觀念，蔚爲規矩準繩的道德教化與精神傳統，在在提供了後世法效遵循的型範。孔子生當春秋衰世，既感周文疲憊，禮樂崩壞，自必思及古先聖王平治天下之至德，所以於堯、舜、禹、湯，尤其是周之文、武及周公，每多備極稱頌，而自道志行所向，則曰：「如有用我者，吾其爲東周乎！」（《論語》〈陽貨篇〉）「周監於二代，郁郁乎文哉！吾從周。」（〈述而篇〉）自表爲學之方，則曰：「述而不作，信而好古，竊比於我老彭。」（〈述而篇〉）「我非生而知之者，好古敏以求之者也。」（同上）甚者且形諸夢寐，而以「久矣不復夢見周公」，自歎其衰。（同上）事實上，即前舉易書詩禮等道通天地，學貫古今之經籍，亦莫非其刪訂講習之所成。凡此：皆足明證孔子述古承先本意之深濃，中間正顯一「剛健中正，純粹精也」、「首出庶物，萬國咸寧」（此藉《周易》〈乾彖傳〉及〈文言傳〉語爲形容）之道德主體之自覺。明白言之，亦即眞見得〈斯文〉——道統——之確在於茲，而欲予賡續發揚之情，有不能自已者也。

2.開創新局

何謂創新？即通人所共許的「大成」之結集。「集大成」之詞與義，俱發於孟子，〈萬章下篇〉記其言曰：

> 「伯夷，聖之清者也；伊尹，聖之任者也；柳下惠，聖之和者也；孔子聖之時者也。孔子之謂集大成。集大成也者，金聲而玉振之也。金聲也者，始條理也；玉振之也者，終條理也。始條理者，智之事也；終條理者，聖之事也。智、譬則巧也；聖，譬則力也。猶射於百步之外也，其至、爾力也，其中，非爾力也。」

此段議論，初則肯定孔子爲時中之聖，再則藉終始一貫，條理井然之樂章，狀述一種聖智圓融的本質。揆其總旨，顯然是在反省對較之餘，確認孔子之人格型範，大有綜合表徵前代諸聖一切之美善而自成新義者，是故直斷曰：「孔子之謂集大成」。吾人今欲推觀其實指所據，則必須知得：中國傳統思想精華，也就是儒家所信持的核心觀念——「仁」之摶成於孔子始可。下文即請以「仁理」與「仁教」二系之義路爲分際而說：

⑴是關於「仁理」之發明：在於論語書中，孔子直抒己意，及因弟子或時人之問難而隨機示現仁之理境者，可謂繁富而多端。就名義之起始而論，當然不是無端地平白興生的，實係縱觀唐虞三代以來歷世聖王言行而得之總概念，是亦即孔子不能外於先聖之道德傳統而別出的緣故。然不外乎先聖之傳統，並無礙孔子之更有自身之創新，那就是他提出名之爲「仁」的總概念，或特別推舉一歸納式的總概念而謂之「仁」，正有其主觀精神之覺照與客觀義理之凸顯。何以言之？則要在古聖前賢如堯舜禹湯文武伊周等，初只是一天性淳厚之個人，直接面對存在世界，求爲合理之因應而出現；凡爲功業，亦只是一個人依不忍人之心，行不忍人之政之所作成。故其爲君也，則勉盡君職，爲臣也，則竭盡臣責，乃至導父子以親，君臣以義，夫婦以別，長幼以序，朋友以信，而有各別之「成功」。然就價值根基之厚植以論，則尙未達至即以君職、臣責及親、義、別、序、信之類的道德行事，歸於統體之原理原則，而爲人人皆可與知而能行之「常道」。此後者，是屬於：現實人生能否升舉至與超越完善之天道合一

的問題，必待孔子「仁爲理體」觀念之提示，始得眞爲究極意識之解決。他反省前代諸聖各別之德業與行事，既皆一是發於內在生命之不容自已，便見一通一切生命而無或能外之「理」；又由此理之淵泉時出，生生不息以玉成萬事萬物之道德本質而謂之「仁」，於是宣說：人皆可以「爲仁由己」（〈顏淵〉篇），「我欲仁，斯仁至矣」（〈述而篇〉），「有能一日用其力於仁矣夫，我未見力不足者」（〈里仁篇〉），凡此，即是孔子主體生命之所獨發，足以彌綸天地，化成人文，至使先王篤定爲聖賢，史跡昇華爲道統之聖功所在，而應爲「集大成」說要義之一也。

(2)是關於「仁教」之開展：夫仁之理念既得，進而推以教人，並以凝聚教者、受教者，乃至無論遐邇久暫之一切欲求上達者意志理想於共信共守之眞實存在境，便謂之「仁教」。此番意義，至爲重要：蓋自歷史的實況觀之，唐虞三代以來，管治天下之王者，同時即爲化導萬民的聖人，——就職責而言，是一身並兼君道與師道；就勢位而言，則由一人獨掌政權與教權。這種情勢，在上古黎庶不雜，思想純眞的社會，自然不成問題，甚且可說是一個民族文化初起時應有或必有的形態。所以周書泰誓：「作之君，作之師，惟曰其助上帝，寵之四方，有罪無罪，惟我在。天下曷敢有越厥志。」孟子且舉爲大勇之典模，而以勵齊宣王。不過、自西周而後，文武周召等聖賢之君相既逝，原先裂土以封之諸侯競相坐大，世事遂因中樞失控而日趨紛擾；民智亦以多元開展而愈益繁複。於是君、師之道，政、教之權，便不復能寄望於一人一身之兼任而併行。如實言之，也就是君者所以主政，責在於求治；師者所以明教，旨在於導化。蓋政與教、君與師，各有不同之內容與分際——主政歸於君，則權能有統會，領袖群倫而天下不亂；明教繫於師，則德義如菽粟，周濟萬民而世運常庥。故在理論上，兩者分則並美，若統合於一身，則三代以前，猶可以師道規範君權而有聖王；三代以後，便必然為君權侵奪師道而成暴主。即使如今世之民主政體，依選舉產生的元首或總統，亦不能例外。孔子以平民首倡仁教，顯然是從君權中取得了師道之開發，亦即於政統下揀別出道統而一力承當。後世之帝王專擅體制，固因無當於政教分治之深義，而果是君以凌師，權以抑道；然而作為孔子後學、或自許為孔子之徒的儒生，則常仁以為己任而相與抗衡，不稍假借。初期人物，即以明白宣稱「乃所願，則學孔子也」(公孫丑上)之孟子，最為顯豁：他在「善養浩然之氣」與「必有事焉」的理念原則下表露的風範，如：倡議「天爵」先於「人爵」，「良貴」高於「人貴」；聲稱「君子有三樂，而王天下不與存焉」。尤其堅持「不見諸侯」，敬君不應屈順君召，枉道從彼；實踐「大人能格君心之非」，面對齊、梁王者，屢陳其不是。皆可說是孔子仁教精神開啟道隆於政，師尊於君之具體落實的行誼。此外，如荀子之著〈儒效〉，極言：「君子無爵而貴，無祿而富，不言而信，不怒而威，窮處而榮，獨居而樂，豈不至尊，至富，至重，至嚴之情舉積此哉？」「彼大儒者，雖隱於窮閻漏室，無置錐之地，而王公不能與之爭名……與時遷徙，與世偃仰，千舉萬變，其道一也。是大儒之稽也。」《禮記》之載〈儒行〉，歷敘儒者之諸德，特稱：「儒有上不臣天子，下不事諸侯，慎靜而尚寬，強毅以與人，博學以知服；近文章，砥礪廉節，雖分國如錙銖，不臣不仕，其規爲有如此者。」亦莫不爲孔子獨挈仁教而嚴師道之義理的發揮。由是矢向大定，秦漢以下儒生，雖在政統益形專制，君權愈形威暴之情勢下，每遭壓抑，然「道在儒而不在君」，則已漸成通人之所共認。故凡自覺爲儒者，仍能以道自重，而與君周旋，至於冒死犯難有所不避。其或多遷就祿仕，致力功名：若惟志在攫權奪利，則已不成眞儒，而爲自暴自棄之徒；不然，則實以君乃政治上象徵一統，有其可致天下於安和的尊嚴和價値，而應爲儒者道德本懷與客觀意識所容許。當然，此於理上未免大有不暢，而於儒者個人，更多未免大有委屈，是則正如上文所說，自三代而後，君權必然凌駕師道之勢所偪至，而一時難以躲閃者。此其解套之法，必須另從政權或政道內部固具之本質本性作處理——如近世西方民主制度，人皆求於政治主體之存在與自由人權之保障始可完成的。中國歷來之儒者，既惟王者之推恩以施德政是尚；而社會上又少階級對立或集團分治之現實條件以爲導因，故皆思不及此。至於孔子，在彼道衰德弊，邪說暴行有作的春秋末世，創出一個外於君權的仁爲中心教旨之師道，且以表率萬世，砥礪來茲，則恰好盡了旋乾轉坤，開物成務之偉大時代任務。斯亦即「集大成」說要義之三也。

二、仁為本質的宇宙與人生

上文已就孔子之生平與行誼，說明了「仁」的觀念之起源。今當進而順宇宙人生之爲眞確的存有，一探其仁爲實在本質的意義。關此，我們必須從宇宙與人生之得而存有的意義先說。

㈠宇宙人生之爲存有的事實

「宇宙」一辭，最初見於《莊子》、《荀子》等書（《莊子》〈知北遊〉言「外不觀乎宇宙，內不知乎太初」。《荀子》〈解蔽篇〉言「制割大理而宇宙裡矣」。）而以《淮南子》〈原道訓〉高誘注：「四方上下曰宇；往古來今曰宙」，解釋得最爲分明。據此，可知宇宙者，即今人所通稱的「空間」與「時間」，粗看似爲一物體之名號，詳察之，則空間無涯際，時間無終始，根本不如物體之有定型可把捉。然而它是眞實的存有，任何成型之定體物事，無能得不以時、空爲運作或存在之場所，故宇宙之爲義，本身便具有形上形下兩重之色彩與解釋的可能。明白言之，亦即它一方是既超越，而一方又是不離現實的。在這裡，人們如果要爲一己之思想念慮表其深蘊，無論其意旨之屬唯心與唯物，目的之屬求證或求知，皆可推極乎宇宙，倚爲究竟之根源與歸宿。所以然者，即在宇宙之爲存有的事實，本具有超越無上之規範性，凡物之生發成長——包括精神之醞育，體質的結構，莫有或得而外之者也。中間惟一顯得特出的就是人之爲生，因有與生俱來，不可限止的思想或念慮，且實能深及甚至徹盡宇宙之奧蘊，故極乎宇宙之所在，即人生之所至；人生之所能，即宇宙之所備。於是宇宙與人生，人乃得並舉而一稱之也。

㈡仁理之充塞宇宙者

如上所陳，宇宙之爲言，縱然謂之博大無涯際，悠久無終始，甚顯其壯闊邈遠之象，但就存在之意義而論，仍只及於郛廓或形式的描畫；而得使這郛廓形式生色耀眼，成爲價值體之存在者，則尚有待於其中或後背之密藏而莫見的內容。此內容爲何？便是孔子所拳拳致意，曉然昭示的「仁」。正唯宇宙內容之爲仁，然後不只是個呆板的郛廓、僵滯的形式，而頓見爲生意盎然的實體——實體因生意而動靜變化，即使塊然巨物成神運無方，妙用無窮，所謂「四時行焉，百物生焉」的天地之道。關此，吾人且續舉幾段切摯的經傳文字以爲證。先看《中庸》之由至誠以論天地之道曰：

「故至誠無息。不息則久，久則徵，徵則悠遠，悠遠則博厚，博厚則高明。博厚，所以載物也；高明，所以覆物也；悠久，所以成物也。博厚配地，高明配天，悠久無疆。天地之道，可一言而盡也：其爲物不貳，則其生物不測。」

此即是孔子揭示宇宙內容之爲仁，或仁之充貫乎宇宙之具體寫照。再看《周易》之直依卦爻結構，展露其精義而命曰「乾坤」，〈彖傳〉復據以申釋之曰：

「大哉乾元，萬物資始，乃統天。雲行雨施，品物流形，大明終始。六位時成，時乘六龍以御天；乾道變化，各正性命，保合太和，乃利貞。首出庶物，萬國咸寧。

至哉坤元，萬物資生，乃順承天。坤厚載物，德合無疆，含弘光大，品物咸寧。」

此則更可說是充實宇宙的仁之「純粹精也」一義之高度發揮。至於關連著仁而綜合地言其大用者，則以〈繫辭〉上傳之第五章，表顯得最爲明達：

「一陰一陽之謂道。繼之者善也，成之者性也。仁者見之謂仁，知者見之謂之知，百姓日用而不知，故君子之道鮮矣。顯諸仁，藏諸用，鼓萬物而不與聖人同憂，盛德大業至矣哉！富有之謂大業，日新之謂盛德，生生之謂易，成象之謂乾，效法之謂坤，極數知來之謂占，通變之謂事，陰陽不測之謂神。」

蓋凡具體活潑，堪爲人所觸感覺知之物事，無論其位格高低，體態大小如何，總皆不脫形上與形下兩個層面的匡範。如實言之，亦即其存在之本質，必有所謂表裡或精粗相對之內涵。此在傳統之儒家：先秦則具言「形而上者謂之道，形而下者謂之器」（〈易繫上〉）。何謂「道」「器」？據其繼而申釋的「化而裁之謂之變，推而行之謂之通，舉而措之天下之民謂之事業」之義旨以觀，可知二名雖若有其主、從關係或位格之不同；而在成事過程中，則正顯其一體相貫而互動的功能，特有待於吾人之深思所爲表裡精粗之殊象耳。下逮漢、宋學者，或以時代風尚異趣，或以論說更求確當之故，每多轉謂之「理」「氣」，理者，所以生氣，氣者，所以顯理，就宇宙人生之當下或當身而言，理則屬先天之固有，氣則屬後天之現存，正爲先秦儒者形上形下意理之衍申，實亦即是孔子仁教眞旨之適時的暢發。故自上舉《中庸》《易傳》所論「天地之道」、「乾坤之德」，迤邐而下觀，無有或能外乎仁理之域而他歸者。若必強爲詭辯奇說，則其不落於無體、無力、無統之結局甚至生心害事，僻行妄作者，蓋亦鮮矣。

然則何以其效如此？須知宇宙或天地之間，雖然擬似千流競奔，萬彙雜陳之場所，而用心觀之，則正有種種徑分綸合，井然不亂的秩序，例如：人之有倫敘，物之有類別，日月星辰之相維繫，山川草木之相衛護，乃至人我間念慮之能得共識，世務上是非之能得同感，如此這般，即可於中知其必有至理之爲主領或運作，而至理之主領、運作乎事物，又基本上是出於自不容已，乃至永無止息地向著完備美好之境趨進的，由是而悉心以會之則見善；立言以名之則曰仁。是「善」與「仁」，實同質而異稱耳。故今之哲學者，可合而謂之「道德底實體」。以道德底實體，發而爲道德地行事：在天則生物；在地則載物；在人則成物。因而蔚成超越之天道，徧潤之乾德與宏偉之人文大業。宋明諸大師如：周濂溪之由「窗前草不除，足以見天地之生意」。程明道之由「觀雛雞、可以觀仁」，並謂「醫書言手足痿痺爲不仁，此言最善名狀」。陸象山之感「萬物森然於方寸之間，滿心而發，充塞宇宙，無非斯理」。王陽明之言「大人之能以天地萬物爲一體，非意之也；其心之仁本若是其與天地萬物而爲一也」。皆可謂於仁之充塞宇宙或天地之大義，已極乎「深造而自得之」者矣。

(三)仁道之通貫人生者

通常所謂「人生」者，即「人之爲生」之簡稱，含義則饒有多重。大體當包括：A、最起碼的生存、及其必須盡力而爲的生事和生計；B、進一步則是因得失榮辱、貧富夭壽所引致的勞逸憂豫、喜怒哀樂種種生活情趣與情態；C、而終則總歸於具體生命一概念或存有物自身之安頓與護持。凡此一切，就自然理勢之推移以言，固任何人之所必經而不可或免；但就存在之價值意義的層面而深思之，卻亦是任何人不能妄自菲薄而輕言我無能爲者。基本的原因，即在自然之依理而玉成吾人之生命，同時即賦予了能以自主地創造價值意義的本領。所以人無論所遭境遇之正反順逆如何，皆可依天賦的自能創造之本領，完成其爲價值意義的存在。而作爲完成價值意義之創造本領之實質或實體者則是心，因而「心」乃人之所以爲人最關緊要，且實爲整體生命主體之所在。此義已由孟子解得十分透徹。〈告子上篇〉說：

「雖存乎人者，豈無仁義之心哉？……故苟得其養，無物不長；苟失其養，無物不消。孔子曰：『操則存，舍則亡；出入無時，莫知其鄉。』惟心之謂與！」

「心之官則思，思則得之，不思則不得也。此天之所與我者：先立其大者，則其小者不能奪也。」

此兩則文字明是肯定心之爲實有及主乎一身者：前則在說其消長存亡，乃由養之得失操舍之故。後則說得更具體，主要在於一個「思」字：用其思則得，反之則不得。得之的「之」，即承上文「從其大體」中之「大體」——亦即「心體」一詞之代稱，它是天之所與我者，人能先立其大，那麼小者（肢體）便不足以逞其侵奪矣。至於心之質性究何如，則以〈公孫丑上篇〉說得最爲明確：

「孟子曰：人皆有不忍人之心。先王有不忍人之心，斯有不忍人之政矣。以不忍人之心，行不忍人之政，治天下可運之掌上。所以謂人皆有不忍人之心者，今人乍見孺子將入於井，皆有怵惕惻隱之心。非所以內交於孺子之父母也，非所以要譽於鄉黨朋友也，非惡其聲而然也。由是觀之，無惻隱之心，非人也；無羞惡之心，非人也；無辭讓之心，非人也；無是非之心，非人也。惻隱之心，仁之端也；羞惡之心，義之端也；辭讓之心，禮之端也；是非之心，智之端也。人之有是四端，猶其有四體也。有是四端而自謂不能者，自賊者也；謂其君不能者，賊其君者也。凡有四端於我者，知皆擴而充之矣，若火之始然，泉之始達。苟能充之，足以保四海；苟不充之，不足以事父母。」

在這裡，孟子首先提出探討的主題是「人皆有不忍人之心」。進一步之論證，則取人在初無任何之安排預計下，乍見孺子將入於井，而有怵惕惻隱之眞切的實感。由怵惕惻隱衍引及於羞惡、辭讓、是非，四者便成仁、義、禮、智實德發露之端（四德亦可統攝於仁而具稱「仁德」），「端」者，始生有頭緒之謂。其於心也，雖若「幾希」之微，然存之則生天生地、成聖成賢；去之則天地閉、賢人隱，故終復斷言無此四端之心者爲「非人也」。並且諄諄然戒人不可自謂不能以自賊，謂君不能以賊君；卻積極地勉人「擴而充之，若火之始然，泉之始達」，以順事親之情，以竟保國之功。

「心」之爲有，是由種種顯現於外之可見可感之活動秩然不亂所證成，再依活動而逆推其深層之共理，便知有誠中形外，淵然自定方向之「性」。如是、故孟子之論心，實即所以明性，而且每多心性對揚，互爲詮註，如〈告子上篇〉先提「君子所性」，繼之則以「仁義禮智根於心，其生色也，睟然見於面，盎於背，施於四體，四體不言而喻」爲說。又如同篇對應公都子關於「性善」的疑難，亦是徑依心之惻隱、羞惡、恭敬，是非四端以表「仁義禮智，非由外鑠我也」作答的。綜觀此種善則徵性，性則徵心，心則徵乎仁義禮智的思路，正可說已爲「仁之通貫人生」者，盡了完整地義理之釐清。後之學人，儘管意見上猶或有所不契於孟子、而脫然別立異說者，然而只須其人之能以希聖希賢或求爲君子自許，則凡所用心及作爲，無不適以成就孟子學理的實踐，反證性善說之無誤差。平情而論，這便是中國數千年來思想史上、並未曾有眞能對反孟子精神而可挺立自足者；卻只見一代代大哲之奉爲圭臬、創爲新說，以主領世俗習見，蔚成正宗學統之巨流之永續不斷也。

三、仁為根基的社會與文化

就一種含容上下兩界的圓極之理體以觀，上節所說「宇宙」與「人生」，俱可隨論者意旨之所關注，各自成其獨立圓融之說。落實於個體之人物而言，也就是：他既可攬宇宙而全備其實理；又可據人生而充盡其眞義。兩者適足以交相證顯、而不見衝突。不過，說宇宙，則比較正視「超越理境」之表達，說人生，則大多執意「內在價值」的發抒。此則與一般所謂的社會、文化，頗有概念上層位高低，周邊廣狹之不同。

㈠仁德之流布社會機制者

依於前說，「社會」與「文化」基本的分位，當屬圓極理體下界的範圍：是人之既生以後、求爲對應世間萬象——一般則稱人文活動——派生的成果。統合言之，社會是凝聚諸般意識與行爲所成的一個架局；文化則是縱任意識與行爲切實表現的種種業績，一言以蔽之，即均屬於人生份內之事。在此，人們如果僅以人之既生爲始點往下講，則包括人的本身及其所成的社會與文化，便只見爲可觸可感的形而下的存在。

這大概是從來許多惟經驗是崇，實用是取者之所持論（其說蓋自太初生民面對現實世界，只見事象、不見原理之常識伊始，至荀子而正式揭櫫「戡天役物」，斷言：「君子不務說其所以然，而善致用其材」《君道篇》，「大天而思之，孰與物畜而制之；從天而頌之，孰與制天命而用之」《天論篇》，理論化其經驗實用之主張以下，後世無論儒與非儒者流之持相同意見或論說者，固不可勝數。茲不備舉。）就其爲此見地之憑藉而言，當然亦是那超越實理、展露其自己之程序中、一重要之環節。問題只在若或唯此是認，便將割裂圓極理體之上截，失卻主持宇宙人生的精神泉源——亦即斲喪了傳統儒家所謂「天命」或「天道」運作乎中的深義，必難免於盲目偶發之衝動，致使其所成就者，淪落爲毫無價值，甚至反價值的物事，而社會文化，亦不得而爲美善之社會文化矣。儒家聖賢，就是見得這個道理，所以特就人生存在之心性之上可以憑神思而通宇宙之至理，下可以藉知能而成世間之繁蹟，力加闡發，然後天人合一，物我無間，而即體即用之觀念以著，如理如實之仁道以顯。是則社會云者，文化云者，莫不爲其潤澤蘊育之所成，而見價值意義之當下便在也。不過，社會、文化既爲人之有生以下事，而且唯獨有人之生，然後得有社會、文化之可言，則凡人所當然本具之條件，自亦應爲社會、文化生發成立之先在原則：由是而人皆固有的「仁」之必爲漬潤乃至主導社會、文化者，亦固可知矣。茲請即以社會機制之爲仁道漬潤者先說。

就結構上看，「社會」為人類活動中通工和群所成之機制，其組合單位，則小可以概括族戚姻婭之屬；大可以極乎國家天下之倫。——族戚姻婭，系緣血統，誼本親情；國家天下，體關公益，制在義法，而皆不脫倫常道德之軌範。總之而言，亦即不能外乎仁心理性之為超越的運作。其所舉措之切要而易見者，則以下列教育、政治、經濟三事最為昭著明白。

1.教育以進德為尚

中國之教育，自上古伊始、即以人之德性之培成為尚。《虞書》〈舜典〉記舜之命契曰：「百姓不親、五品不遜，女作司徒，敬敷五教，在寬。」所謂「五品」、「五教」，依後來孟子的申述，便是「父子有親，君臣有義，夫婦有別，長幼有序，朋友有信。」——父子、君臣、夫婦、長幼、朋友，在〈洪範〉則可謂之「彝倫攸敘」；親、義、別、序、信，在〈易傳〉則實成於乾健、坤順之德行（易義見繫辭下傳十二章）。此乃最初原則的確立。及乎孔子以仁為教，則教乃可眞達匡、直、翼、輔之功，甚至足以救天下之無道，所以儀封人竟謂「天將以夫子為木鐸」藉勉「二三子無患於喪」（《論語》〈八佾篇〉）。繼之、則有《學記》之主「化民成俗，其必由學」、謂：

「古之教者、家有塾、黨有庠、術有序。比年入學，中年考校，一年視離經辨志，三年視敬業樂群，五年視博習親師，七年視論學取友，謂之『小成』。九年知類通達，強立而不反，謂之『大成』。夫然後足以化民易俗，近者說服，而遠者懷之。此大學之道也。」。

又、朱子《大學章句序》則言：

「大學之書，古之大學所以教人之法也。……三代之隆，其法寖備，然後王宮、國都以及閭巷，莫不有學。人生八歲，則自王公以下，至於庶人之子弟，皆入小學，而教之以洒掃、應對、進退之節，禮樂、射御、書數之文；及其十有五年，則自天子之元子、眾子，以至公、卿、大夫、元士之適子，與凡民之俊秀，皆入大學，而教之以窮理、正心、修己、治人之道。此又學校之教，大小之節所以分也。」

二書所言之「學」，義即後世所通稱之「教育」。觀其制度之施設，宗旨之取向，自小而大，由淺而深，一是歸於道德人格之栽培與育成，蓋爲昭然明曉而無可置疑者。於是歷經漢、唐、宋、明諸代二千數百年間，凡所得與於知識學術之列之士人君子，無不透解這個原則，本於一己內在之仁心（良心），以導良美之風俗，定天下之安危爲職志。縱或間有邪僻怪誕之徒，猖狂恣肆，不軌於義，橫議妄行，害及一時之事，一地之人，亦終必不能逃避群體公義之斥責，而仍見社會德教之深功鉅效也。

2.政事以正身爲先

「政治」，是攸關人類和群合居的大事。人間世界欲得互補不足，相安共處最直截優善之途轍，莫能或外於政治而他求。是故從來許多以天下爲己任或痌瘝在抱之賢人君子，未有不屬意「從政」，期以達至如孔子所謂之「老安少懷」，荀子所謂之「正理平治」者。此基本上即是一個仁心理性，或道德良知求爲發露，不得已而藉無所或免之政治以成運作之場所耳。

當然，一言政治，便必牽扯到不與人格品第必相對應的名分權位，尊卑貴賤的問題：原因就在政治本身，別有它自己成套的理則和規範——不受道德約束，而惟法制條款是從的特質。然而即以是故，凡諸當權在位者，便可假名分之利器，縱一己之意欲擅用法制條款，以維護或突顯其超強之威勢，如是，乃有暴君奸相之肆虐於民上而莫能反制矣。中國歷來主導思想之儒者，初因現實條件之未備，——即社會上並無由長期獨佔的高等階級，與平民對峙所衍生的權利平等意識及抗爭團體，所以鮮有順人之爲政治存在一邊的需要，措意於客觀架構的法制條款，而惟依道德主體之自不容已之推擴處用心，結果便只是理論地把責任（一轉便成權力）全歸於君主一人之身，而事實上則總是明君英主、百不一得，昏君暴主卻層出不窮。此誠不可不謂是理有未盡或甚大缺陷之所在。

不過，這裡確有一爲人所易於忽略的弔詭：是即充極於義理而思之，政治畢竟當歸主於人，繫屬人文領域而爲其活動之一環。以是，中國先哲對於「通是人也」應有之道德的要求或取向，如上所說者，並無基本的歧誤。問題只是落在政治上，則須就所據分位之不同，而爲不同標準之安排乃可。關於這一點，實由政治框架中，顯有「統治者」與「被統治者」兩造之利害相對的原故：大體言之，在中國歷史上，儘管被治者一邊的人民，絕對多數與多時，都是安份守己，竭盡義務，殊少無端紛擾，所以通常的措置是：除卻教以人倫，免其淪於禽獸之行以外，絕不用多事煩絮；而知所體卹、長於運使者，且只須休養生息，便可成其郅治。倒是統治者一邊的君相，卻常踰越軌範，作好作惡，因而陷民於水火，逼其鋌而走險，以致天下大亂，則是事實。於此，就事論事，當然有其來自政治機制本身之弊端者，按理須先從政治機制內部法律規條之改善約定，使統治邊的君相，無所施其昏暴之可能，去加以解決。可是我們的先哲，正以囿於前文所說之現實不備，一時尚未思考及此，乃徑依對通人必具之道德標準相求。這雖然未能曲盡政治之爲政治的本性，卻也有一種匡範人心，令其知所戒謹惕厲的基本功能。若必要作價值意義的評量，亦只可說是務實而未計其虛，崇本而稍忽其末，也就是作了理想超前，成效過估的表現，並非行事上果有何等深鉅之誤導或錯失。此以五千年歷史之綿延不斷，文化之承續不絕，足可證之。

至於理念之透顯，文獻之實足以徵者，則首先是見於《尚書》所記唐、虞、三代諸聖王之自主自發、處處以德行持載萬民。而在《論語》，孔子則明言：

「爲政以德，譬如北辰，居其所，而眾星拱之。」（爲政篇）

又戒季康子曰：

「政者、正也。子率以正，孰敢不正。」（顏淵篇）

「子爲政、焉用殺？子欲善，而民善矣。君子之德風，小人之德草，草上之風必偃」。（〈顏淵篇〉）

衍展開來，孟子則言：

「以力假仁者霸，霸必有大國；以德行仁者王，王不待大。湯以七十里，文王

以百里。以力服人者，非心服也，力不贍也；以德服人者，中心悅而誠服也，如七十子之服孔子也」。（〈公孫丑上〉）

荀子則言：

「國者、天下之利用也；人主者、天下之利勢也。得道以持之，則大安也，大榮也，積美之源也；不得道以持之，則大危也，大累也，有之不如無之。及其綦也，索爲匹夫不可得也。……故用國者，義立而王，信立而霸，權謀立而亡。三者明王之所謹擇也，仁人之所務白也」。（〈王霸篇〉）

洎乎《大學》，開宗明義則稱：

「大學之道，在明明德，在親民，在止於至善」。

並且反覆申言：

「物有本末，事有終始，知所先後，則近道矣。古之欲明明德於天下者，先治其國；欲治其國者，先齊其家；欲齊其家者，先修其身；欲修其身者，先正其心；欲正其心者，先誠其意；欲誠其意者，先致其知；致知在格物。物格而后知致，知致而後意誠，意誠而后心正，心正而后身脩，身脩而后家齊，家齊而后國治，國治而后天下平。自天子以至於庶人，壹是皆以脩身爲本。其本亂而末治者否矣，其所厚者薄，而其所薄者厚，未之有也」。

諸如以上條陳之論旨，莫不顯見仁理之通貫乎政道，或政道之必本乎仁理。約而言之，則人皆美稱曰「仁政」、曰「王道」者即是也。後世帝制政體，雖然實務上十之八九未能符合這個要求，但在一般自覺地任重致遠之儒者心目中，則未嘗不解其大義而思借從政以有所作爲。由之累世相授，遍天下相呼應，終且形成社會大衆之公通意識是：「仁政必興、暴政必亡」乃理所固然。即使是實操生殺予奪之權的帝王本人，也多能認同其中的至理，縱因利欲之套結而不得眞行其道，亦必粗知正身爲平治天下之大本，明德爲鞏固王業之根基，而稍戢其威暴，甚至有間接或曲折地彰著儒家仁學部份之功能者。最明顯的事例，就是歷代之在位當權者，除陰私險狠之法家人物，嘗從賤情薄義寡頭的法術立場、助秦爲虐，深爲識者不齒之外，並無眞能冥頑地提出一套足使自家權勢地位得以維護的說明，而仍須借重儒家學理以爲安善萬民之憑據，推廣主張正心修身、先於治國平天下之經術，尊崇教學不倦、仁智雙彰之孔子爲至聖先師。凡此，固有非可以「表面形式」一言而蔽之眞意，或者其實已進於對仁教之根本認同，及其所關社會效益之普遍肯定也。

3.經濟以厚生爲歸

「經濟」之爲名號，在中國從前，當爲「經世濟民」之簡稱，有使時代社會興隆昌盛、平安和樂，乃至振衰起敝，弭災除亂之意。現代人以之與財貨事務之開發營運、計劃展布爲說，義亦明通。因爲凡能於財務方面達成有效之開展，便自然能致時代社會於平安興盛也。惟分析言之，前者多以謂個人之才具，後者則以表集團之作爲，而統屬儒者仁心照拂下必然當有之企求。且看《論語》與《孟子》書中的幾則記載：

子適衛，冉有僕。子曰：「庶矣哉！」冉有曰：「既庶矣，又何加焉？」曰：「富之。」曰：「既富矣，又何加焉？」曰：「教之。」（〈子路篇〉）

子貢問政。子曰：「足食。足兵。民信之矣。」子貢曰：「必不得已而去，於斯三者何先？」曰：「去兵。」子貢曰：「必不得已而去，於斯二者何先」曰：「去食。自古皆有死，民無信不立。」（〈顏淵篇〉）

前則言人口繁昌的國家，必須先使富裕，而後施予教化。後則言爲政之道，亦在先求足食，而後及於足兵與信義。萬一三者不能齊備，則自以「去兵」爲是。至於食，則根本不可以去。因爲「去食」，則人不可活，一切餘事俱成幻滅矣。但子貢仍以「二者何先」爲問，則在與信義相較之下，不得不順之而言「去食」。此中之似有先行去食之味者，乃理序上的問題，實則與「無信」之不得而生存是同時的。故緊接著不待子貢再問，便復說「自古皆有死，民無信不立。」借一個「死」字來與「無信不立」相對稱，即可見「食」與「信」之爲同時並重而不可偏缺，其意蓋亦「志士仁人，無求生以害人，有殺身以成仁」之更端說也。這個首重民食的意思，在於孟子，則對其可能之利弊得失，顯有更爲深刻明晰的表示：

無恆產而有恆心者，惟士爲能。若民，則無恆產，因無恆心。苟無恆心，放辟邪侈，無不爲已。及陷於罪，然後從而刑之，是罔民也。焉有仁人在位，罔民而可爲也？是故明君制民之產，必使仰足以事父母，俯足以畜妻子，樂歲終身飽，兇年免於死亡。然後驅而之善，故民之從之也輕。（梁惠王上）

五畝之宅，樹之以桑，五十者可以衣帛矣；雞豚狗彘之畜，無失其時，七十者可以食肉矣；百畝之田，勿奪其時，八口之家，可以無飢矣；謹庠序之教，申之以孝悌之義，頒白者不負戴於道路矣。老者衣帛食肉，黎民不飢不寒，然而不王者，未之有也。（同上）

凡此所舉孔、孟之言，基本上都是對於人之需有財富，亦即必賴經濟爲養生條件之肯定，當屬任何人之所能通解而同情認許者。於此，吾人可以更作義理上之兩重分疏。

其一是，從淺近的方面看：如所周知，孔、孟仁義爲重之教旨，本在玉成道德完備之高尚人格。然而要想達到這步田地，則勢必有資於物質之爲撐持生命存活的基礎。因此，凡欲治國安民者，其須藉經濟性或經濟策略的「富裕」「足食」與「恒產」爲支援，乃其開始起步最所當循的坦途，所以從來學者，無論其所據家派之理念如何，都不能不有關於這方面的用心和安排。試請以人所美稱兼具儒理、陰陽及道、法、兵、農各家之長的《管子》書爲代表，其首篇〈牧民〉之首章，便是說明「凡有地牧民者，務在四時，守在倉廩。國多財，則遠者來；地辟舉，則民留處。倉廩實，則知禮義；衣食足，則知榮辱。」觀此，則通人所共認許的「先富後教」之義，可以思過半矣。

其次是，從深層之內涵而言：吾人當知人的存在，實由「靜」的主體發而爲「動的活力」所表徵，也就是所謂的「生命」與「生活」，二者合以構成整全之「人生」（此「生」字，當包舉生命、生活而爲完整一體之代稱）。中間自道體意味的尊嚴，至衣食住行享用的逸豫，可說是相收統貫而不能彼此見外的。密切言之，甚至不得有主從、先後與或爲目的、或爲手段之分，而當直視人之得生、有生，即爲所以生之極義。此方是仁者「尊生樂安」無上心懷之所寄。蓋天人之際遇，儘管歧異多方，而所以成此歧異多方者，則不能外乎一個「生」字。由此可知，生之爲義，不應只是個動態的形容，而更可謂爲實體之名號。着實地說，即人之爲生，便是人之全幅價值意義之所在。舍夫生，則人既不可以成始，亦將不可以成終，是以中國之傳統社會，非常注重人之「厚生」的問題。厚生者，即優厚其生也。無論爲單一的個體人，或集團的社會人，非僅在於現實身軀的物質生活有保障，而尤期於理性的精神意志之生活、綽綽然有餘裕也。

「厚生」一詞，始見於《尚書》〈大禹謨〉之「正德、利用、厚生」三事並舉爲言，句義當是以「正德」爲精神理性之修持，「利用」爲物質現實之給養，兩者合以蔚成篤實優厚之人生。此與前舉《論語》《孟子》之說：「富之」而後必繼以「教之」，「足食」而後必繼以「民信」，「制民之產」而後必繼以「驅而之善」，義旨正相符合，同爲仁者志抱之必然，後世爲政者遵從之榘範。而說得較爲直截明達者，則莫如《荀子》之以禮義爲「養欲給求」之經綸有致也。

> 「禮起於何也？曰，人生而有欲，欲而不得，則不能無求，求而無度量分界，則不能不爭。爭則亂、亂則窮。先王惡其亂也，故制禮義以分之，以養人之欲，

給人之求，使欲必不窮乎物，物必不出於欲，兩者相持而長，是禮之所起也。故禮者養也；芻豢稻粱，五味調香，所以養口也；椒蘭芬苾、所以養鼻也；雕琢刻鏤，黼黻文章，所以養目也；鐘鼓管磬，琴瑟竽笙，所以養耳也；疏房、檖貌、越席，牀笫几筵，所以養體也。故禮者養也、君子既得其養，又好其別。曷謂別？貴賤有等，長幼有差，貧富輕重皆有稱者也。……孰知夫出死要節之所以養生也；孰知夫出費用之所以養財也，孰知夫恭敬辭讓之所以養安也，孰知禮義文理之所以養情也。故人苟（惟）生之爲見，若者必死；苟（惟）利之爲見、若者必害；苟怠惰偷懦之爲安，若者必危；苟情說（悅）之爲樂，若者必滅。故人一之於禮義，則兩得之矣；一之於情性（欲），則兩失之矣。」（禮論篇）

綜觀荀子此則議論之主「養欲」與「給求」，精神上正是循「優厚人生」之理念而推進的。其所臚列之條件、則涵括現實與理想的兩面。現實的方面，在豐盛物資的利用：如芻豢稻粱、五味調香之養口；椒蘭芬苾之養鼻；雕琢刻鏤、黼黻文章之養目；鐘鼓管磬、琴瑟竽笙之養耳，疏房、檖貌、越席、牀笫、几筵之養體等等之類。理想的方面，則在道德品格之培成：如出死要節之養生；出費用之養財；恭敬辭讓之養安；

禮義文禮之養情等等之類。前者以敷陳的方式敘實，後者借質問的語氣抒義，總之則歸於「禮者養也」之一言。夫人而必「養」，乃經濟原理之所由立；養而必以「禮」，則是厚生觀念之所當存。概而言之，蓋亦孟子所謂「以善養人，然後能服天下」（離婁下）義之具體表徵也。

㈡仁心之主導文化創進者

「文化」之與「社會」，本屬相連一體之概念。在於一般之用語，也就是舉社會而言有文化，舉文化而言有社會，兩者並非絕對異位之物事。不過，就其爲既成「名言」之內涵以觀，社會云者，則偏重在組織，蓋隨現實勢力或風習之結聚而顯；文化云者，則著眼在成績，多由精神思想或意識之衍展而至。兩相比較，後者實更賴藉乎仁心理性之運作。於是，我們當就理念、制度、器物的三個層面，以論仁理之爲主導的功能。

1.理念的執著在明善

文化之創造，必以意念之有所執定爲先著。而凡言意念之執著，則必有精力之注向，有精力之注向，則必有現實的成就。此自然之法則而不可誣者也。但中間亦須有一簡別：即人若儘是一味意在追求成就，則所成者，於人間世之爲益爲害，便很難說。因此，又必以基於理性理想之堅持，才可眞語於無害有益的文化之開發與採擷。中國文化，自古先聖哲肇建之初，即已充分地認清了這個原則、並且深化爲內以克己、外以制物的強而有力之「理念」（非一般所謂之「意念」）。一部《尙書》，有關這類的記言甚多，且舉〈虞書〉中的兩則爲例：

①「曰放勳，欽明文思安安，允恭克讓，光被四表，格于上下。」（〈堯典〉）

②「人心惟危，道心惟微，惟精惟一，允執厥中。」（〈大禹謨〉）

前則記帝堯君臨天下之用心與盛德；後則記舜欲禪禹所示之戒語，而皆可見爲理念堅貞與精力傾注之特徵。至於《禮記》中之〈大學〉，則更有具體透澈的表述，其首舉之綱領便是：

「大學之道，在明明德，在親民，在止於至善。」

所謂大學之「道」，依今之哲學用語作解，當即「理想意念之客觀具象化」；而連稱的三個「在」字，皆表示強力執著之意；「在明明德，在親民，在止於至善」，透顯著所執之有一定的方向和目標。尤其是「止於至善」，這終結概念──「善」字之點出，十足爲以下序列之八事——「格物、致知、誠意、正心、修身、齊家、治國、平天下」，開示了無限光明璀璨之前景。三在者，朱子名之曰「三綱領」；八事者，朱子命之曰「八條目」。概而言之，實可總括於一語：即理念之執著於明善而蔚成仁爲主導之文化大業也。

「明善」之說，始發於《孟子》；〈離婁〉上篇有一段不斷內翻的、倒敘式的告語說：

「居下位，不獲於上，民不可得而治也。獲於上有道，不信於友，弗獲於上矣；信於友有道，事親弗悅，弗信於友矣；悅親有道，反身不誠，不悅於親矣；誠身有道，不明乎善，不誠其身矣。」（《中庸》第二十章亦有類似的議論。）

夫人之自「獲上」一境逆反上提，歷經「信友」「悅親」「誠身」以至「明善」，正與〈大學〉自「明明德於天下」，歷經先行的「治國」「齊家」「修身」「正心」「誠意」「致知」「格物」，幾近一例。惟最後之極點，大學則歸於「格物」，孟子則歸於「明善」。格物、照朱子的解釋是：「即凡天下之物而窮其理」似與孟子明善之純自內發者有異致，但這是單就理念本身層面看的問題（此中當然有正、歧之分，如王陽明即不直朱說。認爲「格」字義，當如「大臣格君心之非」之格，「格物者，格其心之物也，格其意之物也，格其知之物也。」見《傳習錄》答〈顧東橋、羅整菴書〉），若就理念所導生的文化層面看，則格物正所以明善，而明善亦必至於格物。不過明善似較有近於操之在我者，而與孔子「洋洋乎發育萬物、峻極于天」（《中庸》語）之仁教精神更爲相應。中國後世文化之發展、雖因人們現實生活之較切於物質的需要，以致格物之爲用也居多；然而反求諸己之明善的理念，在於深思遠慮之士人君子心目中，固仍高踞領導指引之優位，當亦爲所不爭的事實。此中情節，實甚曲折，其可說者，則是如近世西方以智爲尚的科學，未得完成；而明善之教，卻於宋明儒者以仁爲宗的理學或道學，得以充其極。而且流風大化，蔚爲正統；師友傳承，至今不衰。是吾所以於文化進程中，特謂理念的執著儘在明善之故也。

2.制度之因革在循禮

社會上任何既成之組合——包括大如國家之政教體統，小如民間之游藝活動，莫不有其一定之軌則爲所循依；循依之軌則歷久而漸成規約性，客觀性的準據，便可謂之爲「制度」。於是，順其前在之背景以觀，制度亦必屬理念主導或運作下，所成之文化現象，固可無疑。究其理由，就在無論軌則也好，制度也好，初皆必有人之秉持理念以爲肇造也。中國自初有文字記載或可徵之上古時代伊始，文化重心即是傾注於治國平天下之一途，所謂「制度」，亦便以是爲主斷而形成。此可就《周易》〈繫辭下傳〉第二章之解析以明之：

「古者庖犧氏之王天下也，仰則觀象於天，俯則觀法於地，觀鳥獸之文與地之宜，近取諸身，遠取諸物，於是始作八卦，以通神明之德，以類萬物之情。作結繩而爲網罟，以佃以漁，蓋取諸『離』。庖犧氏沒，神農氏作，斲木爲耜，揉木爲耒，耒耨之利，以教天下，蓋取諸『益』。日中爲市，致天下之民，聚天下之貨，交易而退，各得其所，蓋取諸『噬嗑』。神農氏沒，黃帝、堯、舜氏作，通其變，使民不倦；神而化之，使民宜之。易窮則變，變則通，通則久。是以『自天佑之，吉無不利』。黃帝、堯、舜垂衣裳而天下治，蓋取諸『乾』、『坤』。刳木爲舟，剡木爲楫，舟楫之利，以濟不通，蓋取諸『渙』。服牛乘馬，引重致遠，以利天下，蓋取諸『隨』。重門擊柝以待暴客，蓋取諸『豫』。斷木爲杵，掘地爲臼，臼杵之利，萬民以濟，蓋取諸『小過』。弦木爲弧，剡木爲矢，以威天下，蓋取諸『睽』。上古穴居而野處，後世聖人易之以宮室，上棟下宇，以待風雨，蓋取諸『大壯』。古之葬者，厚衣之以薪，葬之中野，不封不樹，喪期無數，後世聖人易之以棺槨，蓋取諸『大過』。上古結繩而治，後世聖人易之以書契，百官以治，萬民以察，蓋取諸『夬』。」

按：此章自首節之「王天下」，中間隨行文之方便，或稱「利天下」、「治天下」、「威天下」，或稱「使民不倦」、「使民宜之」，迄於末節之總歸於「聖人易之以書契，百官以治，萬民以察」等等語義而觀，可知上古聖人之用心，全在於天下國家、人民生計之平治與調護。其進行或啓導之先機，則以「始作八卦」爲準，然後依事態之所宜，分別取象於「離、益、噬嗑、乾、坤、渙、隨、豫、小過、睽、大壯、大過、夬」等獨特之卦義，又可見實有理念之爲高層之主導或指引。而每節所舉具體實徵之物事如：「作結繩而網罟，以佃以漁」，「斲木爲耜，揉木爲耒」，「日中爲市，交易而退」，「通變神化，垂衣裳而治」，「刳木爲舟，剡木爲楫」，「服牛乘馬，引重致遠」，「重門擊柝，以待暴客」，「斷木爲杵，掘地爲臼」，「弦木爲弧，剡木爲矢」，乃至「易衣薪之葬以棺槨」，「易結繩之治爲書契」諸般之成就，則皆爲初從事實需要、經草創而漸進於普利萬民的文明制度之象。

尤其值得注意的是：總攝全章義旨的前提，乃在仰觀俯察天象地法及鳥獸文理而譬身喻物之餘，要更藉八卦之作，「以通神明之德，以類萬物之情」。此便明白透出創建制度之必有高層位之「德」與「情」為依歸。夫德則稱理，情則表性，合而言之，即今世所謂「理性」之原義；三代以下，則具象化而曰「禮」。孔子論夏、商、周三代之變革，即皆以「禮」為中心而言：「殷因於夏禮，所損益，可知也；周因於殷禮，所損益，可知也；其或繼周者，雖百世可知也」（〈為政篇〉）。「禮」在孔子心目中，是與「仁」的觀念相連而同等重要的。所以其答顏淵之問仁，只是「克己復禮」（〈顏淵篇〉）。又嘗說，「夏禮吾能言之，杞不足徵也；殷禮吾能言之，宋不足徵也。文獻不足故也，足則吾能徵之矣」（〈八佾篇〉）。杞、宋文獻既不足徵，而於夏殷之禮仍能言之，可見其必以素所正視之仁為內容而說也，是故另處即徑謂「人而不仁，如何禮！人而不仁，如樂何」（同上）！由之，更可知禮樂與仁，根本不得相離而獨在。蓋仁者，內發於心，禮者，外顯於事，二者相通互濟，然後可以足己而御物。故落實於社會文化的層面而觀制度經營之價值，便必然不能外禮而他求。〈八佾篇〉記「孔子謂：『季氏八佾舞於庭，是可忍也，孰不可忍也』。」又記「子貢欲去告朔之餼羊。子曰：『賜也，爾愛其羊，我愛其禮』。」此之主制度不可濫用與輕廢，正是一以禮為準則而言者。至於畢生惟禮是崇之荀子，其言：「凡禮、始乎梲、成乎文，終乎悅校（郝懿行謂「此言禮始乎收斂，成乎文飾，終乎悅快。」）故至備，情文俱盡；其次，情文代勝；其下，復情以歸大一也。天地以合，日月以明，四時以序，星辰以行，江河以流，萬物以昌，好惡以節，喜怒以當。以爲下則順，以爲上則明，萬物變而不亂，貳之則喪也。禮豈不至矣哉！」（〈禮論篇〉）則幾已推重禮爲形上之道體，實達代仁而說之極境。如是，則制度之興作，又焉得不以爲準乎？故同篇後文又說：「禮者，斷長續短，損有餘，益不足，達愛敬之文，而滋成行義之美者也。」又說：「兩情者（楊注「謂吉與凶、憂與愉也」），人生固有端焉。若夫斷之繼之、博之淺之，益之損之，類之盡之，盛之美之，使本末終始，莫不順比，足以爲萬世則，則是禮也」。觀此，誠可謂已極制度上因革損益之深蘊與價值意義而盡舉矣。

後世儒者，由於屈居帝王獨裁之威權統治下，雖有許多陰暗忌諱處碰觸不得，然於維繫社會公道、象徵人間正義之法儀制度，則無有不依於禮而得成其說者。近人曾國藩氏所撰《聖哲畫像記》中，盛稱自漢迄清各代大儒有關禮之著述、成就和貢獻，終且歸於秦蕙田之《五禮通考》而贊之曰：「舉天下古今幽明萬事而一經之以禮，可謂體大而思精矣」，可以見其大端。抑究其實，彼所謂禮者，正屬一般通行之制度，惟所陳義，每皆含具有非玉帛鐘鼓能盡之深意，故得徑以禮名耳。然則由此而推觀，即謂禮乃仁的觀念之具現；而制度因革，又必循禮而後得成其正果，不亦爲理之所固宜乎？

3.器物的開發在適用

「器物」，順理念之落實爲文化的表現看，其所屬之層位甚低，但也是人類生計中最所不能缺免，因而顯得最爲普遍需要的物事。它的實質，可以分作「自然」與「人爲」之兩邊以說：自然者，如金銀珠玉、水火木石之類；人爲者，如衣冠帶履、盤盂桌几之屬，而得爲成品定型之「器」，則皆有待於人之開發與製造。在開發製造之過程中，每因牽於現實情境中當機的要求，便不免注入各種程度不同之價值觀念，致使器物有貴賤重輕之別異。例如：漁獵所需之網罟，交易所需之貨幣；祭祀當有之祭品，慶典當有之儀仗；居家之必待於房舍，行遠之必待於車馬；乃至餐飲常用之碗杯匙箸，坐息常用之几椅牀笫，等等，等等，無不可依當下情境之隆殺及要求，類分出一個價值高下之位序。《左傳》成公二年引孔子之言曰：「唯名與器，不可以假人」，其所以肯認「名器」之重，應是基於這個意義而決定；吾人今且可依於這個意義，進而得謂是文化發展之成積；近世考古學者，孜孜矻矻，挖掘探索古代文明衍進之實跡，所憑藉以爲分析判斷者，亦端在於此。

雖然，吾於此猶深有切感者，乃古聖前賢之開發製造夫器物，並非全然任隨或逼於現實情境遷移之所至而至，實尚有自主地為所當為之用心或密意存乎其中。明白言之，亦即一切以適應並佐助人生之大用作準則，然後是凡欲求為滿足怡豫者必依此，求為限止禁絕者亦依此。蓋天之生人，既賦予了超越萬物之性靈；又厚植了胞與萬物之情懷。有超物之靈性，故人不能無所自為，而但順物勢以流轉；有與物之情懷，則人又不可以縱欲敗度，恣意損物以快己私。由乎前者，所以人人各可自闢天地，自創格局，達於〈易傳〉所謂「先天而天弗違，後天而奉天時」的相輔相成的天人一體之境；（此義前文多有表明，茲不贅言。）由乎後者，則人在必為宇宙生命保存價值而攬物自養之餘，絕不可濫施奇巧，妄肆暴殄，所以儒者最重不得浪費之「儉」德。自魯大夫御孫創說「儉，德之共也；侈，惡之大也」（《左傳》《莊公》二十四年）以下，後世幾無不奉為至理名言以持己而戒人。孔子生平甚重禮，已不待辨。《論語》〈八佾篇〉記其答「林放問禮之本」則曰：「禮、與其奢也，寧儉；喪，與其易也，寧戚」。（按：喪亦禮之所涵。易、則為敷治鋪張，近於奢。戚者，憂傷也，憂傷則不尚奢而自儉。）至於《禮記》，抒義則有較之「儉」德更為豐實妥當者，那就是〈禮器篇〉所申言論的「稱」（讀第四聲）。其文曰：

「禮有以多為貴者……有以少為貴者……有以大為貴者……有以小為貴者……

有以高爲貴者……有以下爲貴者……有以文爲貴者……有以素爲貴者……。孔子曰：『禮不可不省也。禮不同，不豐不殺。』此之謂也，蓋言『稱』也。禮之以多爲貴者：以其外心者也。德發揚詡萬物，大理物博，如此則得不以多爲貴乎？故君子樂其發也。禮之以少爲貴者：以其內心者也。德產之致也精緻，觀天下之物無可以稱其德者，如此則得不以少爲貴乎？是故君子愼其獨也。古之聖人，內之爲尊，外之爲樂，少之爲貴，多之爲美。是故先生之制禮也，不可多也，不可寡也，唯其『稱』也。是故君子大牢而祭謂之禮；匹士大牢而祭謂之攘。管仲鏤簋朱紘、山節藻棁，君子以爲濫矣；晏平仲祀其先人，豚肩不掩豆，澣衣濯冠以朝，君子以爲隘矣」。

詳察此則議論，中間兩番結語曰「稱」，可見「稱」之爲言，乃整個章旨重心之所寄。繹其實意，即謂與現實情境之需要相當也。夫人之爲生，不可無禮；行禮、則不能不用器。所以篇首即言：「禮器是故大備，大備盛德。（陳澔《禮記集說》解曰：「以禮爲治身之器，故能大備其成人之行；至於大備，則其德盛矣」。）禮釋回、增美質，措則正、施則行，其在人也，如竹箭之有筠也，如松柏之有心也」。然禮之所以貴備於身、或身之必有禮以爲備，要在浹洽周至而不濫，是即所謂之「稱」，稱、則視現實情境之別異，而可以多為貴，亦可以少為貴。以多為貴，乃因行事之為外心的顯發而大理博物，故能多之為美，而為君子所樂發；以少為貴，則因志業為內心的貞固而天下無物可與相當（稱），故得少以為貴，而君子由之以慎獨。非此者，則不墮於管仲之為濫，亦必流於晏平仲之為隘矣。由此以觀，豈不足證先儒開發器物之本意，惟以適應人生大用之是尚乎？人而用物果至於不濫與不隘，則正因中有不忍之心為存主，孟子曰：「人皆有所不忍，達之於其所忍，仁也」（盡心下），又曰：「親親而仁民，仁民而愛物」（盡心上）。如是，又豈得謂非仁道之有貫乎器物，而成文化之淳厚者乎？

四、新儒學在於現代之處常與應變

(一)立基於現時代的省思

1.過往歷史文化之未盡如理的表現

上文之論析，形式上、俱是配合既往之歷史進程及社會態勢而申言者：從儒學之原始動機——「尊生養性」，與企求目標——「修齊治平」的實跡去理解，凡所稱舉，皆可謂為順情如理之分疏；當然，也可說是個人依理想所至的直抒己見。這樣的分疏和抒見，自信並無悖於歷史流衍之眞情。可是落在歷史的事務或業績上看，則猶未可語於具體完美的實踐，而仍停滯於似迎似拒，若隱若顯的因循環轉的階段。明白言之，也就是現實與理想，並未得同步之配搭而臻於完美。這個現象，從秦漢以迄清末，歷時幾二千數百年，何以如此長期靜如止水之只見縠紋，不汎波濤呢？基本原因，則由在獨立之大國體制下，社會風習與民間情志，總以因循掩襲，力求安活爲事；縱有一時一地之動亂，亦無礙大勢或大局之穩定，最多更改一下朝代，換掉幾個當事的人物，稍經除舊布新，便又依然故我。以是，儒家超特高遠之理想，便始終沉囿於現實之中，隨事遷流，委曲鬱結而莫之得伸。

2.今古異勢之巨變

及於今世，海空輸運開通，原先獨霸一方，自稱「天下」之大國，頓成五洲世界中之一「小塊」。而各地人民，又各有其悠久歷史所積成的社會與文化，大家交互往來，便見多端成就之可以相噓相濡、並行並濟。如此一來，對於久經習染、自我滿足之中國而言，無疑是面臨到今古異勢之大變，最爲明著者，則莫如「政治體制」與「學術途向」，在於心態上之將作完全相翻的調整——前者要由帝王專斷改爲人權至上的「民主」，後者要由道德理性轉出知識架構的「科學」。此正是當今人們高唱入雲之現代化之兩大基礎或柱石，已如乘風破浪之巨艦之衝岸而來。

㈡來至現代應有之現代化

1.「現代」與「現代化」意義之剖析

「現代」與「現代化」，只因後者多了一個「化」字，便各自有著不同的意義，而須爲分別之論析：

以個體人生命之所對而論，「現代」者，即時間分段中，任何當身現存的時代之謂。例如：孔子生春秋晚期，即春秋晚期爲孔子當身之現代；孟子生戰國初期，即戰國初期爲孟子當身之現代。推衍而言，凡人之生，皆有所生之當世，亦即皆有所對之現代——漢、魏、晉、唐、宋、元、明、清，容積過千千萬萬之人們，亦即千千萬萬之人，俱曾視漢、魏、晉、唐、宋、元、明、清爲現代，而接受其洗鍊，投擲過生命之氣力。迤邐而下，及於吾人當前所感存在的現代，勢亦必將隨時逝去，而爲新的他人所感存在之現代所轉換。由是以思，則現代之爲稱，實乃因時因人而異，並無公通或普遍永久地，得指一時段確定爲現代者。它之爲名，正如無限光陰中之一過客，時時推進，代代更新，凡我存活其間的人們，惟有惜陰如金，把握當下，輸其至誠以盡己、盡人、盡物之性，共贊天地之化育；應無餘暇專據今而非古，又遺後世人據彼而非今之口實也。

至於「現代化」，則是依任一特定現代之特定的成就而立義。它當然也有時段上前後交替或存廢的問題，但既著了一個「化」字，便突顯了一個特定時段的特色，而為各個時段現代人之所獨享或依持。因此，任何一個生活於他所處時段之現代人，便必然不能脫出其所面對的現代之「化」，縱或有基於習見或志慮之堅執，不能為完全的認同甚或抗拒之，至少亦當知其所化者為何事。但儘管如此，這所謂的現代之化，無論成就多大，效應多深，也終究會因後起者之推擠而成為過去，不能隨生人之交替代興，永遠說為現代的。由是，我們即可以聯想到一個更為根本而嚴肅的問題，那就是：有無或要不要一個超越地串連各個現代，成就一切現代化——亦即通貫古今萬世為一體，而又不至泯失各個現代特色(化)之物事？若說無或不要，則今之得意於現代與現代化，而傲視乎古代者，勢必將為後現代與後現代化之得意者所卑視或否定，果如是，則世間將永無可目為眞實，永無可憑以自造於眞實者，而人生乃眞似漂萍浮梗之毫無意義矣。若說有或要，則何者堪以當之？豈非必寄於視之不見、聽之不聞，卻可不言而信，不見而彰的形而上的理道之實居其上以為運作乎？落實於我們當今之現狀以觀，吾人前文所論仁之注溉宇宙人生、社會文化，卻於歷史事實或業績處，尚未達至完美之情，豈不可以趁著今世之具深切效應與偉大成就的現代之化中，而繼續充盡其完美乎？

2.體常用變與據理制事之義理原則

以上的推論，如爲不誤，則儒學中體常而用變，據理以制事之義理的途向，絕不可毀。此在先秦，則仍以前舉《中庸》《易傳》之就「誠」與「易」言者，最稱明備。

《中庸》曰：

> 「唯天下至『誠』，爲能盡其性；能盡其性，則能盡人之性；能盡人之性，則能盡物之性；能盡物之性，則可以贊天地之化育；可以贊天地之化育，則可以與天地參矣。其次致曲，曲能有誠；誠則形，形則著，著則明，明則動，動則變，變則化，唯天下至誠爲能化」。（二十二、二十三章）

《易傳》曰：

> 「夫『易』，開物成務，冒天下之道，如斯而已者也。是故聖人以通天下之志，以定天下之業，以斷天下之疑。……是故闔户謂之坤，闢户謂之乾；一闔一闢

謂之變，往來不窮謂之通；見乃謂之象，形乃謂之器；制而用之謂之法，利用出入，民咸用之謂之神」。（繫辭上十一章）

此二傳文之所陳義，至爲高遠，不用說漢唐宋明莫之能逮；即唐虞三代，亦未必稱得。詳察其間的主因，則要在理想之徹乎現實，或現實之承乎理想——。明白言之，也就是「常」與「變」，或「理」與「事」之間的分際，從未有過眞切妥實的釐清和互動；而數千年大家忙活的歷程，正不免爲力不從心或難得糊塗的架空走過。及至當代新儒家，因於知性爲主的西學之刺激而省思，乃澈底意識到「道」與「器」兩重世界的分野，由而物各付物——是道者，還他一個道，是器者，還他一個器。遂使得「內聖」與「外王」之兩界，先有個內容或實質上之釐清；然後再求工夫踐履上的貫通，便成內聖開出外王，乃至彼此互動的格局與模態。於中說得或表示得最爲精切透明者，則莫如牟宗三先生之「良知自我坎陷以從物」一觀念，他本人不僅作了這樣的揭示，而且愈老彌堅地秉之以學以教，——吐詞爲經，文成千萬，書冊具在，足供參詳。

所謂「良知之自我坎陷以從物」，此語之最具深思密意者，要在中間之「自我坎陷」一短句。其先舉之「良知」，乃中國道德爲尙之傳統下既成的詞語，大都有一定的理解；其後續的「從物」，亦是通人之生活行動中常有的經驗事實，當該不至陌生。

惟獨「良知」爲何要「自我坎陷」？自我坎陷又如何能夠「從物」？這便有許多曲折，甚至是個翻覆待治之無盡歷程，而大是啓人疑竇。繹其關鍵性的問題，則在固有於心之「道德仁義」，與寄情於外的「知識辨解」，二者必需不斷爲相互之調協。就拿當前人皆高唱現代化的重點內容——「民主」與「科學」來說，良知當然知得是好事，知得是人類求爲改善或解決生活最須完備的權利和條件。然而僅憑它們是其所是的矢向自爲，並不必於人之但益無害有保障。事實上固仍須良知之爲超越的運作，始得成其正果。這是最淺顯的常識，人皆可以與知而能言。至於更深層而爲智者所當明辨的義理，則是：民主有所爲政治特質的自性，科學亦有所爲認識特質的本能，此便不是固有於心之道德仁義所能生發的，人以固有道德仁義之體性的存在，去求取或從事別有政治特質的民主或認識特質的科學，便須暫時有一違離自己之轉折，這便叫做「良知自我之坎陷」。良知自覺地作一種坎陷，是直接屬於道德主體的實踐；而坎陷下來，更要進而就民主，科學之自性去了別與力行，這便叫做「坎陷以從物」——乃中國自古以來清楚分辨，卻又未能充盡其實義的「德性之知」與「聞見之知」之融通。從前人或有只重「德知」、輕忽「聞知」的偏蔽，今則必須兩行並存，無一可得而曠缺，是亦即，進於現代所必信持的「現代化」。不過，基於人之必然得爲宇宙中心之前提，仍須堅持一個主從關係與價值位序的原則，始足以成「體常而盡變」、「據理以制事」

斥於君子，癖執古怪人之見棄於社群，除了喪德敗品之外，絕無任何成事之可言也。之而繼步挺進，乃能爲有根有源之開展與發揚。若或不然，便將必如固陋褊狹人之見之靈巧的運作和功能。於是，先聖已著之業績，歷史既構之統緒，決不可廢；只有順

㈢近人對於新儒家意見之分疏

歷史上任何一種思想或學術，只須其能持之有故，言之成理，便必多少能引致人們的信服，經過若干時日，且將自然形成獨具特質或特色的家派；而當其自成獨特之家派以見於世時，便亦可有不契於該家派理念之異家異派或個人之議論與批評。此自古已然之常態，本不足怪。儒家自孔子以「毋意、必、固、我」（《論語》〈子罕篇〉）之高潔情操，發明仁教，昇舉人生人文之無上價值伊始，歷戰國、秦、漢，可說是無所爲而爲地、成了學術界氣勢磅礴的大宗，然而就在那時，竟也蒙受許多他派——如道、墨、法、農各家人士之攻訐。新儒家處於帝制崩解，民國初建，中西思想、交流混雜的情況下，欲秉先秦孔孟創發之常道，應當世風雨飄搖之變局，數十年間，自大陸而港台，而海外，亦由「無所預期」而「必有事焉」的奮進中，漸漸蔚成蓬勃發展，不可遏止的風潮。但也正在此時，不免引致若干意見相左者之非難。當然，新儒家並非絕對完美，無所待於指正。可是其執定的以人御物，固本生新之基本立場，以及守

正不阿，默爾耕耘之豐碩成果，卻不容輕肆誣詆或抹殺。於是我們對於當前人們之加於新儒家的種種批判，不得不趁此稍作平情如理的分疏。惟於論說進行之際，似應先有個緣起事實的交代，那就是：

港台地區，於1950—60年代之間，曾有一批以《文星雜誌》爲議論園地的年輕激進之士，承襲民初五四新文化運動之餘波，再度掀起所謂的「全盤西化」論，自茲以下，雖因意氣太過尖刻，幾至泯滅整個之傳統，未得眞正熱愛民族文化之後進青年的認同而若暫成隱匿；然其灰燼餘焰，則仍潛存於社會之各種文教機制——如文集書刊，報章雜誌中，時復冒出煙霧。迄於今日，又有愈來愈形熾烈的趨勢。下文則僅就其淺、深不同之兩層，分別作大體之論明。

1.泛指缺失自成夸夸之說者

此之爲說，約有四態。

一是：直指新儒家學術爲「門戶之見」——己則既不欣悅此種學術，自亦可顯其不落門戶的洒脫高蹈之身段。

二是：判定新儒家的哲學傳統無價值——以哲學思想，每多人各異說而無一定之準則，不如歷史學以事實為據言傳統之可信。

三是：鄙夷儒家素所重視的道統——謂道無實體，因無定成之道統，只隨時代遷流而變現。主張道統，即其人之據統自高，藉以打壓他人而墮於狂悖。

四是：反對內省式的察覺體證工夫，獨標認知為學問有效之門徑——謂知識累積，便可解決人生一切問題；覺察體證則必待超悟，最近於神秘而流為獨斷，且非通人之所皆能至。

以上四態之所指（當然，此外亦常別有紛紛之說，但皆不出四者之為根本的心態），在於俗稱之儒家人物來說，本亦有因居心不正、趨尚不端，而難免落人口實者；今由別具用心之文士，再作天女散花式之鋪陳撮合，便成了整個儒家標籤似的普遍必然之缺失，導使一般淺識者目眩神搖，莫知其眞情實指之所在矣。然而就最後之義理背景以言，所謂儒家；豈眞只是這些而已？其流傳至今數千年，豈眞全如懵懂般之胡作妄為乎？其間尤為令人心感不平者，乃批評者自己雖夸夸其說，卻亦並無足以服人之積極性理據可循。餘不必論，仍請按上列各說，逐一質而明之，便可知得。

第一，如所謂「門戶之見」，若以新儒家先進熊十力先生最初僅為窮困潦倒之學徒身份，但憑一股悲願，研判儒佛，探發至理，而得躋身學界之具體情勢看來，正是從許多當令的學閥門派夾縫中，透露出一線孤弱的微明。後來唐君毅、牟宗三、徐復觀等幾位先生，面對顛危欲墜之國勢，置身飄搖莫定的台港，毅然鐵肩道義，講學著書；或且振褒貶之筆，與惟權是爭，唯利是圖者流，頡頏周旋，不遺餘力。久之，始漸獲有志青年的信服，得保小片中華文化之乾淨土壤。（此中本亦當包括錢穆先生在內，但據與本文論旨相左人士之特爲表示「不屑」的申說，故暫不列入。）如今反指他們是抱的「門戶之見」，客觀言之，得毋爲不知痛癢，又愧未得其門而入者之自感曖昧之限隔乎！

第二，謂傳統儒學之承繼或發揚，經由哲學的觀點，不如徑取歷史的觀點。繹其所以如此持論之故，乃是認爲從來哲學家之思想多方，每皆自創新說，教人難有把捉的標準，不及歷史學依據事實爲論之確定可靠。但是就憑這樣一點理由，要武斷地截斷衆流——否定數千年間一切哲學家，思想家的成就，豈不太嫌粗糙拙劣，或者根本暴露一個自囿於歷史（經驗）主義之門檻的偏見嗎？

第三，關於「道統」之說，自孔子稱夏、殷、周禮之因革損益，孟子歷敘堯舜至孔子，每五百年必有見知、聞知的聖賢，便已明白肯定實有其事。蓋以天下事理之繁複，必有「道」爲一貫之提挈或處置，久久便自然客觀化而成「統」。「道統」之爲義，始發於韓愈（由其所著「原道」可見），下逮宋明儒至民國之新儒家，遂以爲具體之名號而信受奉持之，應無不妥。論者若以歷史事實之隨時有變，及人或有假名統之在己而傲慢群倫之可能，乃予卑視諱言之，則不僅爲個人之因噎廢食，自投絕路；更是謂宇宙間不須有客觀中正之實理爲主，而禍延天下矣。

第四，至於爲學方法之「體證」與「認知」，乃任何期於「成德達材」之志士所必兼取之兩途。蓋體證則足以究道理之根本；認知則可以致行事之成功。今若徒事認知而廢體證，則將窮畢生之力於外務，而不知爲此外務之終爲誰何；及其至也，且必浮沉於價值虛無之境而生不如死矣。

是故綜上而觀之，彼其所爲貌似高亢的「炎炎」之說，縱使非出於激情之跳脫，亦必未盡乎識見之廣遠。是眞儒者，固無待喋喋焉與之多辯也。

2. 切入學理別標異見自恣者

一種頗似大言炎炎、來勢洶洶，惟己爲是，不容分說的切入學理的議論，往往是挾著以下幾個自謂強有力的觀念意識推進的。

一是：強調寡頭式光禿地行動爲尙的「實踐」之重要——依功利觀點看一切行爲事物之成敗，惟在最後之有無實踐或可否實踐，有而可實踐者，便將保障成功，而得謂之有價值；反之，則全然不是。

二是：肯定社會爲物理物勢之自然結構所成就——人惟有憑藉有限的認知本能，投入於結構性社會之整體中，爲結構性的實踐，始有成功實踐的可能。

三是：執意歷史進程不能有目的——有目的便將成爲預先規定的模式。一切照既定模式進行，則世事便無創新發展的可能，而且掌握權勢者，也可利用目的說，侵害他人的自由。

四是：斷言儒家傳統之思想不能有實踐——傳統儒家、尤其是民國之新儒家，講天人合一，體用不二，即依天道下成人事，由內聖開顯外王，基本上只是一種思想，要說實踐，也只是一種「表達性的實踐」，非可深入結構性整體之社會，徑爲結構性的社會實踐，故不得眞有實踐的意義或價值。

五是：蔑視新儒家數十年奮勉講學的成就——站在現實政治和發展科學的立場，看新儒家人物，只是坐而言，並未起而行，以至於一無貢獻。

諸如此類的觀念意識，就其架設的形式與所立足的層面上看，俱可說有其言之眞切而似近於理者。我這裡無意作一一之對應拆解，只想從一個最爲緊要、卻又爲人所最易輕忽的前提之揭示開始，然後簡略論析其於義理系統上之是或不是，足或不足。

關此，首先要請暫時緩一下急求突破的前衝的意氣，姑且回頭從「事在人爲」的本源處，分辨其爲問題的性質是如何：於是便須當下扣緊你、我之在此探討儒家或新儒家的學術問題，基本上是因爲你、我都是人，才會滋生的事實。此可由如下之反覆推概而證知，即：從主觀面看，是惟「人」之生，才有探討問題的活動；而從客觀面看，則世間任何的「問題」，皆不出人的探討活動範疇之外。說得露骨一點，也就是世間沒有人，便將沒有可成探討的問題，甚至可說沒有與人相對的他樣之萬物（試著想想億萬年前沒有人類的太空景況，便應坦然無疑）。何以如此？理由即在：人一方面具有與物同屬的血肉所成之身軀；一方面更有爲他物所無，而超越地貫連乎身軀的心性。由此爲基點，歷來聖賢或儒家學者，又大都見得人生宇宙的兩種情境：一爲形象化的心物共在之「圓」，一爲意向化的心物相通之「善」。合二者而一稱之，便是牟先生本孟子說而著論的「圓善」，也就是宋明諸大師所堅持的「理氣互成」「天人同體」之「道」與「教」。不過，依存有之體段而言，心爲形而上，物爲形而下，則在生成發展的理序上，自然有個先後主從的程態。這裡不當隨便起誤會，或刻意誣枉、硬謂新儒家是只知有心，不知有物之唯心主義者。

然而一如上述論者之說，則正是於此大起誤解和大肆誣枉：他們根本不承認有個合形上形下兩界爲一體的「滿圓」，只是專注於眼前所見現實之「單邊」，執以爲全眞。因此，他們只知有物，不知有心，只知物生而後心見之小節，不知心存而後物生之大體。所以詆斥一切與心相關聯之言說爲「唯心論」；不需要有任何理由的掩護，即可徑行反對。由此衍伸，當然便亦不能允許心性的向度有善意，歷史之進程有目的，而視儒家或新儒家的心物並存，天人合一之說，根本爲空虛幻想下，僅有企求式的

「表達性」意義，不能有彼等唯現實觀下穩靠的「結構性」的實踐。他們的議論，每多洋洋洒洒，粗看也似有近乎邏輯的合理性；細加考察，則不過是個斷頭留尾之半截的殘骸而已。蓋所謂歷史無目的，實只爲專取或專尊、純物質變化之自然程式的「唯物論」。他們聲稱這樣可以避免野心者之利用預設框架，範制自由，卻不知截斷先前人爲支配，阻絕上界天道下貫之精神因素，則歷史固若毫無生氣之會計帳簿或紀事錄，不僅抹煞通人之與歷史的關聯，而你這主張歷史唯物論或唯物史觀者一切的議論文章，乃至思想研究，亦俱成多此一舉的無聊閒話和廢事了。

抑更進而言之，你既肯定人類可有「野心」之發露，即見人有控制事物——包括歷史在內——之本然傾向，你把歷史說成僵硬死板的簿錄式物件，並不足抵消人之野心發露的可能；相反地，正好方便野心者的隨意塗抹。遠古者不必論、但請看看晚近百年來的世界，多少自命不凡的梟雄巨盜，他們假借美好動聽的名義，煽起仇恨鬥爭的惡行，或則侵害他國，屠戮異族，或則深垂鐵幕、窒殺同胞，悲情慘狀，不堪聞問，有誰能說不是唯物論與唯物史觀淘鍊下，所流出的烈燄餘毒呢？好修的先生呀！除非你不認獻身於社會文化有意義便罷，否則，又何忍心再爲類似旁側鼓噪，吶喊助威，致成火上加油，愈燃愈熾之幫兇乎？

㈣儒學之在於現代的擔當

以上所說，無論陳義之角度如何，大抵皆是環繞著儒學之理當適應現代、迎合現代，亦即求爲躋身現代化之一分之諸般情節而立意，卻絲毫未及於現代化有無需要儒學之爲內涵以期效益相資的問題。關此，請恕我直率地作個正反兩極的假設，即：如果無需要，則儒學便當置於揚棄拋擲之列，根本不用再費唇舌來談論；如其有需要，則意義何在？且當秉持何種理念形式而得突顯爲價值之存在呢？環顧當前大家討論情勢之熱烈，無疑地應以後者所佔之成份居多，於是，我們將再作以下各點之析述，以爲本文之總結。

1.當前世界人類的災難

自古以來，人類所感普遍而深重之危害威脅者，莫過於膚體之遭受饑寒與生活之不得自由，而在長期之歷史演進中群策群力，再接再勵。至於今日，業已開發了產業方面的科技文明，創闢了政治方面的民主制度，致使遭受飢寒與不得自由之兩害，同時可得解救或逐漸消免。這當是難以名狀的偉大成就，所以堪稱爲現代化內容之代表性物事，應爲世界上任何民族、國家乃至個人所必向之以趨的目標（其實，這也足證歷史之自有目的性）。然而甚可怪者，是當前人類所感痛苦之甚與煩憂之多，似已進乎災禍荐至的程度，且皆生起於一般的自然飢寒與政治迫害之外，而非科學、民主所能平治的，甚至有的竟然來自正在追求科學、企望民主的過程行爲之中。此在落後的未開發國家，固不待言，而號稱先進的已開發國家，亦同樣不能幸免。此其情勢之嚴重，上節已略有涉及，茲爲對應問題之解決，似當更爲具體明確的指述。

於是，首先應知：所謂已開發的歐美各國，他們早期之基於資本利得意圖，懷著侵略野心，蔑視他方人權，並且掠奪土地財富，終致釀成一再的世界大戰，及東西世界的對峙和各國內部的分裂。迄於目前，已使社會風習，日趨澆薄，燒殺擄劫，姦邪騙詐，無所不用其極。如是種種，雖然沒有理由歸罪於科學、民主之不當，但畢竟也是發生在高唱甚至已經實現了科學、民主的國度或地區之內。尤其我中國人所親見的自己國家之亂象——遠的不談，即以最近事實爲例，大陸同胞之數十年如陷水火，台港社會之孳孳焉唯利是圖，以至於憑藉科技之優長，殺人越貨，假託民主之美名，在神聖的議會殿堂、公開場所，營私逞暴，不以爲羞，幾已極乎顧亭林所謂的「士大夫之無恥，是謂國恥」之境矣。

我們之特舉上述事例爲證，絕非意在否定或反對科學、民主本身之價值，而是要昭顯人之爲惡，實有不屬饑寒或不自由之逼迫，可憑科學、民主加以解決的別途所生起。此「別途」是什麼？拆穿了講，即中國古來人人皆知而常懷憂懼的「心術壞了」，一語可以盡之。又說：「心病要用心藥醫」。我們的先聖前賢，就是充份理解得這個事實，所以揭櫫「天道性命」之學（亦可簡稱「心性之學」），如本文前列壹、貳、參章之所論述。那不只是「對症下藥」之良方，而實爲先期地「培元固本、養生正德」之大道。是乃「科技以救飢寒，民主以保自由」之外之上更爲貼切的要務，何得一味舍此而崇彼乃至據彼以非此也？

2.新儒家的時代使命

在於當世，人們只須略爲關懷到時運之盛衰成敗，便都會聯想及於主領風騷的學術思想，進而對新儒家生起存在意義與貢獻如何的疑問。這是很正常的現象。惟中間頗有「欲求眞確認知」與「藉詞故爲鄙夷」兩種心態之不同，因此，我們必須在這最後提出「新儒家的時代使命」以爲解，並依以下之兩點實情爲說。

(1)至人之用心

關此，我想仍當以前文論析孔子歷史地位所及之「政教分合」之理念（見第壹章二節之第二分）爲說。須知：我國自上古之黃帝堯舜以迄周初文武之世，在位者，多是才高德備的聖王——作之君者即作之師，可說為「君師合一」之理想的形態。自後周室東遷，王綱失墜，官學流播，乃使民智升騰，思想暢旺，人各得是其所是，立言創說，君便不得再兼而為師矣。曁乎孔子之生，道德獨顯，聖功特昭，為學者所同尊，便足正式抗君而為師。君主政、師主教，從此即成政、教分離之勢，所歷兩千數百年間，雖然君以實權在握，每多跨越界域，侵害教師尊嚴，但理論上之道在師而不在君，固通人皆曉之常識。縱以攝於威勢，不敢倡言：囿於現實，未及明辨，亦不過是一時之隱而未發耳。延衍至於滿清消亡，民國肇造，至少公開的形態，是不能允許或不應可能再有一人在上獨擅君師之位、政教之權的事實。然而經時已復八十有餘年矣，正如上文所說世界性方興未艾的弊端，我們一切都緊跟其後：民主政治，是愈來愈若治絲之益棼，莫可收拾；科技文明，則在崇洋媚外的心結下，略似摹擬有成，而可稍紓飢寒貧窮之困，卻又立刻顯現奢侈浮靡之風，乃至利用奇技巧術，恣意為惡。這問題究竟出在那裡？基本上還不是由於追求民主，信奉科學之人之失性喪德所使然。推動民主，發展科學，屬於政；救正人之失性喪德，則屬於教。前者近於利，人人皆欲之，不待督促而自行；後者近於義，非經逆覺體證不為功，故須教而後成化。誰來教，則需有不為利而只為義的志節高蹈之士始能之（此所謂「教」者，當廣義地包含一切終身從事教學的老師，及不背教育理念而從政之學者）。我看新儒家幾位代表性的前輩，應該是合乎這個標準：他們對於抱定理想，投身科技、民主活動的科學家、政治家，或其他之任何從事學術研究工作者，只要不強行自設門檻，激烈對反中國文化滿圓充實的路道，都是極為推許和敬重的。但自認非科技、政治方面之長才，故其本人則多取孤寂之哲學一途，悉心致力於超越利欲之上之義理的發掘，期為國人乃至世界人類奠立其所以為人的根基，俾於科技、政治方面獲致優良美善的成果。他們心懷天下，時則隨堂講學，時則伏案疾書，終身苦思窮探，積成千百萬言之著述，冊籍所至，每致讀者之感動風從。人又焉得視若無睹，而竟疑其所關時代之至深至切的意義？

(2) 艱苦的歷程

至於或有依急功近利觀點，質問新儒家之現實的效益與貢獻何在？我們不必說他有什麼「悖理」，卻不能不認為是非常之粗疏浮淺乃至鄙俗卑陋的。因為這樣的問題，必須一一列舉可見之成事以相對應，才得令其滿足。此則正如種豆之立期得豆、種瓜之立期得瓜，是一種農夫春耕秋收、歲年望報的企求。新儒家之研發天人物我貫通之學，道德仁義普被之教，乃為百年、甚或數百年樹人之大計，在於目前世變方殷的狀況來說，根本是一種「保孤明以存千古，握天樞以爭剝復」（牟先生語）的工作，欲求不為「滔滔者天下皆是」之浮說鬧劇所淹沒，已可算是不錯的成績。所以他們苦心孤詣的抱負，實惟有「但知耕耘，不問收穫」，或「前人種樹，後人乘凉」的犧牲精神可以當之。外此而思，不成愚妄，便是苛責：苛責者，非但誣人，亦以誣己。何以言之？試想當前這個萬頭鑽動的社會，誰不高喊推擴民主、發展科學？可是除了少數借為口實，自得己便，自成己私之外，誰又敢說：眞對民主、科學有了客觀的成效和貢獻。即你們盛唱現代化，奉「社會主義」或「歷史主義」為無上至寶而崇拜至極的結果，其對社會、歷史之成效與貢獻又在那裡？相反地卻適見社會更亂，歷史更糟，豈非所以苛責於人者，正以自暴其短——亦即誣人者，反以自誣乎！

平情而言：在今天這時代需要大轉，習風需要大變的情境下，學業道術，百廢待舉，人如不是居心趁個熱鬧，爭個鋒頭；而果思有所成就和貢獻，則首應反求諸己，就個人之所知、所見、所能，正確地加以發揮。切莫以對他人之一言不契，或與己意不合，遂遽爾「媢嫉以惡之」而輕肆詆排。這便是傳統儒家所謂「萬物並育而不相害，道並行而不相悖，小德川流，大德敦化，此天地之所以為大也」（「中庸」第三十章）的至理之所存。新儒家的作為，凡在「願安承教」之後進者的感受來說，正深信他們俱是嚴謹地奉持此一「至理」的。惟一似有不假辭色者，則是因為向道理負責的素志特強，有時不免在話語上說得較「滿」些，乃至在對應或凸顯問題意義的情勢下，不得不有如理如實的抑揚，正為絕對客觀精神之內蘊所逼至，斷非那專意「訐以為直」，或專藉貶抑人以「露才揚己」者之可同日而語也。

文思衍展到這裡，適見《聯合報》「讀書人」版（八一年六月十一日），載有王財貴君所記牟先生幾句自表爲學旨趣的話，正好爲我的說法作個見證，用特錄之以爲結。先生說：「我平生只爲理性而奮鬥」；又說：「我並不曾反對什麼學派或宗教，我只是反『反』——反對『反儒家者』，反對『反中國文化者』。」又說：「生在這個時代，我們沒有什麼依傍，我們的後台老闆是孔子。」語中意涵，正可見所經歷程的艱辛與用心之切摯。誠哉斯言！亦偉哉斯言也！

參、儒學內容表現之兩流與宗、支分位之判釋

一九九六年十二月第四屆「當代新儒學國際研討會」發表

引言

最近一、二十年間，包括大陸、台灣、香港乃至海外各地，業已掀起一種儒學研討之普遍風尚，溯其源流，則應歸因於民初以來少數新儒家大師，爲了抗拒全盤西化、俄化之巨變逆潮，而沉潛反省自家固有思想之寶藏所導至。蓋如衆所周知，自五四新文化運動，以迄馬列思想獨尊，極於山河變色之數十年瘋狂播弄下，故國風貌愈益頹敗，顯然徹底證明西化、俄化之無效，而且貽害無窮。則新儒家以隱逸放逐之身，苦心孤詣，窮探力索所完成之千秋大業——揚舉道德爲本之傳統哲學，作出許多學究天人，功參造化，思理明透，論證精確之皇皇鉅著，終能誘啓吾同胞族性之覺醒和共鳴，而如火如荼般應之和之，推之擴之，固是理之所當然，勢之所必至。眼見人類精神價

值觀之脫困復甦，曙光漸露，該屬何等令人欣喜稱慶之事！於此，我們深信絕大部份參與會講或研習的學者，乃至一般的好學之士，必有衷心體味箇中奧義而自感「瞻之在前，忽焉在後，如有所立卓爾」之憤悱和興發。獨所不能免於遺憾者，倒是有些名人先生之發表論文，似在無可爲說而又迫於某種情勢下之要有所說，每多片面地固執異見，或全稱地依傍中外隨機滋蔓、難謂定論之時興語言，翻爲詹詹炎炎之攻詰。其間屢見不鮮者，則以對牟宗三先生許多文義豐盈，深具創闢性的思理與名言，極盡無隙造隙之疑難。何謂其然？實以彼輩之諸般所疑，並不足眞爲先生病，適以見其從未虛懷細讀，遂於原著蘊蓄之密意，透顯之義路，毫無理會，概以不合個己習聞，拒不接納；而又不問對應與否，懵懂放言已耳。吾人今既無暇爲之條舉分辯；亦知惟辯是務之必將墮於搖唇鼓舌，炫博誇奢之無聊，所謂「禦人以口給，屢憎於人」，非徒無益，適以重增是非之淆亂莫明，故但就儒學本質及其展衍之流程，略述心之所謂然，此則本文之作所緣以起也。切望能不引致好爲癖執、逞能爭勝之誤會是幸。

一、孔子之為儒學宗師及其開顯的兩個面向

或疑：①孔子生平，但有對應現實之日常生活，並無形而上的超越理性或理念。

②孔子與老聃、墨翟等之歷史的地位平列，儒學不過爲諸子學之一而較居優勢耳。

㈠孔子爲儒學宗師觀念之由來

孔子，聖人也，道全德備，神圓智方，所謂「禮儀三百，威儀三千」，誠不可以列舉而盡稱，姑就其建始儒學而爲宗師之大者略言之。

中庸曰：

「仲尼祖述堯舜，憲章文武；上律天時，下襲水土。辟如天地之無不持載，無不覆幬，辟如四時之錯行，如日月之代明。萬物並育而不相害，道並行而不相悖，小德川流，大德敦化，此天地之所以爲大也。」

孟子曰：

「孔子之謂集大成。集大成也者，金聲而玉振之也。金聲也者，始條理也；玉振之也者，終條理也。始條理者，智之事也；終條理者，聖之事也。智譬則巧也；聖譬則力也。由射於百步之外也，其至，爾力也；其中，非爾力也。」

此兩則直稱仲尼、孔子之贊語，乃中國自古至今，無論上自天子，下至庶民，莫不公認為至切至當之表徵。就其影響所及之情實而言，人無分士農工商，地無分東西南北，未有不直接間接領受其思想理念、精神人格之感召，因而摶成吾華族整體之歷史文化，得為地位尊崇，無與倫比之聖人。其所以又稱儒學宗師者，則由以平民從學，見得古先王者修德治民之大道，並且體之於身，遂以發明仁理，創始仁教，蔚為儒家之道統與學統故也。關此，《漢書》〈藝文志〉可以幫助吾人了解其大勢；彼於戰國以下開列各個學術流派者共十家，而以儒家為首出。其言稱：

儒家者流，蓋出於司徒之官，助人君，順陰陽，明教化者也。游文於六藝之中，留意於仁義之際。祖述堯舜，憲章文武，宗師仲尼，以重其言，於道為最高。孔子曰：「如有所譽，其有所試。」唐虞之隆，殷周之盛，仲尼之業，已試之效者也。

觀於班氏此說，可知孔子之為儒學宗師，正以其有所繼承綜合諸堯舜文武已試之德教而成最高之道者。若再具舉其實將司徒所掌王官之學傳之民間，開顯教化以言，則後來之百家諸子，亦本不能全外於孔子或儒家精神理想之包容；只是其各為「天下之得一察焉以自好」，以至於「往而不反」（語見莊子天下篇），便若互不相關耳。此則今之論孔子或儒學者之所必知也。

㈡仁爲體性所蘊育之理、事雙成及向度

如上所言，孔子既以發明仁理、創始仁教爲職志，則仁之密藏於宇宙人生者，必有實爲主宰與運作之兩重功能。主宰者，存乎心而爲理；運作者，見於行而爲事。二者相乘不悖，其在孔子生命歷程中所透顯的兩層存有的意義：即內則蘊有「意志爲主的精神實體」，外則形著「利物爲尙的現實活動」。充拓爲宇宙論之說，前者可謂之「超越的道德本體」；後者可謂之「經驗的現象世界」。總之，則是精神理性所爲之「在其自己的保任」與「對其他物的鍊達」，所謂合內外、兼心物而一歸於「仁」爲體性之雙成。（請注意：此處所揭舉之諸般詞語，除對反之表意不同外，本義並無殊異，以下各節，將隨行文方便運用，恕不另加詮釋。）

然則仁爲體性之解義究是如何？此就俗情言，似當作個明確妥實的交代，可是卻有難乎定然爲說者。試讀《論語》一書，其間直接拈出「仁」字作爲討論課題的，既不下五十餘章之多；而由其他言行舉止間接昭露仁之本質意義者，更可說徧全書皆是。然而我們要想藉邏輯定義的方式，確指仁是什麼，則殊不易得；惟一可循之途，便是依於直覺體會，將我當下之思維主體，交契乎孔子偉岸之生命，則可見聖人精神生命

中，正有容我而不拒我之思維主體之照應，然後知仁爲充塞宇宙、無所不在的至公至正之眞理；或說爲現成具足於我與人間，乃至徧潤萬物，普成萬事的形上實在之本體。孔子是人類中最先透悟這個情境的聖人，又知此情境之必須各人自行修證，不能由任何他人強加定決明指之可得完成，所以書中雖然反覆提示仁之必要，卻從不徑作固必如此或如彼之匡範，而常取一種是而又不是，不是而又是之辯證法則以爲啓廸。

以上是仁爲「言教」最便捷有效之模態。由之而爲具體之誠動變化，則更有值得正視、必須明辨審察的「身教」，如實踐或踐形、踐迹所示現的兩個向度，那便是：道德理性之存養與現實經驗之砥礪。二者合則爲一體；分則各有其面相。結聚而爲整全之生活，理性之存養至極，便以昭顯聖德；經驗之砥礪切當，便可成就事功。前之矢向惟內，要在仁以守之；後之矢向惟外，要在禮以行之。所謂「內聖外王之業」，於是充備矣。此又孔子親證仁教最先奠立之二重原則，接著孟子則秉乎前義而推出普見的心性本善之論；荀子則依循後義而強調獨特的禮義之統，因而開啓爾後數千年學術文化之雙軌，以及相與激盪所形成之顚簸起伏，斯則以下各節之必明爲析述者也。

按：國史中自唐虞三代以降，論地位崇高，聲名洋溢，未有能與孔子相並者。己之不契，祇自小爾。子貢曰：「夫子之不可及，猶天之不可階而升也。」又曰：「譬之宮牆……夫子之牆數仞，不得其門而入，不見宗廟之美，百官之富，得其門者或寡矣。」又曰：「仲尼，日月也，無得而踰焉。人雖欲自絕，其何傷於日月乎？」（均見《論語》〈子張篇〉）誠哉斯言！

二、孟、荀之繼承與發展

或疑：①孟子、荀子同為孔子思想學問之傳人，而荀子議論尤宏富，孟子則識淺而量狹。

②凡言說之及於儒學者，俱是儒家，無分正宗與支流。

孔子以無與倫比，首出庶物之盛德大能，開啓總持歷史文化之儒學，且方便示現精義入神、積習御物之「理性」與「經驗」之二門，既如上述；孟、荀繼起，則正猶循其故迹而推伸或擴展之左右雙足也。

㈠孟子崇理性而主仁義內在，心性至善

孟子所掌握者，乃仁教之本質問題：須知孔子初之所以言仁，其機惟是——內在之道德實感不容自已之發露。他先是見得古代聖王如堯舜以及禹湯文武，無不導民於

德而天下大定，於以歸納出「爲政以德，譬如北辰，居其所而衆星拱之」之神效，且知充古今生民乃至宇宙萬物，而必有一超越之形上精神實體爲之主領貫串，始得相與交通，不至離散拒斥，概以其親切和易，無他可名，遂謂之「仁」。而造仁之極，上則敬天畏命，下則親民愛物：其於修身也，則忠信以爲主，溫良恭儉讓以接人；而省思其原，則無不可歸於自家生命之本然，是故斷之曰：「爲仁由己。」「仁遠乎哉？我欲仁，斯仁至矣。」「有能一日用其力於仁矣乎？吾未見力不足者。」孟子距孔子之生、年不過百歲、地不過百里，所受影響之深，或異常人。嘗曰：「自生民以來，未有孔子也。」「乃所願，則學孔子也。」故對上述孔子諸言行，自能一眼看出眞意之所在；引而伸之，便探得人性本善，仁義禮智爲我心所固有；且以其遍天下人而同然，一切物而共戴，知必爲「天之所與我者」，於是倡言：「盡其心者，知其性也；知其性，則知天矣。存其心，養其性，所以事天也。」「萬物皆備於我矣，反身而誠，樂莫大焉。強恕而行，求仁莫近焉。」由此爲中心，以觀整個七篇之書，可說全在一種「天人合一」或「天人一體」之理念下之一氣呵成。

當然，他亦有深切懇摯的現實關懷，例如：往說齊、梁王者；申言有恆產者，然後有恆心；具舉不違農時，樹桑、飼畜，養生、送死無憾之治道。又爲褊小之滕國謀畫治國藍圖，要在正經界、鈞井田、平穀祿；稅則述夏貢、殷助、周徹之法；田則陳圭、井、公、私之異。而爲北宮錡之言周室班爵祿，於天子、公、侯、伯、子男五等之位階及所得分配之多寡，即在「諸侯皆去其籍」之情勢下，仍能條舉分明。凡此，足見其非不用心於實業事功。只以當時「諸侯放恣，處士橫議」，整個社會風習，完全沉墮於乖戾物化之境，偏離了聖人好仁惡不仁之本懷。同時知得世間禍亂之作，皆源於此。所以要起而「振人心，息邪說，距詖行，放淫辭」，標舉天道性命之理，凸顯聖人之終極關懷者果何如，語或有時而激越，其立意之中正不倚，則大可謂之典型有在。嗣後經《易傳》、《中庸》乃至《大學》一輩作者群之衍展，遂以蔚成孔門自顏淵、閔子騫、冉伯牛、仲弓等首傳「德行」一科之正宗嫡系之盛，不亦宜乎？

㈡荀子尚經驗、重視「正理平治」之實效而主「隆禮義」

荀子生當戰國晚期、世道衰微已極之時，注意力便全被引至對付現實的「正理平治」一個目標了。此詞書中雖不多見，只〈性惡篇〉中爲反駁孟子性善之主張而就天下治亂現象翻覆兩說之，然其意蘊，則可代表全書三十二篇總持的歸向。夫欲正理平治天下之亂，他以爲惟一有效的憑藉，便是「隆禮義」。凡所議及，無論個人之人格修養，或國家之政治措施，乃至社會文化之導引，自然物理之控管等各方面、各層級之問題，無有不本於禮義而能達至正確解決者，因此，必然肯定禮具超越的本質。

〈禮論篇〉曰：「天地以合，日月以明，四時以序，星辰以行，江河以流，萬物以昌，好惡喜怒以當。以爲下則順，以爲上則明，萬物實而不亂，禮豈不至矣哉！」這說法，幾與孟子、中庸、易傳之言性命天道者如出一轍，於是發爲禮之統類的觀念而定名「禮義之統」。不過，對於禮的根原，則只限於經驗層面的先王之制作，前舉〈禮論篇〉開宗明義即說「禮起於何也？曰：人生而有欲：欲而不得，則不能無求；求而無度量分界，則不能不爭。爭則亂，亂則窮。先王惡其亂也，故制禮義以分之……是禮之所起也。」惟其傳達之於當代或後世者，則全繫於孔子。

因爲孔子生平，如我們上節之所論述，既有「依於仁」而透顯主體精神之理性的層面亦有「立於禮」而成就客觀實踐之經驗的層面：其「居處恭、執事敬」，以及與人相接的「望之儼然，即之也溫」，豈無禮之爲據而能然者乎？《論語》書中所記種種行誼與〈鄉黨篇〉全部之表徵，何莫非禮之見於動靜措置之宜也。至於其所執以教學之典籍如詩、書、易、春秋等，正隨處可見於禮之斤斤；尤其專輯之禮經——儀禮、周禮二書，則更惟揖讓進退，名物度數之傳。荀子之屢稱先生制作者，自必通過此類事實之了解而後知其然！所以他雖然口不絕於先王之言，而具體崇敬之對象，則莫有過於孔子者。〈非十二子篇〉曰：「無置錐之地，而王公不能與之爭名；在一大夫之位，則一君不能獨畜，一國不能獨容；成名況乎諸侯，莫不願以爲臣。是聖人之不得執者也，仲尼子弓是也。」又〈儒效篇〉亦稱「通則一天下，窮則獨立貴名；天不能死，地不能埋，桀紂之世不能汙，非大儒莫之能立，仲尼子弓是也。」其實，凡書中所稱頌之「聖人」，蓋未有不以孔子之威儀制行爲準則者。由此可見荀子學之必然傳承於孔子，而與孟子同爲先期儒家之大師，相與推伸孔子思想二向不可偏缺之要角也。

(三)對比孟、荀思想顯見的儒學宗、支之分異

孟、荀二子在於儒學歷程上之實績，一是極高明而直探幽隱；一是致廣遠而涉獵繁富。雖皆不背乎孔子開顯「超越理性」與「現實經驗」之兩途，然於孔子所以開顯兩途之主體精神，則大有緊密與疏離之分異。換個角度來說，也就是對於其爲思理間架之本末主從與終始先後之序列或關係；二家各因執著所見而有偏全晦明之不同。關此，我們應知孔子本人實嘗就有形無形之兩境，作過明白清楚的釐定。如〈子罕篇〉解答太宰「何其多能也」之疑問曰：「吾少也賤，故多能鄙事。君子多乎哉？不多也。」多能鄙事，即有形境之現前可認；君子不恃其多，則以更有無形境之存全於上，而且顯然表示無形境之勝重於有形境。故在〈里仁〉〈衛靈公〉兩篇中先後明告曾子、子貢以一己之所成就，便只是一句話「吾道（予）一以貫之。」「一」之爲言，當然非爲數量之概念，乃是穩踞上層而爲本爲主的精神實體之代稱。由而衍展爲《中庸》之

「至誠無息，不息則久、徵、悠遠、博厚、高明……如此者，不見而章，不動而變，無爲而成。天地之道，可一言而盡也：其爲物不貳，則其生物不測。」《易傳》之「乾坤，其易之蘊邪……是故形而上者謂之道；形而下者謂之器；化而裁之謂之變；推而行之謂之通；舉而措之天下之民，謂之事業。」經傳中，諸如此類之文義，至爲豐懋，無庸具引。總之，皆足以證有形無形或形上形下兩境之絕不可泯。用此以衡諸孟、荀，則如前之所論析：孟子惟義利之辨，依仁之內在於己而主性善，上發天人一體之見，下執仰俯無憾之議，是眞能契乎聖人圓實之道者。荀子則惟功利之求，以禮爲先王惡亂之制作而主性惡；倡言「君子不務說其所以然，而善致用其材。」（〈君道篇〉）「大天而思之，孰與物畜而制之；從天而頌之，孰與制天命而用之？」（〈天論篇〉）根本排除無形或形上之境，使人生宇宙，儘如無理無據、一往平鋪之存在，蓋與聖人立體成物之精神理念相去甚遠。看其所著書之俱惟主觀意見之伸論，僅偶舉仲尼和不知究爲誰何之子弓爲傍證，縱使內容堪稱繁富，而實則頗多駁雜不純。後世儒者，因以謂孟子爲孔子後儒學之正宗，而荀子不與者，非無故也。

按：晚近人心，日惟物欲之享樂是追，滿懷思感，盡屬現實層面之利害爭鬥，所謂「物競天擇，適者生存」，便成爲人皆信奉的金科玉律；現象世界，無論政治、經濟乃至宗教、哲學各個領域之事，亦便僅取其現象之如是如是作理解，而全由唯物是崇之科學思想掌控或詮釋；不復知其后或上之猶有好善惡惡、趨吉避凶之道德理想、高潔意志之爲主於其間。一般之爲文史思想之學者，竟亦大多忘其傳統士人應負之導風正俗的責任，而惟私己虛名速成之是務，遂若饑不擇食般，隨人腳跟步趨動轉，面對從來理路分明之既有定論，不求甚解，且故爲畸辭翻說以自張揚。則孟、荀二子之在於儒學正、支的地位及學術系路，因之而更混擾莫明矣。

三、漢代儒學之成就與限定

或疑：①漢儒集先秦諸家之長，漢學當爲儒學第二期，宋明理學爲第三期。②儒學不當獨重心性之學，即使對反或詆斥心性的，亦當接納，謂之儒學。③董仲舒吸收陰陽家說爲思想領域之擴大，是眞正宇宙論的完成。

㈠以秦火前後分界的「傳道」與「傳經」之學派

晚周以降，天下壹於師尙法家、厲行暴政之嬴秦。毒害最深者，便是思想不能企致高遠；影響及於漢儒，則自然與荀子之止於現象層面而亟欲對治之意念相應合。不過當時作業重點，要在如何恢復先秦典籍之舊觀：先是由少數耄耋老儒以「今文」口授，繼則因壞壁而得「古文」藏書，但因講習久絕，一般人未必能懂，於是許多志專意堅之儒生，窮畢生之力以詮詁訓解，或爲序傳、或爲箋注，遂得蔚成所謂兩漢「經學」之盛況。

基於以上這個情勢，我們對於自孔子而下儒學之傳承，當可藉秦之焚坑巨變爲分界，看出兩種趨尚各異的風格或流派。用《中庸》語辭而劃類言之即：前之表現較重在「尊德性」之內容地深造自得；後之表現較重在「道問學」之外延地理解執著。拙著《儒學探源》第五篇〈緒論〉之一（該文先嘗發表於《唐君毅先生紀念論文集》），則爲歸納之曰「傳道」與「傳經」。不過，彼處是就孔門學術四科中之「德行」和「文學」兩科直接展衍說下，此處則以秦火爲中點，分前後兩個階段爲言，乃順不同時代所顯不同之特色作殊別耳，非謂各自絕緣、無起止或始末之相貫連也。今依本題論旨之需要，復據前文解析所及，略爲轉介，以見漢儒之所成就者果何如。

所謂「傳道」，即就孔子立教之精神義旨，而爲實踐體證的道德哲學與道德理想之開拓。此由孔子早期特以「德行」一科稱許顏、閔、冉牛、仲弓之外，晚年更以「一貫之道」傳曾子，於是由曾子而子思、而孟子，乃形成一道之本統之傳承的系列。

所謂「傳經」，即就孔子說教之語言文字著爲典籍者，而信奉傳述以成相續不墜之學業也。《莊子》〈天下篇〉謂：「其在於詩書禮樂者，鄒魯之士，搢紳先生，多能言之」，是爲此類以傳經爲業者之最好說明。在及門弟子中，《史記》〈仲尼弟子列傳〉獨稱子夏「居西河教授」。司馬貞《索引》據以言「子夏文學著於四科：序詩、傳易；又孔子以春秋屬商；又傳禮，著在禮志。」蓋教授則必有所援引，乃至必須編纂備用之教本，由之輾轉敷申，便成後世所謂「六經」或「六藝」之教。漢代儒生，爲著爭立學官之故，則尤其重視這方面的傳授，至有以專精一經或一藝而見重於當世者，不可勝數。

傳道、傳經，初非互不相容而故設門限以爲對反，乃由各人所見所感之或深於理、或專於事而自然形成之分途開展也。於是，我們可進而更作如下之內容的解析。

大抵傳道者之所把握，既是孔子立教之精神義旨，便必然同時有其內心之憤悱，而知隨機適事創新的，並不須拘泥定成之物事、名言的模式而必信必果。孟子由孔子之「可以仕則仕，可以處則處，可以久則久，可以速則速」而特稱曰「聖之時」，固是其對於孔子圓而神的人格精神了解之透徹，而其實亦即孟子自己通過孔子所示之教義之「反身而誠」所說出的至當不移之言。在這裡，我們即可直接看到一個當下自足而且活潑充沛的生命主體。他之傳道，不僅是傳的前人交代下來的道，而是通著自己生命之存在以言道，乃至其本身之表現即是道——以體道之方式而傳道。故其言詩書禮樂，自能皆中詩書禮樂之至理而不違，惟不必執之以為特定之範限耳。

至於傳經者，既著眼於一定之語言文字或典籍，此就個人之精神活動而言，即先已有了一拘限。高明之士，當然可以惟義是從，透過典籍、文字之解讀，達至道體之理會，以與傳道者之流合一無間。但事實卻不盡然：下焉者，往往拘牽於文字之解詁，認為只要解得文字明白，便算盡了繼述聖道的責任。稍勝者，則熟研一經或數經以自名家，或誦一先生之言以標榜師承。然而義路各殊，說亦互無關連，以至彼此相形如水火。況復文分今古，或則偽託聖言，淆亂是非；或則捏造怪況，逢迎世好，安其所習，毀所不見，終且為利祿而惡意攻詰，不稍避讓。儒家學術，至此乃眞成瑣碎殘骸，一無理想可言矣。其間較能綜持方略，用心正大，以蕩滌時俗，堪稱一代大師者，則惟荀卿與董仲舒二人而已。

(二)董仲舒繼荀子為傳經系列之大師與思想心態之同異

漢代儒生中，董仲舒自是最為大師，其為學之徑路或駐足的層級，則概與荀子無異，或說即荀子思想觀念、應時順勢之演進，亦未嘗不可。首先是二家之所注意，皆以現象事物之對應為務，於聖言則惟典籍載記之遵依而傳經。此在荀子，所傳盡歸於

「禮」，是以〈勸學篇〉劈頭即言：「學惡乎始，惡乎終？曰，其數則始乎誦經，終乎讀禮。」主旨上節已明，茲不復贅。

董仲舒之傳經，意趣與荀子全同，惟所推重者則在於「春秋」。春秋一書，孟子嘗言：「世衰道微，邪說暴行有作，臣弒其君者有之，子弒其父者有之。孔子懼，作春秋。」又曰：「孔子作春秋而亂臣賊子懼。」（均見〈滕文公篇〉下）由此可知孔子之作春秋，本在於息邪說、禁暴行、以匡救世道也。漢世公羊家推本其用心而演為三科九旨之說，並視為撥亂反正惟一有效之途轍。仲舒承之，遂徑謂「春秋修本末之義，達變故之應，通生死之志，遂人道之極者也。（《春秋繁露》〈玉杯篇〉）於是倚之為中心，而偏斷人生宇宙各方面之問題。客觀言之，他確能扣緊孔子當時基於道德本心上不容自已而寫作春秋的那份意願，由之放大以成涵蓋一切的精神總體。這便是他得和荀子一樣，在儒家之傳經的學統中，正當西漢經義紛歧，大師衆多之時，獨能脫穎而出，廣開風氣，欣動武帝，蔚成一代儒宗之故也。

雖然，以董子思想與荀子相較，亦有其大同中之小異，必待釐清。是即荀子乃純粹經驗主義之心態，董子則兼有不甚諧叶的理性主義的成份。因為荀子全無超越理體的觀念，而只有現實經驗中如何「中理」「合道」之行事。縱其嘗言「禮義之統」，亦僅是由現實經驗之行到盡頭處，所逼顯出來的一個虛懸地代表權威的形象，它究竟何自而來，是不能作理性上之交代的，而仍惟有回到經驗的老路子，說是先王或聖人由「惡其亂也」之現實情境中制作所完成。董子則不然。他除了經驗層上仍然繼步荀子的後塵外，另方面還有個超越的道體——「天」為一切的根源，這便使得他接近了理性主義的心態。可是，若以與上述「傳道」者——子思、孟子的思想相對勘，則可說仍然是「半生不熟」的。最明顯的理由，就在他提出或正視的道體，並沒有融通於人的心性之中，因而只有客觀外在的意義，而無主觀內在的意義。所以轉過來就心性的方面看，便仍然成一虛歉，仍然落在經驗的層面上作觀照，而又終於回到了與荀子同一的路道。於此，吾嘗設想二人之區別：「荀子是詳於知人而未極乎知天；董子是嚴於尊天而未盡乎尊人。未極乎知天，則人道失其高明而流於淺露；未盡乎尊人，則天道失其平正而涉於怪誕。流弊所及，是同至於否定至善之心性而不惜。」何以其弊至此？究極地說，實是由於未能密契乎孔子以仁立教之圓義與精義故也。以我們上文所作學術傳承之形式論之，則正在其未能以傳道為志，而僅以傳經為業所難免之結果。傳經者，本不必違道。但道之義大，經之義小；道之為義無方所、經之為義有定限。故明道者多能通經以致用，而守經者則未必能明道以圓成。蓋若偏執經義以論道，則道將必由統體之一而分裂為寡頭之多，甚至成為種種固結難變之模式，失其生生不息、肆應無方之大用矣。觀夫秦漢以來，一切經學家之無論言說有多富麗，而終於儒學之無甚大發明與成就，原由即在於此。就中荀子與董子之所以顯得較為突出，惟在其同有一自覺所未及的眞實而強烈的道德感。因此，一則能秉禮以言「禮義之統」；一則能秉春秋之元以言「元命」。兩者任持其一端，以為攝受諸般事物或活動之總綱，即見其至少有一眞切之信奉與旨歸，足以支助或傍襯儒學之為富有大業的開拓。然亦不保其必無問題，例如在意見固執下，難免入主出奴的排他性；而況從游之徒，又未必皆有強度的道德感為生命之眞實的動力，則相交相引，便鮮有不流入歧途而成異端邪說者。助秦為虐的李斯、韓非之出自荀門，讖緯符瑞等怪說之繼董氏而大盛，實非無故，正由荀、董二子當身即無眞契於孔子仁教之深義，而競逐偏鋒，專務奇想所使然也。

㈢以孔子仁教為準，透顯的荀、董二子思理之歧出

須知孔子創始儒教之主要精神，全在一個「仁」字之提出與實現。仁，是存諸人而見諸天，既主觀又客觀的實體物，孔子之提舉出來，就是要為我們當下存在的這個人生，這個宇宙，找出或建立其所以如此動靜、貞常、變化的一個穩固而妥實的基源點。惟其有了它，然後人生宇宙，始可眞語於高明博大，而見其存在的價值與意義。這是凡求學為孔子或儒者所必須把握的第一要旨。當然，仁非只是提舉出來即可了事

的，終極的目標，還在於具體充份的實現：用孟子的話說，提出乃「始條理者，智之事也」；而實現則是「終條理者，聖之事也」。六經之教，即是孔子求爲實現仁道所示的具體的途徑，而且是就歷史之成因以及當時現實情境之流風所示之多方面的途徑。學者任循一途，以透至其最初肯定的、爲人生宇宙之原的仁之基點而操持之，自可達至聖人之域而無疑。然則依此而論，荀董二子，實皆不足以及之。

蓋荀子惟知以禮爲尚，而所謂禮又根本只是經驗地或認識論地及於現實需要的層面止。因此，他縱依論理的必然，推出一個禮之「統」的概念，也畢竟在理性上無所掛搭，而於孔子「仁以出禮，禮以行仁」之精神，並不能語於其眞切懇摯的發揮。尤有甚者，禮義之統，既只是論理地依現實條件以推出，則其本身即不具備任何生命的意義；又反使得生命這個物事，不得有禮義爲之根，而惟是嗜欲橫流的不稽之物了。這就是他終必至於否定性善而主性惡之自然的歸趨。果眞人本性惡，還能望其行仁？還能望人之能提示仁的觀念嗎？

董之與荀，其論說之歷程形式頗相似，而思致則顯然較爲深遠。董子獨尊春秋，基於「一元大始」之義，體認到一個至高無上的元命或天道，以主宰其下之世界及人事，此即其內容上較爲維持理性之客觀意義而不同於荀子者。然董子尊天過嚴，至視爲本質上非人所能企及之外在對象；人，只是天施陰陽之氣與五行之化所造成的氣化物，惟有奉天行事之固定的職責，並無自由意志之可能與決斷力。其天、人相感之說，實際上只是附著於自然災變上的一種近乎神怪的奇想；於人之善與不善，從無合理的原由上的交代，而總是天爲主，人爲受，天有所感於人而爲的天行，非人有所感於天而成的人事（這些意思，均見於《漢書本傳》及《春秋繁露》各篇，讀者請自參詳）。《春秋》一書，漢世公羊家，也許是爲了對應現實上愈來愈張大的帝王的權勢，無意中將孔子運用超越之義道以行褒貶所顯露的權威性，再摻拌著陰陽五行思想的色素，客觀化乃至神聖化爲具體地冒出於一切人、物之上的、外在而絕對的對象。觀乎當時之通稱孔子爲「素王」，又謂孔子「爲漢制法」，以至於主張「改正朔，易服色」等等詭異之說法，當可以知我們這一論斷之絕不爲誣也。董子篤守公羊家法，其本身且特具道德上強烈的使命感——極力促請武帝改制更化，乃益推舉了天道天命之客觀地位，以爲抑制皇權的把柄，這也是可以想像而知的。然而天道天命推尊至於格位化之地步以後，便顯然完全脫離了與人之內在的關聯——天是天、人是人；天之美德，不是人之美德。以是，在人性論上又自然回到荀子以經驗爲主的性惡說同一的路子。而與孔子敬天精神之本義相去愈遠矣。（董子「人性論」，具見《春秋繁露》〈深察名號篇〉與〈實性篇〉。前舉拙著《儒學探源》第五篇之伍有詳論，可供參閱。）

按：以上概述董仲舒與荀子思想相通之情實，足見漢代儒生並無若何重大顯著的創進，其在整個儒家學統中，謂爲特重現實經驗的荀子學派之重興則可矣。若如或說之當爲儒學第二期，則爾後之晉唐宋元明清以迄民國各代，莫不皆有儒者之業或特色，豈不皆得謂之一期，則又何止二、三之數可限乎？至於陰陽五行之說，本另自爲家，混而用之，只成雜揉，焉得反以冒充純儒一期之所必需耶？若謂凡學皆當爲儒家所接納，意固甚善，然若無自主自持之義旨如心性之學爲本宗者，則又何所據而導人們於善道，成文化之大業乎？

四、宋明儒直承孔孟開發理為本體的心性之學

或疑：①宋明理學家偏執地排斥漢學。
②專講心性、輕事功，尊天理、窒人欲。
③推重朱子爲宋明儒學之集大成者，是歷史定論。

(一)宋明儒學之復興及其衍進之系列

韓愈《原道》嘗言：「夫所謂先王之教者何也？博愛之謂仁，行而宜之之謂義，

由是而之焉之謂道，足乎己無待外之謂德。其文詩書易春秋，其法禮樂政刑。……斯道也，何道也？斯吾所謂道也。……堯以是傳之舜，舜以是傳之禹，禹以是傳湯，湯以是傳之文武周公，文武周公傳之孔子，孔子傳之孟軻，軻之死，不得其傳焉。荀與揚也，擇焉而不精，語焉而不詳。」此文於儒道之謂何，雖極通泛而無甚深解，然斷論孔子傳之孟子，孟子死後無復傳者，荀卿、揚雄不得與焉，則確是見得儒學統緒之主流或正宗地位有所在也。蓋如吾人前文之論析：自孔子奠定仁教，示現「形上理性」與「形下經驗」之兩境，其後孟子、荀子如雙足之各循一途以開展。事實上，由於現前物象之紛然來接於人，人亦多易爲其所牽掛，因而荀子偏爲經驗形式之解決或議論，最是廣大之中人以下者所樂受而輕從。順勢推移，遂歷秦漢魏晉隋唐千數百之久，除極少精英之不耐瑣碎低淺而潔身高蹈，或欣於老、或逃於佛之外，絕大部份，甚至可說整個社會，人無論士庶，業無論政經，都不能跳脫荀子思慮的範圍。所謂儒學，不過爲幫助帝王維持家政暫時穩定的保護膜，毫無予人安頓身心，排遣煩苦之氣息可言。所幸天生蒸民，本好懿德，聖人之道，未墜於道；仍有賢者之識其大，不賢者之識其小，畢竟凝聚了民族智力，潛藏於動靜變化之中，得以形成屢仆屢起，文明不斷之傳統。迤邐至宋，初由幾個民間學者如：胡安定、孫泰山、石徂徠等之重提師道尊嚴，重振文化意識，重顯道德原理之呼聲，遂得廓清志念，蔚爲風氣，旋致大儒輩出，翻為內在人格之肯定，恢復論、孟、易、庸思想之發揚，成就所謂的「義理之學」。此一詞語，正是根據子思、孟子倡言心性一貫、天人同體之義路而立，故亦可徑謂之「心性之學」或「天地之性」。其間最具關鍵性的大師，即牟宗三先生於《心體與性體》書中所判為一組，三系之主領人物；友人蔡仁厚先生《宋明理學》〈北、南宋篇〉嘗據之有述引，且為簡單表列：「北宋前三家，濂溪、橫渠、明道為一組，此時並無義理之分系。三家以下，伊川、朱子為一系；象山、陽明為一系；南渡後之胡五峰至晚明劉蕺山又為一系」。之所以要作分組、分系之序別，非以其理性理想之必不相容，而是由於達致理想之徑路，有憑藉己力、他力，終成滿盈或虛缺之異境所應然。此在各家，尤其是三系創始之大賢間，原已顯露了強烈的爭辯；牟先生不過從繁複之文獻中，爬梳較比而朗現之耳。詳實內涵，本文篇幅有限，未便具陳，以下僅挈其基本義旨，為大綱式之表述而已。

(二)北宋儒學三大家：周濂溪、張橫渠、程明道

濂溪、橫渠、明道三家，生卒年代相近，平生亦多有交往切磋。其在宋初，自屬領先光顯儒學之大師。他們的精神志業，同在豁醒長期沉墮於利欲之人心、浸潤於佛老之風習，回復到孔孟正宗而高妙之天德理序，進程則皆取宇宙本體論的立場，並有

震聾發聵之書篇或語錄足徵。

1.濂溪有《通書》與《太極圖說》兩篇：《通書》主旨見於〈誠上第一〉，「誠者，聖人之本。『大哉乾元，萬物資始』，誠之源也；『乾道變化，各正性命』，誠斯立焉，純粹至善者也……」。《太極圖說》則曰「無極而太極。太極動而生陽，動極而靜，靜而生陰。靜極復動。一動一靜，互爲其根；分陰分陽，兩儀立焉。……二氣交感化生萬物……惟人也，得其秀而最靈。形既生矣，神發知矣，五性感動而善惡分，萬事出矣……。」詳此兩則文字，全本於《中庸》之「至誠」，《易傳》之「生德」，以明宇宙人生變化之過程，而總歸於善惡之分明不亂。正是上承先秦儒家「形上學」，下開宋明「理學」之先河者。

2.橫渠則著《西銘》與《正蒙》：《西銘》云：「乾稱父，坤稱母，予茲藐焉，乃混然中處。故天地之塞，吾其體；天地之帥，吾其性。民，吾同胞；物，吾與也……。」《正蒙》曰：「太虛無形，氣之本體。其聚其散，變化之客形爾。至靜無感，性之淵源；有識有知，物交之客感爾。客感客形與無感無形，惟盡性者一之。」又曰：「天地之氣，雖聚散攻取百塗，然其爲理也，順而不妄……聖人盡道其間，兼體而不遺者，存神其至矣……聚亦吾體、散亦吾體，知死之不亡者，可以言性矣。」前則以父母、性體，配乾坤、天地；又視民、物爲吾胞、吾與。後二則以太虛無形爲氣化流行之本體，其聚散攻取百塗，乃理之順而不妄：以至知生死而可與言性，亦即孟子「殀壽不貳、修身俟之，所以立命」、「莫非命也，順受其正」、「萬物皆備於我」……諸義之具體發明。

3.明道之學思言談，大多散見於《遺書》記存之〈語錄〉：所涉義域，至為豐廣，而主要精神，則在盛發「一本」之見。一本，即心、性、天、人同質而不異，嘗言「天人本無二，不必言合。」「若不一本，則安得先天而天弗違，後天而奉天時。」由是而歸於「形上的道德實體」以言，則有《識仁篇》之作：「學者須先識仁，仁者渾然與物同體。義理智信皆仁也。識得此理，以誠敬存之而已，不須防檢，不須窮索……。此道與物無對，大、不足以明之。孟子言『萬物皆備於我』，須『反身而誠』，乃為大樂……」。還於「內在的心性主體」之印證，則又著《定性書》、推稱「天地之常，以其心普物而無心；聖人之常，以其情順萬物而無情。故君子之學，莫如廓然而大公，物來而順應。……」又言：「嘗謂以心知天，猶居京師往長安……若要至誠，只在京師，便是到長安，更不可別求長安。只心便是天，盡之便知性，知性便知天，當處便認取，更不可外求。」諸如此類之語辭，可謂俯拾皆是，揆之論語、孟子，豈非即「一日克己復禮，天下歸仁焉」，「我欲仁，斯仁至矣」；「仁義禮智根於心」，「盡心知性則知天」之充量的發揮！

㈢三系之分——伊川與朱子、五峰與蕺山、象山與陽明

三系之分判，乃牟先生《心體與性體》之所創發。其中朱子與象山之異致，從來學者皆知其然。今忽別立五峰至蕺山爲一系；而朱子之上又溯其源於伊川。則爲牟先生窮多年心神精力於數百卷之《二程全書》《朱子文集》《語類》以及《年譜》《學案》等之揀別搜羅，而後得其成就之偉卓，誠足冠古今而無與倫比，讀者詳參可知。茲僅舉判別後各家之義理規模大體言之：

1.伊川以質直分解之思考方式，對於濂溪、橫渠、明道所言太極、太虛、一本等於穆不已之理，只理解爲「存有而不活動」之「但理」，泯失了原爲「道德實踐所以可能之超越根據義」，又將孟子的「本心即性」離析爲心、性、情三分，然後只許性與理同一而言「性即理」；而爲人生作主之心及心所應機而顯之情，則遺落或推置於氣的層面，不復得謂之「即理」。這就使得理之在人，只成個懸隔外在的關係，其與董仲舒之推舉天爲超越人上的外在的至尊，可謂之異曲而同工。人如欲其作爲合理，便須遵從有似模式化的「涵養須用敬，進學則在致知」以進行，故於先秦儒典，則由中庸、易傳理念中之「致中和」與「保太和」，遽轉爲大學之「格物」與「窮理」。此一思路既定，遂爲同質性之朱子所信服，終其身堅執不渝，藉以強烈反對象山之言

「心即理」，評駁胡五峰之「以心著性」，而竟有《大學》〈格物補傳〉所謂「窮理於事事物物」之論，及與張南軒反覆論定〈中和說〉，非難縱貫縱講的察識體證，而成其橫列的靜涵靜攝系統。平情而論，此系之基源形態，亦幾同於荀子初依知性所開啓之經驗的途向；或者說：即如彼競走下坡、容易順勢滾落的強盛自然力之感染於伊川與朱子，乃至奉之爲集宋學大成之諸後學生命者。好在他們自覺的意志，並不表其認同，而仍能基於天所與我之道德本心而尊仰理性，敬重天道。雖常說不妥適，但總足以辨得價值高低，明得是非停當，畢竟不失爲史家所立〈道學傳〉中之人物。

2.胡五峰（宏）家學淵源，又蒙洛學南傳之惠，得先後從遊謝上蔡與楊龜山，甚能消化北宋諸儒之學而開湖湘一系之學統。所著《知言》一書，其言性者則曰：「性也者，天地鬼神之奧也。」「性也者，天地之所以立也。」「性，天下之大本也。」是本諸濂溪「易何止五經之原，其天地鬼神之奧乎」而說也。其言心者則曰：「盡心以成性。」「心也者，知天地，宰萬物以成性者也。」是本於橫渠「心能盡性、成性」之義。其言仁者則曰：「欲爲仁，必先識仁之體。」「一有見焉，操而存之，存而養之，養而充之，以至於大，大而不已，與天同矣。此心在人，其發現之端不同，要在識之而已。」即本於明道「學者須先識仁，仁者渾然與物同體」之義。總之，則正如牟先生所稱爲「心性對揚，以心著性，盡心以成性，而終歸於心性是一。」亦即會通中庸、易傳之道體與性體，而落實於論語之仁，孟子之本心以成上下貫運之體系者。此系再傳至張南軒，則以不敵朱子之強勢而暫歸隱晦。直至晚明，劉蕺山因感於王學末流之弊，而主愼獨存誠，使良知之顯教，歸於誠意之密教——簡稱「歸顯於密」。遂得正式完成自五峰以來心性互成之義理規模。故牟先生以爲既與伊川、朱子不同，又與陸、王不同，而見其爲一獨特之間架，乃總說宋明儒當分爲三系也。

3.陸象山與北宋諸老先生似無交關，倒是「聞人誦伊川語，自覺若傷我者。」（語見《象山學案》）其學如異軍特起，嘗自謂「因讀孟子而自得之於心」，故直發其義而主「心即理」。在孟子，基本理念是「性善」，而論說則全從心上立義，可見心、性名異而實同。象山之「心即理」自亦包性而言，要在對顯伊川、朱子系只許言「性即理」，而視心爲「氣之靈」無與於超越理體之失當而定義。他確見得宇宙人心之通一不二，故曰：宇宙內事，即己分內事；己分內事，即宇宙內事。」「萬物森然於方寸之間，滿心而發，充塞宇宙，無非斯理。」又謂東、南、西、北海與千萬世之前、後，有聖人出焉，俱必「此心同、此理同。」正是孟子「人皆有惻隱、羞惡、辭讓、是非之心」義之充量發揮。其生平行誼，多在「諄諄然教人辨志」，嘗應朱子之邀，於白鹿洞書院講「君子喻於義，小人喻於利」，致使朱子汗出揮扇。更可說是孔子「學不厭、教不倦」，「士志於道」、「義之與比」以及孟子「士尚志」諸義之切己實踐。此種精神，歷南宋、元、明各代朱學官定之擠迫下幸而不墜，至於王陽明，則又如火花之爆發而有「致良知教」之盛行。就歷史實情言，陽明之澈悟「良知」，是由不契朱學之惟務求知於外所激發，然而義理思路，亦是直承孟子心之本具仁義禮智，及孩提之自知自能愛親敬長而開啓，故可與象山之特標心學成一系。其要言多存於《傳習錄》，而重點則似尤在強調心之昭明靈覺以知是知非。如曰：「良知只是一個天理自然明覺發現處。」（卷二答聶文蔚）「良知只是個是非之心，是非只是個好惡；只好惡就盡了是非，只是非就盡了萬事萬變。」（卷三）由此衍伸，便主「知行一體」之說而曰：「知之眞切篤實處即是行，行之明覺精察處即是知。」（卷二答顧東橋）又曰：「致此良知之眞誠惻怛以事親便是孝，……以從兄便是弟，……以事君便是忠。只是一個良知，一個眞誠惻怛。」（同前答聶文蔚）總之，皆孔孟仁義之既內在又超越之直下肯定也。

按：以上簡述宋明儒學自胡安定、孫泰山、石徂徠三先生肇始，至周、張、程、朱、陸、王、胡、劉之相繼發明與傳承，確是直秉孔孟內聖成德之教的本質或本體義而開出，其爲說之精切妥實，凡明眼人自當無庸異議。若有謂其輕視外王、忽略事功，則顯屬存心誤解！試請提舉從來自許尊尚「理性」或

「經驗」兩流者之行迹，平心對比觀之，恒只見內聖者之必兼包外王而量宏識深；主外王者之常非譭內聖而言浮意淺。若得因緣時會、執事從政，亦必以眞正信得及前者之爲能建功，至少也可以無辱身家；而但知循由後者，則鮮不至於僨事，儘多也只做得自保富貴。歷史具在，斑斑可考，實無待於巧辭爲辯。

五、當代新儒家之志業及其前瞻性

或疑：①凡近人著言之及於儒學者，無論旨歸如何，俱謂之新儒家。

②新儒家多持門戶之見，不足謂爲儒學第三期。

③新儒家取哲學觀點，不如歷史學之務實。

④歷史爲唯物化之自然結構、儒學只是唯心論，不能成其實踐。

⑤民主（外王）開出說不可能。

⑥良知坎陷說不可解。

㈠跳脫清代樸學，講習中西思想異同形成之新儒學風貌

自滿清入主，明季王、顧、黃三大儒謝世之後，整個時勢，因其作爲文化根源，優養民族生命之精神大義與內容眞理不能暢其說，儒家學術便瀕於斷潢絕港之境：利祿之徒，屈志委身，鑽求榮顯者無論矣；即自好自愛之君子，亦惟是埋首沉心於故紙堆中盡其考據訓詁之能事。雖然國運世局，初在異族勇武興旺之政風下暫稱治平，而即其治平之庇蔭，學人考詁之業，亦遂頗具成績，然此不過爲裝點式的錦簇花團，禁不起任何挾威乘勢的暴風雨之侵襲。故當晚清西力東漸，列強逞兇恣暴之際，便無眞可自主以應之之能，而若枯枝巧木之任其摧折。最不堪問者是，平素浮現上層，驕其庶民的士人之流，竟由懾於堅船利礮之脅迫，大多表露慕外媚外之卑屈心理，甚者且復回頭詆毀自家先人一切智慧之結晶，迨至民初五四新文化運動，則達於極點，終致小撮強有力而思不逞者之掉轉矛頭、驅趕億萬同胞，投向一個絕對唯物論者的領域或懷抱（此亦可說是不認天道性命之超越層，而唯物象層的現實經驗是追者，所以導至的否極之境），成就其如顧亭林所謂「亡天下」之大痛者數十年。總計幾近整個世紀之間，幸得先有幾位見識深透，信心堅定，智德超卓的眞人，不畏譏嘲，不顧利害，一本良知理性，上追宋明理學，孔孟仁教，殫思竭慮，論道講經，保得傳統之思想文化一線生機。迄於

大陸變色，再由二、三流亡台港之名儒大哲，不顧死活、力抗逆潮，四、五十年講學著書，不厭不倦，陶鑄了大群志節清純，學養豐厚之青年後進，各憑所學發爲高崗振臂之呼，遂以蔚成烝烝日盛之「新儒家」學團與學風。這個名號，原本爲宋明儒學異於佛教、不同於漢唐，自然流行之簡稱。在於當代，據我所知，則如前所述初期啓蒙之「眞人」及駐足台、港講學諸「大師」，先時並無遽以此名名世者，必待五、六十年代許多青年學人合力創辦《鵝湖月刊》，並據一九五八年元旦唐君毅、牟宗三、徐復觀、張君勱四先生於《民主評論》及《再生》兩雜誌共同發表之《爲中國文化敬告世界人士宣言》爲代表文獻，乃正式揚舉「新儒家」這個稱號，並且溯其始源之師承熊十力及與義相呼應之梁漱溟、馬一浮、湯用彤……諸先生而概歸之，而爲海內外學人所共認許。彼時，大陸尚在固陰沍寒、批孔揚秦之文革大難中，根本不知所謂新儒家爲何事。暨乎四凶伏誅，文革解體，馬列的框框破格，一時學者思潮，也許眞如河汎決堤，奔波四溢，浸假而以儒學爲適宜抒意之場合，又加境外聲氣互通，便見人人處處，口語筆書，儘多道說新儒學，自命或隨意推稱不相干者之爲新儒家。當然，其間之誠心研習體味者，固所在多有；而一知半解，內馬外儒，以至輕肆觝排，自炫己能者，亦不少見。是則甚可憂也。

(二)自覺義理爲本與西學之融會貫通

在進行本則討論之先，我們當該別於政蹟、專對儒學自身之在於各個時程乃至地域中表顯之背景稍作回顧：歷史上儒學之分兩流相爲起伏，乍看似各有千秋，互成其所據時代之光輝。然而細心省察，正可見中間必有定然實存之規律。是即凡取徑之向於「現實經驗」者，多屬國運興盛，身無牽累，故其爲學，亦遂安於平順而難免泄沓保守之儋態。反之，凡制行之主於「理性理想」者，則屢當時勢衰弱、心懷憂危，故其爲學，便常期於振拔而顯露憤發創進之銳氣。漢唐天威遠播，儒學則低徊沉悶；宋明夷禍頻仍，儒學則昂揚高蹈，當爲通人之所共見而莫可否認。由此進而深窺之，更可發現一潛藏影響，綿衍奔騰之大流。那就是：凡在先期儒學，坐享太平，顯露疲儋之情態下，勢必招來繼世之劇亂，所以兩漢之後，有魏晉南北朝之衰敝殘破；盛唐之後，有五代宋元之孱弱敗亡。而遭逢巨變，砥礪高昂之志節時，理常開啓下代之興隆。是故明之繼元，清之繼明，竟然收得蔚然強盛之果實。此民族精神起伏之斑斑可考者。惜乎滿清三百年間之儒業，仍未自覺知所掌握開拓。雖其於典籍故實、語言文字，做出了一些可觀的成績，但基本格套，並與漢唐無異，或且爲利祿之現勢所逼而錮蔽尤深。則風尚所趨，當西方唯物是逐者之挾其侵略野心與超特強勢來襲之時，便有太多素已鍊得成套的體面人物，頓覺自慚形穢，反轉身來自詆其作業之無益於世；意猶不足，又併從所未習之孔孟程朱陸王思想學問與數千年循由道德理性涵育培成之禮教文化而盡誣譭揚棄之。新儒家面臨此種情境，自然感到兩重不可推卸的責任：首先是要喚醒人心，正視宋明理學，上追孔孟仁教之傳統的民族文化精神；次則是作成如何吸納西方民主觀念、科學知識之義理原則。這後者尤爲史無前例的大事。因爲民主、科學原屬現象世界之客觀物事之處置，與我所固有的基於超越本體而爲主觀品德之修持，在於生命元神處，是異位而又必須兼備始得成其完美者。過去之儒學，無論取向之爲理性的或經驗的，統皆未能察識及之。如今新儒家既已充份理解得，便必然不容自已地要承擔此項綜合貫串的任務。所幸二者立足點，不僅不與原始儒義相違戾，而且洽爲原始儒義本所應具之一環。推極於此，所以可舉以與孔孟荀董之儒學第一期，宋明儒學之第二期並列而謂爲第三期儒學之發展。此期別之分劃，最早見於民國三十七年牟先生著《重振鵝湖書院緣起》一文，是代表當時凡欲致力儒學復興諸君子之共見（參閱蔡仁厚著《牟宗三先生學思年譜》〈學行紀要〉卷一）。後來先生在台港兩地講學幾五十年，無時而非窮極中外古今之大宗哲學體系，一以第三期儒學之完成爲職志。其所著書，初爲道統、政統、學統之架構與辨析，而有發微啓萌之《歷史哲學》、《道德的理想主義》、《政道與治道》三書之問世。由之迤邐升進，尋源竟委，在中國則是儒道佛三家義理教旨之判釋；在西方則爲康德批判哲學之解析與譯述。總持之用心，即在解明中西主流思想，期於世界學術之臻至理性理想與經驗現實之和會融通，終而結聚爲《智的直覺與中國哲學》、《現象與物自身》最高哲理之透顯，以達於聖人踐仁盡性下天人合一、德福一致的《圓善論》之證成。嗚呼至矣！

㈢肯定架構表現之民主與科學

依於以上之更迭論析，至此，我們當可無疑於整個長宇大宙確有「本體」與「現象」，亦即形上道理與形下器物之兩界。本體爲主，故道必淵然定向而有是非；現象爲用，故器必蔚然多姿而表功績——偏言若爲二，綜觀則爲一。古先儒聖，所以既說天人各有分，又說天人實合體。後世學者，往往囿於眼見之現象，忘其爲主而運之形上的本體，便常取近而遺遠，尚器而廢道，結果是世愈降而德愈衰，物愈豐而行愈悖，宋明諸大儒之所憂心，新儒家之所存想，關鍵全在於此。當然，以二俱存有作對比，本體界精深高遠而常隱，至則必待逆覺；現象界疏闊平坦而常顯，達則只須順取。是以人多難於爲上而易於就下；明於用此而闇於知彼。此本無足怪，要在各遂其生，各如其分，能者進以發之，不能者安以守之，則仍可相輔相乘，以竟天地之大業，造人間之至樂。然而平情以觀，從來事實，總是滿足或安於現象境者之罔顧本體境，不僅視之若無物，且常胡亂起鬨以攻之。世變之滋蔓不已，皆由此類托名學術或思想家之競爲無是無非之紛爭所導演也。

牟先生見深思遠，量宏識廣，平生只認得眞是眞非，直言無忌，絕無緣於己私之誑語或虛僞應酬的閒話。他惟是秉乎純儒開朗誠正之本懷，一方面逆覺上反而闢徑達天道天理之坦途如吾人上文之所陳；一方面亦適情下順而暢發物理物勢自然之眞趣與功能。在中國：既嘗推定孔、孟、周、張、大程、陸、王、胡、劉直承道統，縱貫縱講之正宗的意義；又復肯認荀、董、小程、朱子曲就格物窮理、傍取橫攝之別（支）子爲宗的價值。在西方：則更有借力使力，入虎穴而得虎子之實績，那就是循其慣常的邏輯推理，獲致了彼邦文化結晶——民主政治與科學智能之的當詮釋。斯二者之益世利民，固是人皆嚮慕的事，但多知其然而不知其所以然，至有以爲必須毀己而後可能行彼者。惟先生則充份理解其生發之原由與如何接合於自家故物之道：一即所謂的「理性之架構表現或外延表現」；一即所謂的「良知自己之坎陷以從物」。下文且順本節標所示，先就架構表現者略說之。

是即：人之依於「德性」的要求，成就人格尊嚴之理想以外，必須相對地別復肯定「知性」之存有，由而開出一滿是知識所行之世界。當其運作之落於公衆事務之處理，便見得一一不可侵侮的個人自由與權利而架構爲「民主政治」；落於外在物情事理之分解，便顯其惟我優越，不容退處的克服意志，而積累為「科學知識」。這是人類生命歷程中本然自有而且應有之勁節，中國先哲因為完全著眼於德性人格的尊嚴，貞定而為強固之道統觀念，未免輕忽了人皆得而存活伸展的自由權利與智能，將之推付於聖王德治下，期其一肩承擔，所以憲法制度的民主與普盡物性之科學出不來。先生知此之不足，又知其基因之所在，故力主別於道統，更為政統、學統之並建。在此，我們固知其絕無誰則當存，誰則當廢之偏見。但以人生存在為中心而論其價值，則畢竟是道德本體之挺立優先。人若不先穩立其道德自我，則縱使政治民主了，亦必是一團莽夫之混水摸魚，橫衝直撞；智能科學了，亦必只成得供人利用，加速禍亂之幫兇。所以三統之建，依次當以道統居首：而先生之於道德宗教，言之尤為綦詳。並且進而有「良知自我坎陷以從物」之貞一定議也。

四良知自我坎陷以從物之義釋

原夫「良知」之為名與義，始發於孟子，盛張之於陽明，正為代表本體或理性邊之主要觀念：「從物」之「物」，則以概指現象或經驗邊之事事物物。二者作用及效驗之在於中國歷史文化中，因為治亂威柄之全操於上位之君相，一般俱寄望英明統帥者之善為制御以玉成。這樣，便使得本當由——個體生命負責釐清其分際——良知理性為主於內，經驗物事成功於外，且予調和合抱應世者，卻常以一、二當權人識度之不濟，遂致兩者界限，盡成模糊，而好為諤諤叨叨之士，從而聚議紛紛，有似糾結纏繞之亂絲一團，最是難於疏理。若或欲行疏理，則輒遽起爭執，各說各話，莫衷誰是，亦莫奈誰何矣！

及於今世，勢有更為詭譎者，即當東西文明交會之際，彼方素呈壁壘分明，天、人各自外在，唯心、唯物相互對峙之思想，業已顯見神以造人、心以役物之不敵於人定勝天、物以制心矣。此雖大礙人生宇宙精神價值之提升，但以其所涉境域之廣，業類之豐，又且自具理則，易致功用，確亦有足令人欣慕沈醉、終生樂從者，應為凡我求為並行並育之理想人所必包舉而消融，此則牟先生所以特於二者間明著「坎陷」一詞，以成其如理適性之接合故也。何以要說「坎陷」？正由順「心」與「物」之各有獨是之領域，而求為合一之又必唯心以導物，不可唯物以逆心——因為唯物逆心，則世務盡成離散；唯心導物，則萬彙還歸齊一。果能齊一以御物，則超越無限之形上的道德精神實體即透天覆地而普在矣。如是，故其對無主而離散之萬事萬物，自必有其情不容已、義不容辭之照顧或化轉。而即此本體物牽就現實之活動言，明是一種降格或蒙穢之委屈，因以謂之「坎陷」。坎陷既為良知之自覺地要如此，則不至隨物象之任運遷流，而適以更成其美大聖神之存有。借宗教家言以喻之，亦即使上帝之國或極樂之境之充量實現於人間耳，誰曰不然？

結語

總稽以上所陳，統是依人生存在之必然徑路為說，如情合理，並非甚深難解。而世之自詡廣智多識者，卻常好為嵬瑣之非議，豈眞別有所見而誠心言之者乎？嘗試察之，蓋皆由專注現象層面之現實物事之逐求，而又不知其不足，所以輒感人言之與己見不合，便遽爾唐突其說。究其所至，則大多是理不順而意不圓，實無庸與相辯之必要。惟獨少數明標「認識論」觀點與「唯物論」意態，而提出所謂「歷史——社會之實踐」致詰者，似可說已具備「持之有故，言之成理」之基因，頗易致人於惑誤。此則須稍加駁正為是。

其實，理由亦甚簡單，只要認得「實踐」二字之眞義貼切，即可迎刃而解。須知實踐之為觀念或活動，基本上只有人之主觀的意義，詳確內涵，亦即人人做到遵依道德精神主體之自命而行便是了。舉例言之，如吾人之對萬物則思仁，對父母則思孝，對國家則思忠，對朋友則思信，便是當下實踐其內心之仁、孝、忠、信……諸般美德的起步。推而存之——知、行並成：當然更有思仁則盡愛惜保育之方；思孝則盡溫情奉養之節；思忠則盡政施制度之功；思信則盡直諒久要之分。凡此志道履德之迹，便是盡性至命之極，所謂「實踐」，義則止於此矣。至於萬物之或遇災變而有損害；父母之或遇風寒而有疾病；國家之逢暴鄰而被侵擾；朋友之逢世亂而致離散……，則所不能保其必不發生，而謂之未得實踐也。論者大概也是有感於這種無可奈何的情勢，既不樂順受其正，修身以俟；又不願落得個嗜欲橫流、殘賊乖戾之惡名，乃將一個惟人能作成實踐完美的偉大的任務，推出而交付於想像式的、無需人力參與的歷史——社會之自然結構去負責，然後我可恣縱地爲所欲爲而一無愧咎。因此他們必說歷史無目的，社會無正義，而視別人之爲目的正義說者，若不須任何理由交代的錯誤的「唯心論」。如實察之，他們所講之歷史，實只是「時間的流逝」，充其量謂之「時間」即可，不應名之曰「歷史」；所講之社會，只是「空間的陳列」，充其量謂之「空間」即可，不應名之曰「社會」。因爲一命曰「歷史」、命曰「社會」，即已表示有人之精神之運作其間，是一種依於目的、正義而進行的生命的活動。如果去除這個意思，則不僅歷史社會如同一片空白，而人亦將全失其駐足著力之地，盡成漂泊無定之游魂，是其不可也固矣。然而近世之主倡是說者，卻正如乘風鼓浪般愈盪愈激。茫茫大海，一望無際，何處覓得歸宿？無怪氣味相吸，芸芸大衆，包括許多素號風標指導級的學者教授，達官顯要之流，邇來俱思投身世外，遁迹幽隱，速求靈異，騰昇神境，至於任由少數騙徒之簸弄而不悔。說到這裡，問題好像扯得很遠了，其實回到本文原初立義，在於分解儒學中「道德理性」與「現實經驗」之兩流起伏之程態而通觀之，豈不又見惟現實經驗是崇者之張皇，而致人於危墜顛沛之益烈乎？至願同道慎思之！

肆、中國歷史文化中政、教理念之並存與實踐

民國八十六年（一九九七）十二月「中國哲學與政治哲學研討會發表」

一、前言：上古聖人政、教和一之具形

人類文化之衍生發展，必然依循著兩個基本的要求而進行：一為個體人格之修善，一為群體共業之安護。落實下來，前者蔚成「教化」，後者蔚成「政治」。這是任何民族或國家，欲得生存於天壤、立足於世界，無有或能外此而可望幸致者。我國自上古先哲啓動智思、肇建文明之初，即已充份透出此種精神義路，開創了華夏繁榮光耀之先聲。試看《繫辭下傳》〈二章〉之記言：

古者包犧氏之王天下也，仰則觀象於天，俯則觀法於地，觀鳥獸之文與地之宜，

近取諸身，遠取諸物。於是始作八卦，以通神明之德，以類萬物之情。作結繩而爲罔罟，以佃以漁，蓋取諸離。

包犧氏沒，神農氏作。斲木爲耜，揉木爲耒，耒耨之利，以教天下，蓋取諸益。日中爲市，致天下之民，聚天下之貨，交易而退，各得其所，蓋取諸噬嗑。

神農氏沒，黃帝堯舜氏作。通其變，使民不倦；神而化之，使民宜之。易窮則變，變則通，通則久，是以自天祐之，吉無不利。

黃帝、堯、舜垂衣裳而天下治，蓋取諸乾坤。刳木爲舟，剡木爲楫，舟楫之利以濟不通，致遠以利天下，蓋取諸渙。服牛乘馬，引重致遠以利天下，蓋取諸隨。重門擊柝，以待暴客，蓋取諸豫。斷木爲杵，掘地爲臼，臼杵之利，萬民以濟，蓋取諸小過。弦木爲弧，剡木爲矢，弧矢之利，以威天下，蓋取諸睽。上古穴居而野處，後世聖人易之以宮室，上棟下宇，以待風雨，蓋取諸大壯。古之葬者、厚衣之以薪，葬之中野，不封不樹，喪期無數，後世聖人易之以棺槨，蓋取諸大過。上古結繩而治，後世人易之以書契，百官以治，萬民以察，蓋取諸夬。

這段文字，主旨固在託諸卦理，以凸顯初時領袖人物，投注精力於衝破蒙昧，利便天下之形上意義，屬於理想性本質觀念之貞定。然所關現世事務之展示或推述，卻正是扣緊「人民個體生存」與「群體生計之安善」而盡心竭智爲之者。從歷史演進的角度作省察，由之，乃以形成唐虞三代徽德流光之太平景象。例如《虞書堯典、舜典》具載設官授職、勸善敷教，乃至禪位讓賢之高風；《夏、商、周書》詳敘勤政恤民，伐罪懲凶、與夫奉天繼祖惟謹惟恭等等不一而足之德行，在一義下，皆可謂之盡善極美的郅治。以是，故有《禮記禮運篇》之記仲尼喟歎：「大道之行也，與三代之英，丘未之逮也，而有志焉。」隨即爲申〈大同、小康〉之義辨，而歸本於「夫禮，先王以承天之道，以治人之情，故失之者死，得之者生……故天下國家可得而正」之大效。當代哲學大師牟宗三先生則詳考彼時史官之職掌及觀念，結聚於兩語——「本天敘以定倫常，法天時以行政事。」並綜論其義：以前者爲學術教化的型態，屬仁義或心理合一方面之事；後者爲組織條理之活動，屬理智之貞定自然方面之事（大意如是，參《歷史哲學》一—一四頁）誠深體乎人文歷史精神之的論也。

以上所陳，就客觀之歷史步程而言，確是個政、教兼備之好的開始，足可懸爲萬世嚮往之標的。然猶有待進而辨析者，則在其主觀之理性表現，尙屬原始渾樸之形態，並未達於人人俱當充份自覺爲當然之存在境地。唯是混沌初開階段，幸逢少數天縱賢善之豪酋長者或聖王，掌控大勢，勤於匡輔，使蒸民得享適情順性之安樂生活耳；而豪酋長者或聖王之自身，固皆能基於道德本懷，爲君則盡君職，爲臣則盡臣責，運用政、教功績以扶持或利便於民人，卻無明顯及於教人俱盡參與政、教運作的知能本務之興發，一任其如無所擔負，不須自爲主斷之天民。此在太初世代，事簡人稀、風淳質美之時，自是易治而常致太平。及後人口滋多，智識增廣，便漸有集體之社會事務與行業，紛起層出，而調處爲難矣。最爲可懼者是所謂人心不古：權謀恣肆，情欲高張，而由既得勢位者作始，如孟子之所指陳的「暴君代作，壞宮室以爲汚池，民無所安息；棄田以爲園囿，使民不得衣食。」延至東周末世，則更有「臣弒其君，子弒其父」及「處士橫議，邪說汚民，充塞仁義」，而極於「率獸食人，人將相食」之不堪聞問之情狀（均見〈滕文公下篇〉），而須有一基於義理的思想向度和制行之移轉。於是孔、孟以平民修學，起而倡聖人之道，別於「政統」之外，特創「教統」（或云「道統」）。斯則爲中國歷史文化中一最富革新開創意義之大事，吾人固可無所醒悟而輕忽待之乎？

二、孔子以平民講學完成教別於政之分義

周自武王滅商後，裂土分國；周公制禮作樂，標榜德治。其統馭天下之整個形勢，概可以「王化」二字稱之。析其架構內涵，王則代表政權，化則代表教義，合爲一名，

即見政治與教化，皆掌於在位王者之手。此在原初，本是最爲理想嘉美之施設或組結。但行之數百年，正如荀子所言「文久而息，節族久而絕」（語見〈非相篇〉）。至於東周之世，諸侯坐大，貴族專擅；精神意理，既非昔比，而先前匡時正俗之典禮威儀，則日漸僵固呆滯，盡成在位當權者（王公貴族）資以逞驕縱欲、欺上凌下之掩護；浸假而弒父弒君，盜國夷族，無不爲已。如此之勢，自非志士仁人之所能目覩而心安，故終有大德至聖如孔子者，奮身立教宣化，抗乎污世，重振斯文也。

孔子生當春秋晚期（魯襄公廿二年，公元前五五一年），出身微賤，終生唯道是崇，唯義爲尙。嘗自言：「吾十有五而志於學，三十而立，四十而不惑，五十而知天命，六十而耳順，七十而從心所欲，不踰矩。」（《論語・爲政篇》）可見其從少到老執業之堅定而一貫。然非僅以自成而已，更且行教而普遍成就他人，故又言：「默而識之，學而不厭，誨人不倦，何有於我哉？」「自行束脩以上，吾未嘗無誨焉。」「人潔己以進，與其潔也，不保其往也。」（均見〈述而篇〉）總之是「有教無類。」（〈衛靈公篇〉）「己欲立而立人；己欲達而達人。」（〈雍也篇〉）其設館授徒，誦詩書，習禮儀，四方之來爲弟子者三千人，精通六藝者七十有二；不惟廣接通人、即豪門巨室、達官顯宦家族，亦多望風納贄就學。《左傳》昭公七年記魯大夫孟僖子臨終前告其家大夫之遺言，足證一般：

「禮，人之幹也。無禮，無以立。吾聞將有達者曰孔丘，聖人之後也，而滅於宋。其（遠）祖弗父何以有宋而授厲公。及正考父，佐戴、武、宣，三命茲益共，故其鼎銘云：『一命而僂，再命而傴，三命而俯，亦莫余敢侮。饘於是，鬻於是，以餬余口。』其共也如是。臧孫紇有言曰：『聖人有明德者，若不當世，其後必有達人。』今其將在孔丘乎！我若獲沒，必屬說與何忌於夫子，使事之，而學禮焉，以定其位。」

此則事實，司馬遷《史記》亦有明敘，並爲之立特例而作〈孔子世家〉之篇。史家之如彼其鄭重傳述，十足表示孔子生世之劃時代意義，絕非「有實皆錄」之慣常筆法可比。明白言之，正以有深切影響於當代，垂範乎來茲，成就天壤間最高典模，而爲人皆瞻仰之不得不然者。此無他，蓋即民到於今尊崇，且將永世無可取代的「至聖先師」之功德長昭是也。這個名號，義不當僅限於表面之敬辭，而實有著創歷史新格之精神理念——「學而不厭，誨人不倦」之爲行動綱領或內容；而大用則在對從來之「執政則必以攝教，掌權則因而慢士」，如俗諺所謂「官大學問便大」之神話式迷障之破解。

揆其思想義路：先是發明宇宙一元本體之「仁」，奠定人果能爲道德踐履之極則；

然後留意於現象世界中物、事之分野，見得人類社會我、他互動關係之緊密深重，是以有《論語》一書及諸般經傳所記之種種議論與行止。最爲清晰可辨者，則在公益和私德之釐訂與堅持。公益之推擴賴於「政」，私德之修善賴乎「教」。二者不可偏廢，然亦各有際限而不可混，因而有「君」、「師」作爲之異功而殊途，惟孔子當世，政既仍承三代世襲之餘緒，故雖其修持已達於聖哲，亦不得爲君；教則隨個人學養之所能至，凡「溫故知新」者皆「可以爲師」，卻因「溫故」必備之冊籍，藏在王官，庶民不及瀏覽，無緣得以「知新」，則師者之職，依然爲君或貴顯之家兼行之。《周書》曰：「天佑下民，作之君，作之師。惟其克相上帝，寵綏四方。」是典型的君、師合一，亦即政、教同源體制。惟彼武王，本具聖德，亦君亦師，自無問題。至於春秋列國，君卿大夫，皆如前所言，或從權勢驕貴中養成；或憑逞兇恣暴所冒起，鮮有復知天德之當惜，而又恃其高位，師心自用，僭據天德者之所爲而不慚，則肇禍之甚，將隨虛妄之自感爲得理所當然而倍增。孔子志在「斯人之徒與」，察乎「天之未喪斯文」，毅然挺身任其繁重，凸顯政事之外，別有道學；君權之上，更有師德。是誠儀封人所謂「天將以夫子爲木鐸」（〈八佾篇〉）者也。由是型範天下，便成藐乎威權，無不信服之道統——非但門下弟子勤學好問；即相對之時君世主，亦鮮不聞風興感而請益，則其轉舊習而開新緒，外王治而立人極之實績，豈不至顯乎！

三、孟子道尊乎君，德貴於爵之體現與堅執

孟子去孔子之世約百年，明表「乃所願，則學孔子也。」（〈公孫丑篇上〉）堪稱最能充其義、如其理、光大其行效者。嘗極贊「自生民以來，未有孔子也。」（見同上）又言「孔子聖之時者也。」且借樂章之「金聲玉振，終始條理」，以喻「孔子之謂集大成。」（〈萬章篇下〉）夫孔子生平，並未得天下國家而平治，自無二帝三王顯赫蓋世之功績，何以孟子竟能信其遠賢於堯舜？則正因見得孔子發明宇宙之道德本體——「仁」而徧以教人，突破了政治神話式的框架之無人可及也。其思理或循行的進路，先是通過「爲仁由己」，「欲仁而仁至」之聖言（分見《論語》〈述而〉〈顏淵〉兩篇），盛發「人性本善」，確定人各固有與生俱來之「良知」與「良能」，而當於一己主體處「先立其大」；推擴至於社會群體之共業，則可有不恃於政治律條管制之道德法則爲軌範。〈告子下〉曰：

> 有天爵者，有人爵者。仁義忠信，樂善不倦，此天爵也；公卿大夫，此人爵也。欲貴者，人之同心也。人人有貴於己者，弗思耳。人之所貴者，非良貴也，趙孟之所貴，趙孟能賤之。詩云：「既醉以酒，既飽以德。」言飽乎仁義也，所

以不願人之膏粱之味也；令聞廣譽施於身，所以不願人之文繡也。

蓋「爵」與「貴」者，尊顯榮耀之徵象也。內容卻有「仁義忠信，令聞廣譽」與「公卿大夫，膏粱文繡」之不同，且以原於「天賦本性」與「他人錫賜」而得判其價值高下。可是天賦本性，要必待於先覺之啓發；他人錫賜，亦由公衆秩序之維繫而不可全免。否則，正邪無所準繩；又且欠缺組織而儘成無是無非之弱肉強食矣。此中互爲因果及其若即若離之關係，既經孔子政、教異路，君、師異能之析別而釐清——如前文所申言；則孟子之繼述，要惟全付生命精神之爲體現。是故七篇之書，除強力推進整個聖學理論外、凡有出處行止，幾無不可說爲「道尊乎君，德貴於爵」之具體實踐與發揮，而竟「後車數十乘，從者數百人，傳食於諸侯不以爲泰。」（〈滕文公下〉）所歷小國如滕、薛，中國如宋、魯，大國如齊、梁之屬，俱嘗相對於其君王，暢談仁義、評斥利欲，獲致普遍之禮敬。最足表徵師儒高風而具建設性的一段行事與議論，則是〈公孫丑下〉所記：

孟子將朝（齊宣）王，王使人來言曰：「寡人如就見者也。有寒疾，不可以風，朝將視朝，不識可使寡人得見乎？」對曰：「不幸而有疾，不能造朝。」明日，出弔於東郭氏……〔夜宿景丑氏與之對言〕……曰：「齊人無以仁義與王言者，豈以仁義爲不美也？其心曰：「是何足與言仁義也」云爾。我非堯舜之道，不敢以陳於王前，故齊人莫如我敬王。……夫天下有達尊三：爵一、齒一、德一。朝廷莫如爵，鄉黨莫如齒，輔世長民莫如德。……故將大有爲之君，必有所不召之臣，欲有謀焉，則就之。其尊德樂道，不如是不足與有爲也。故湯之於伊尹，學焉而後臣之，故不勞而王；桓公之於管仲，學焉而後臣之，故不勞而霸。今天下，地醜德齊，莫能相尚。無他，好臣其所教，而不好臣其所受教。湯之於伊尹，桓公之於管仲，則不敢召。管仲且猶不可召，而況不爲管仲者乎？

孟子在齊，只是游學，並未就任實職，嘗言「我無官守，我無言責」（〈公孫丑下〉），一般謂之「客卿」，概與孔子在衛之爲「際可」或「公養」之仕相同。正是聖人以「師儒之分」自處，時君不先「學焉」或「受教」，則莫肯屈節而爲臣之典型一例。平時與王相見，既必得致敬盡禮；而所言亦必師儒精熟的足以長君之善，格君之非的「仁義之道」，以此，進退餘裕，一惟理（禮）之所應然。如其不宜，則雖本欲朝王，而因王之使人來召，亦便不往矣。其答景子之言，初則以「我非堯舜之道，不敢以陳於王前」，對比齊人之「心曰是何足與言仁義」，表示自己絕非不知敬禮於王。再則藉天下共認「爵」與「齒」「德」之達尊，簡別了君、師分位之各有所當，甚或以

「鄉黨」序「齒」和專擅「輔世長民」之「德」而暗示師位更形重要。然後明申「大有爲之君，必有所不召之臣」，並舉商湯與齊桓之於伊尹、管仲，皆嘗「學焉而後臣」，終能獲致「不勞而王，不勞而霸」之結果。以見君王敬禮師儒，師儒佐助君王，二俱各盡其職，必將蔚成奇效，而政、教互異相資之原則與大勢，於是乎昭露顯發而無餘蘊矣。此外，書中關於同類企向之記言猶多，下且略分二例各舉數則以見意。

㈠相較於「君權」而言「師道」之品第高致者：

1.萬章問友。孟子曰：

「不挾長，不挾貴，不挾兄弟而友。友也者，友其德也，不可以友挾也。……舜尚見帝，帝館甥于貳室，亦饗舜，迭爲賓主，是天子而友匹夫也。用下敬上，謂之貴貴；用上敬下，謂之尊賢。貴貴尊賢，其義一也。（〈萬章下〉）

2.萬章問：

「……庶人，召之後，則往役；君欲見之，召之，則不往見之，何也？」孟子曰：「往役，義也；往見，不義也。且君之欲見之也，何爲也哉？」曰：「爲其多聞也，爲其賢也。」曰：「爲其多聞也，則天子不召師，而況諸侯乎？爲其賢也，則吾未聞欲見賢而召之也。繆公亟見於子思，曰『古千乘之國以友士，何如？』子思不悅曰：『古之人有言，曰事之云乎，豈曰友之云乎？』子思之不悅也，豈不曰：『以位，則子君也，我臣也，何敢與君友也？以德，則子事我者也，奚可以與我友？』千乘之君求與之友，而不可得也，而況可召與？」（同上）

3.孟子曰：

「古之賢王，好善而忘勢；古之賢士何獨不然？樂其道而忘人之勢。故王公不致敬盡禮，則不得亟見之。見且猶不得亟，而況得而臣之乎？」（〈盡心上〉）

㈡相較於「政事」而言「教化」之莊肅效應者：

1.孟子謂宋句踐曰：

「子好遊乎？吾語子遊。人知之，亦囂囂；人不知亦囂囂。」曰：「何如斯可以囂囂矣？」曰：「尊德樂義，則可以囂囂矣。故士窮不失義，達不離道。窮不失義，故士得已焉；達不離道，故民不失望焉。古之人，得志，澤加於民；不得志，修身見於世。窮則獨善其身，達則兼善天下。（〈盡心上〉）

2.孟子曰：

「君子有三樂，而王天下不與存焉。父母俱在，兄弟無故，一樂也。仰不愧於天，俯不怍於人，二樂也。得天下英才而教育之，三樂也。君子有三樂，而王天下不與存焉。」（同上）

3.孟子曰：

「廣土眾民，君子欲之，所樂不存焉。中天下而立，定四海之民，君子樂之，所性不存焉。君子所性，仁義禮智根於心。其生色也，睟然見於面，盎於背，施於四體，四體不言而喻。」（同上）

凡此所錄，莫不見尊賢之盛於尊君；貴德之尚乎貴爵。足爲師儒教化，樹立凜然高蹈之風儀。文理清通明順，無庸贅釋，讀者自可詳察而知也。

四、孔、孟重視君臣倫理之意義及歷史發展之變形

客有疑：孔、孟尊道貴德，講學明教、躋登聖賢師儒之地，固係實情。然其有生之年，亦嘗從政任職，推許君禮臣忠，視若大義之不可廢弛，大防之不可踰越，則又何爲？應之曰：此誠屬深邃切要之問題，關鍵則因「理」與「勢」之調處配當而有同有異故也。

夫以理言，則道學必須通貫於政事；而以勢言，則政事非可等同乎道學。——一爲人文精神當然之定則，一爲社會結構實然之常軌，兩得其宜，無所偏倚，然後可以措諸天下，靖恭爾位，安老懷少而無憾。中間自有極乎「直方大」而泛應曲當之義蘊在，孔、孟二聖，則適爲萬世發其端緒，開其鎖鑰耳。關於這個意思，吾人首須認得宇宙本質，原有「體」與「用」之兩個層面的分判。依《繫辭傳》的話說，體即「形而上者謂之道。」用即「形而下者謂之器。」落實於世務而見之明徵：道則爲超越之根基，直貫一元，因而有所謂「道統」；器則爲具象之物事，曲屈多方，因而有所謂「器界」。道統之傳達，人皆可自由地參與，端在主觀工夫之深淺如何；器界之開通，恒隨外力以爲起現，要視客觀機緣之是否齊備。孔、孟德足以任師儒、致教化，而緣無以居君位、成治平，正因往例變化之大勢有如是者。雖曰於理不順，卻亦未可急改

遞革，蓋其意念所存，乃以道依教顯，義務歸於師；器由政成，責任在於君。君、師各竭其能，盡其職，是爲最完美之配搭，足致如上古時代之安和。但當世之既亂，挽之則必仍賴君系之撥正方向於先；師於此，自可因便乘勢以導之。如若不然，則亦只得隨緣另闢生面以爲移轉，是即二聖所以終生栖栖皇皇，奔走列國，結識諸侯權貴，冀彼「用我」而「爲東周」，秉「天欲」而「平治天下」。大節所在，非萬不得已，固不能輕言背離者也。

抑復有說者是：其「天下爲公」及「民貴君輕」之主張，適有爲近世政治理論創先聲之奠基作用。我們知道，方今世界，有似排山倒海而來之政治思潮，基本精神，乃在維護徧一切人生而俱有的人權，因而各個國家民族，莫有或能阻擋民爲主體的政治。凡大群合衆之公共活動，無論執事在位或受治在野，皆須依先天本賦之權利以爲行止，絲毫不容他力剝奪或侵侮。可是正式結聚爲憲法條約，形成議會制度，則是邇近二、三百年間之事，且仍惟部份地區爲能較具規模。孔、孟於二千數百年前，先從人性中開發了超越普遍的仁理與良知，然後就歷史社會傳承之體例，見得上下異位，賢愚分工而綱舉目張，秩然有序，如《中庸》所謂之「仲尼祖述堯舜，憲章文武，上律天時，下襲水土。」（〈三十章〉）孟子所謂之「天與賢，則與賢；天與子，則與子。……唐虞禪，夏后殷周繼，其義一也。」（〈萬章上〉）則其亟思出仕爲政，敬禮時君之內在要求：一方面固是嚮往周初王業一統，頗欲救治東遷以降漸趨崩裂之危局；另方面亦正蘊有一定程度的客觀理想，如今人所樂道的別於道德意識之政治意識，同於意志自由的生活自由，而無庸置疑者。只以時代現勢之晦冥否塞，不得當身暢遂；而後起之嬴秦，更由法家險狠之徒，導向絕對兇厲之暴政。劉漢繼之，復以自造產業之家務心態視天下，遂衍爲爾後兩千年固結莫解之帝王獨裁專斷，根本阻絕了師儒任道宣教之功能和價值。凡所謂社會賢達，智識才俊者流，幾盡淪爲託命朝廷，埋身官府之附庸。雖曰史傳所載，亦頗多能秉高風亮節，特立獨行；匡濟時艱，扶助世主，保得優善之文化理想未墜於地——如歷代修建文廟崇祀之聖哲，設置館閣表彰之功勳，蕩蕩巍巍，矜式千秋。然其生也，畢竟不能跳脫皇王「馬首是瞻」的羈絆，行其相並於君之眞知灼見，存其我乃先覺覺民之尊嚴。是誠可令人深長歎息者也。

總之，詳稽上列情實釀造之最後原因，要可就既得政權者蔽之以二語，即：「內則私心自肥，外則師心自用。」他們或憑武勇，或恃奸詐，攫得天下，遂視爲持家裕後之資財；並且予智自雄，唯己見之爲是；待天下皆如吾所征服之徒役，任憑驅使。物極必反，不肖子孫，承其餘蔭，莫紹箕裘，則又由不滿現狀之武勇奸詐者取而代之。如此反覆循環，庶民因故習常，固已鮮知其非，唯強者之崛起，奉爲眞主（俗稱「眞命天子」）；而德望高隆、學識優特，堪充師儒之賢哲，既不屑爲魯莽邪妄之行，又不能棄其淑世安民，任重致遠之天職，便亦以爲「神器」在彼，不得不委曲求全，勉爲匡輔。姑息退讓，迤邐數千年，不敢倡言更改矣。

五、近世主政者失其教養所成之偏蔽和流弊

時至清末，孫中山先生凜於西方之強勢侵凌，又欣其立法、行政、在朝、在野權責之規劃明白，蔚爲制度。於是力主推翻帝統，終致辛亥革命成功，創建了民爲主體，共和合議的新中國。他應是深知且懲於歷來各代政、教併則兩害，離則雙成之本質原理者，所以能在局勢粗定之情態下，決然捨大總統不爲，退而演說著書，宣示主義；組織政黨，監督政府。這個開端，何其光明顯耀，偉岸莊嚴？可惜後起之執政和代議人物，大多不過因機變化，苟且鑽營以在位。並不能體現箇中精義，而仍自認若獨蒙天眷之帝王卿相，科場奎星，蹈襲其故智。不但緊控政權，且又擬如教主，躊躇滿志，高傲存心，以爲舉世惟我之可以訓人，無一人之爲我所當學。下趨至極，則昔人所謂「順我者昌，逆我者亡」之狂想暴行，又或明或暗、著著實實地重見於今日——彼其初時，表面亦似循例依制行事，以便揚言於法有據；陰地則威逼利誘，羈縻同夥、無所不用其極。迨得操持大柄，便罔顧國運顛危，民命勞瘁，隨己意欲所至，別立異規。

時則投誠他邦，毀棄自家文化；時則寄情外域，專鶩個人聲稱。馴至輕蔑衆議，塗改憲章；餘燄流毒，召致災殃。其爲動止，蓋已遠超乎古代亦君亦師、猶思益世利民之梟主；而純爲假仁假義、一味欺世誣民之巨盜矣。可是差近整個世紀之久，大陸屢以變色，嗣且延及孤懸之海島，愈來愈形詭異。横逆之勢，莫可遏止，豈非我華族將見臨巖崩墜之奇險乎？

客又曰：方今世界先進各國，悉以勵行政治民主而內安外強，著跡揚聲。我國邇近亦已盡情開放禁制，大力推動選舉，可以謂之充份順通民意，何獨反致亂象紛紜？曰：「子固知一而忘二，見顯而忽隱者耳。」須知此中所當究問之根基，仍在從政者居心之「是公？」或「是私？」以爲斷。蓋依歷史之發展程式，定在「事皆人爲」或「天聽自民」之自然法則而論：凡人之視國家爲公器，則從政必以服務爲前提，一切措置，盡循法度，故有開發國家踏實誠正之選舉，而眞能極「民自爲主」之本義。反之，如視國家爲私財，則主政必以利己爲先著，一切行動，全在掠奪，乃有落後國家玩法僞冒之選舉，而適以致「民日愚賤」之窘境。然此二者之分異，更復有所爲主因——「性德」之是否得其「教養」而促成。落在各個民族文化之大流下作理解，例如：西方社會傳統，政府之外，另有教會相與並行，各司其職。儘管執政者之在政府，可是國家元首，權傾一世，卻仍得加入教會活動，與衆人同屬上帝子民。所以一入教堂，便屈為司鐸或主教、或牧師席下之信徒，由而養成謙卑、博愛之美德，至少習為自制或他制，不敢輕藐自家兄弟，胡作妄為，否則必將引致群起反對而一敗塗地。（歷史上之嘗有教宗或主教專橫攬權、殘民以逞者；亦有狂熱教徒乃至妄人，憑藉武力侵凌虐害他族之不同信仰和文化者，固別有理勢可說，當另論。）

至於中國，固無類似彼方組織嚴峻的教團，卻也本有全幅敞開，讓人皆可經由存心養性以成聖成賢的「孔孟教旨」，為普遍大衆所體會信持，自然結聚或蘊育出一種浩浩昭昭、流布宇宙之正義或正氣，輒予不肖之徒、尤其是帝王卿相以無形之影響和壓力，而稍收警示惕厲的作用（此方式，在於群體公共事務之處理，確未可語於盡善；然就一一獨體及所合成之整個民族直上直下的精神位格或存在價值言，則亦別有充實而光輝之義理所寄而當另說。從來儒者與夫當代新儒家大師，申論至為豐備，可供參詳）。然而甚可惜者是：最近百年來，初由少數幾個浮現社會表層、活躍文化圈裡、擬於超特智者的狂態分子，懷利喪志，數典忘祖，運用煽惑本能，撥弄相關機制，催動朝野官民，一唯西方強勢外貌是崇，物質科學是尚，拋置故國進德修身之學於無足輕重之地；或且以為有礙「現代化」進程而極端蔑視排斥之。看他們規劃之政策方略與政府單位，雖有教育部、廳、局、校乃至名目繁多的學會或基金、委員會等等之施設，究其內容，則莫非俱為物理物實，外在知識之追求，即偶有明白標榜人文研究之項目，亦惟是邏輯地作些與己無關之資料分析和陳列。而相對於官場政治，實能發揮蒙以養正，治練性情，玉成人格，如古來書院講學論道、社團砥德礪善之美俗良風，早已杳如烟雲，蕩然無存矣。甚者且藉言隨順民心，適應潮流；鼓盪兇惡，刺激愚頑，朝野各界，一致地爭先恐後，倡行種種歪風邪運，奇辭怪說，以譁衆取寵，誨淫誨盜。夫唯如是，乃致我整個族類之精神意識，盡成變態，莫能眞知生命存在之價值意義而盲爽發狂，橫決氾濫——爲民則不辨善惡，不懼刑罰；爲官則不重廉恥、不畏物議。少不懷惠，老不安生；寇匪蠭起，奸宄叢集，凡所見之外表美麗多不免於內藏酖毒。包括位踞上首，職司要衝，將以正人治事者之自身，亦因幼失善教，長欠清沐；習於詐欺反覆，事事粉飾誣枉，竟日悖理犯義，又復自鳴得意，則國事之頹廢，未審伊於胡底也。

六、結語：略申徹底維新的救治之道

然則大勢所趨，果無可以救治之方乎？曰：是亦不然。須知人心好善、原本天賦，社會群倫，十之八九，仍是良知不泯者：縱或已淪於惡類，亦非絕無幡然醒悟之情境：試觀其人，每於無關利害、未被蒙蔽時刻，仍能直覺地粗辨是非，稍知邪正，即可證之。至於更多執德信道之士，往往急人之難，救人之危，與辦利他事業，參與義務活動。或則惠施千里，或則謀及後世。奔走呼籲，終身不倦。類此高誼，本質固足媲美聖賢，甚值感念。只是其所作爲，在於社會統盤基礎和方向，完全錯亂之情勢下，將一如溪澗涓滴，僅可供單身過客跋涉勞累後之清新調劑，殊難以言：解大地乾涸，蘇徧國深重之疲困。蓋其滋潤不廣，化行有限，未可眞語於「兼善天下」也。由是即見：從來人之希冀出仕參政，並不得定然以貪利祿、享富貴相鄙視，而正有可憑以達大舜「與人爲善」（〈孟子公孫丑上〉），及孔子所云：「鳥獸不可與同群，吾非斯人之徒與而誰與？天下有道，丘不與易」（〈微子〉）之宏效和理想在。所以一時代危難之紓解，乃須藉賴居政治要衝者之撥亂反正。不過，先決條件是該居要衝者，必須具有成功不必在我之雅量，竭盡開關引路之職責方可。孔子又曰：「無爲而治者，其舜也與？夫何爲哉，恭己正南面而已矣。」（〈衛靈公篇〉）孟子曰：「君哉舜也，有天下而不與焉」（〈滕文公上〉）又曰：「舜明於庶物，察於人倫，由仁義行，非行仁義也。」（〈離婁下〉）這幾則對於大舜君德的贊語，套在今之主政者言，就是要充份了解世變情態與應對原則，舉用適時適所之人才；然後若遠航機師、舵手之掌握儀表，轉正方向，對準目標便是了；餘則付諸專家，不可凡事親控，處處自以爲是，反致能者縛手縛足，無法施展所長。若或憑恃大權在握，而惟我見是恣，佞諛是從，蓄意排除異己，打擊賢善，則恐已非「自毀長城」之一語可喻，直是踏著亡國喪邦之途而進矣。

目前社會人所共感之邪辟劇亂、巧僞乖張，既如前言：全在作爲官、民個體人生基源之心性失其正向，幾至瀕於崩解所使然，則救之之道，務必切入這個層面作思考，立即恢復儒家聖人期於成德達材之品性教學始得。於是，不免想起孟子——「七年之病，求三年之艾，不畜則不得」的名言（離婁上）。吾人現在遭際，正處於久病待藥之勢，且非七年、三年短時之糾結可比；而是七、八十年甚至百年數百年種下之惡因，有待至少二、三十年之認眞翻修才能獲致善果的。此在沉迷於短視近利者看來，或將以爲緩不濟急，莫肯採納。然若放著惟一有效之良方不用而再三遷延，儘是頭疼醫頭、腳疼醫腳地定些方案，創些法條，作些計劃；抓幾個罪犯，破幾個刑案，除幾個敗類，乃至煞有介事地聲言改造，張羅會談，亦只如陳鍋炒飯，翻來覆去，徒讓少數幾個面貌光鮮的游士，放言高論一番罷了，從無有效之良方新味可言。所以終究是社會煙塵，滾滾不息，一波未平，一波又起，永無能望解決之時。何況執行醫疼、平波之人，較諸罹疼、興波者流，並未特經好的教養而果眞優良，只以機緣各異而我適任此以繩彼耳！請看廟堂內外，各階各層人士之相批互鬥或關說貨賂，鮮不同其黑心，易地而皆然？便知吾言之絕不爲誣也。

依於以上更迭之論列，吾人覺得今之成人，應有一「重播美種、再植嘉禾」之徹底維新觀念，是即：針對刻下方生之嬰孩長大後（約二、三十年），如何得使其不再爲惡、或以惡行爲羞恥之遠猷。當前已罹沉疴之社會病變，固不能不徑行施藥下針，以事急診；但須確知膏肓之症，復原爲難，勢必愈久愈加擴散，終致不可挽救。以是，則惟有先患預防，製訂長策，期於數十年後另批或另一代新生命之完璧無瑕，孑然獨造。此事之始發，當然是越早越好，但亦無過時不可爲之定限。要者，在身繫天下安危主政之個人或集團，一朝有悟，本於饑溺猶己之痛感，隨機隨緣，撥正宏治方針便成。具體的作法，並非險巇難爲，只須知得亂源戢止之必賴於教化，放下「朕即國家」或「惟我獨尊」之迷思，愼用名器，敬禮師儒；多置研究院所，發展學術。獎勸鼓勵，尤須「人文」與「科技」同其比重。而於道德文章，精神志業卓著聲譽之賢哲，特加崇隆。使人皆自覺以道成爲樂，德貴爲榮；無專於科技之一枝獨秀而自詡自傲，虛矯矜持；偏傾於物質建設以窮極生活享樂，助長淫欲橫流。由而蔚爲風氣，衍爲潮流；然後可以陶鑄人品，蕩滌惡俗。則積三、四十年乃至百年之功，我國家社會、或且延及域外他邦而共慶安和、達於郅治矣。鄙見大向如是，細則自在各行蒞職方家之斟酌謀劃，非本文之所能詳敘。人果有心於天下之拯援乎！何不就此思行推充爲快也。

伍、人性本善與道德實踐

——關於牟宗三先生歷史、社會文化理念之繹述

一九九八年九月於「牟宗三與當代新儒學國際學術會議」發表

一、引言

本文主題《人性本善與道德實踐》，如實言之，乃整個儒家思想精神內容之所存。然吾人今之舉為論證標的者，則統是循由牟宗三先生生平之點撥指引作推述，因此、首當略介先生最所堅持的學思理念之大要。

如所周知，牟先生為近世中國甚富創闢性、批導性的思想（哲學）家；同時也是當代新儒家特具影響力之義務導師或道德家。他數十年如一日潛心力探古今中外聖哲之成說品行，至於闡發天人至理，開示踐履坦途：就其主觀個人之修契言，固已達充實而光輝的美大之境；而所裨於客觀社會或世界之學術效益，則更可謂之少有匹敵。於是，我們認為果欲表彰先生之學思程態，應可從兩種進路以為釐定：一即學養淵博—

——積聚豐懋之術業與睿知；一即情懷眞摯——通體明朗之盡性而至命。

語夫前者：要在著作如林，妙解似神，足使人凜乎學理架構之浩瀚莊嚴，與機趣義蘊之洋溢豐沛。蓋先生自大學始業，終其生孜孜矻矻，埋首書籍，沉潛道妙，故能成就百千萬言之偉論；開抉往聖前賢各別大系幽隱之統緒——初由外用之知性發端，認得邏輯、數學理性之所是和所能，肯定西學分解地盡理之基本進路而善運之；繼復透至智底直覺解悟，把握形上精神實體、衍生形下物質器界之大化原則；依佛家「一心開二門」，及康德的「現象與物自身」之說，創「執與無執」的兩層存有，立「分別說與非分別說」並存之辨識；終歸於本孔孟仁義之教而極成「德福一致」之《圓善論》。

語夫後者，則見其凡所措意之言語興作，皆出於生命存在之實感與親證，全幅是道德本懷之爲生活的踐履；而依以爲基幹，顯現悲願無窮之投映和關照者，便是早歲即已充份昭露的切切於人類歷史社會之文化而注其精誠。由此勢如江河之源頭活水、相續不斷、鍥而不舍，乃有爾後一部一部相引而至之巨著之構撰行於世，是固先生志意堅毅、所成終始調理、偉岸高卓之人格型範也。筆者識淺才疏、既不克隨其深遠無涯之學理思域有所紹述；爰就此人文理念所蘊之眞際，依愚陋之感，聊申大意於一二。只是仍恐猶未盡得，還望識者有以開誠而教之。

二、歷史、社會文化存有意義之肯定與詮釋

牟先生之歷史、社會文化觀，可自其早期經歷抗戰前後之學潮歪風，及大陸變色、避難來台講學各階段，感於世局擾攘，國是日非，而深懷憂危所反省潛思撰寫的《生命的學問》、《歷史哲學》、《道德的理想主義》、《政道與治道》諸書之論旨，獲得總體的架構形式的了知。在此，我們且不妨先爲一語以概之——即對歷史、社會文化之爲理性的存有意義之肯定與詮釋。惟本文則不取一般條列原著以行析論之定格，僅憑筆者理解所能及之意念或直覺以事繹述，是故初立主題曰：《人性本善與道德實踐》。雖若名目嫌於儱侗，實由內容敷陳之分際，各有攸當而不得不兩存其義之權稱也。這裡請先就「文化」一物事，明其得謂「存有意義」之所是。

宇宙間任何物事之存在乃至生發成長，必有其所以得爲存在之理由，是之謂「意義」——意義者，價值重輕之衡準也。文化爲人類生活動止所成之業蹟，且是合群併力、因故習常共創之大宗業蹟，其必有理由之貫串於中、並顯爲價值意義之存在，固無庸疑。惟其實質內容如何？則須就「人之所以爲人」者而斷之；而人之爲人，自太初玄元肇始，迭經生生死死，起起落落之無窮世紀不絕，皆若與普通萬物、同爲一自然生物之延續演化。但在吾人今時反思若干千或萬年前，先民漸依天賦條件而利物致

用、聚族營生，便見其爲宿具優勝於他物本能之存在；嗣復逐步進展，至於發明文字，表白意見；蔚爲語言對應，思想交通之社會組織和制度，則更有顯異於他物之高度的文化意識而別如天壤矣。迨及凡民滋多，物域愈廣，則因習染殊方，導引知識認證之或得於此，或得於彼，自屬常情之所難免，而亦胸襟開擴，志業張拓之所必至。然而天常之中，成敗興廢，悉由自召：乃有太多人之迷途而不知返，放心而不思歸；且自甘之如飴，趨之若鶩，忘其天賦之所以爲人者，則不僅無或超脫於他物，抑將淪於相與同等之境地，如孟子所謂「飽食煖衣，逸居而無教，則近於禽獸。」遂致進化結果，反莫若玄元太初渾沌之狀之爲得也。於是，孟子繼復舉例曰：「聖人（堯舜）有憂之，使契爲司徒，教以人倫：父子有親，君臣有義，夫婦有別，長幼有序，朋友有信。」再加上益之掌火烈山，禹之治水疏河，與夫后稷之稼穡樹藝，使民得平土而居，五穀而食❶，是故有唐虞三代國治天下平之盛況。

逮及夏、殷末世，與春秋、戰國之期，果眞人心不古，道德衰敝，邪說暴行，代作代興，至於「臣弒其君者有之，子弒其父者有之」，其極且幾達乎「率獸食人，人將相食」之慘狀❷，然後孔孟爲之甚懼，起而倡行教化以事救正：其從入之徑路，即

❶ 以上記言和紀事，均見《孟子》〈滕文公上篇〉。

❷ 均見《孟子》〈滕文公下篇〉。

直接提示人之始生的本質，原係至善而非惡——孔子則以爲「人之生也直」，不當是「罔之生也幸而免」（《論語雍也篇》），因而揭櫫仁爲中心的教旨，肯定「仁者人也」（《中庸》引）。明言「爲仁由己」（〈顏淵篇〉）；「里（居）仁爲美」；「君子無終食之間違仁，造次必於是，顚沛必於是」（均見〈里仁篇〉）。孟子則承孔子之仁教，見得人所異於禽獸之幾希，一再具稱：「舜明於庶物，察於人倫，由仁義行，非行仁義也。」（〈離婁下〉）「舜之居深山之中，與木石居，與鹿豕遊，其所以異於深山之野人者幾希；及其聞一善言，見一善行，若決江河，沛然莫之能禦。」（〈盡心上〉）所以力主「人性本善」，申言「惻隱……羞惡……辭讓……是非之心」，爲人之能爲「仁、義、禮、智」之「四端」。凡此，皆是從生命源頭處，揭露人之所以爲人，與人之應當如何自安於爲人。切實而言，亦即體天常、立人極，亘古亘今、不容廢弛、不容異議之盛事，故能開爾後中國數千年歷史文化之正向，形成光輝顯耀之大勢。雖在迤邐進展之過程中，饒有許多非理性物事如：暴君恣欲，酷吏虐民，奸貪行險，邪穢當權種種惡劣現實之生發；而整個華族生命精神之企願乎德化，奔趨於善道，總由儒者之前仆後繼地運轉推移下奮揚不息——漢唐威儀，感通胡越；宋明理學，融攝佛老。政刑有度，藝業常新。於以造就獨一天挺式的人文爲尚，禮義爲宗，衆皆可與於踐行之道德傳統，亦云美矣！

惜乎衍至清世，皇家（朝廷）以部族統治之狹隘心理，拑制思想，誘引士子傾力於虛榮淺利之競爭逐求；迫使學者屈志於餖飣瑣屑之考據訓詁。久假不歸，人便不復知聖賢學問之何是，民族義命之當續。適於此際，又遭逢一個唯物量器械是崇，實用功利是倡之西學，挾著堅船利礮、蠶食鯨吞的侵略野心席捲東來，遂致民初浮妄之徒，一味舍故趨新，甚至極端鄙薄中學、惟望西化，公然敵視傳統，詛咒先賢，攻擊破壞、不遺餘力。以是文教日疏，亂象畢露：野心家鑽隙猛鬥以奪權，然後控屠異己，如宰雞羊；衆百姓隨波逐流而失所，終淪強劫他人，如刈草芥。近百年間，利用之物，似以工於摹仿而稍有改進；厚生之方，卻因忽於善誘而反成禍害。所幸濁浪滔滔、赤燄熊熊之中，獨有少數宿儒知幾其神，不隨瓦釜雷鳴，固守黃鐘正韻，抱「千萬人吾往矣」之大勇，「保孤明以存千古，握天樞以爭剝復。」❸惟精惟一，不厭不倦。乃得衆多有爲有守之青年志士同心共感，蔚爲當代新儒家之流風雅緻：先是熊（十力）梁（漱溟）馬（一浮）林（宰平）……諸老先生之砥柱於大陸；繼之則張（君勱）唐（君毅）牟（宗三）徐（復觀）……等教授之揚聲於海外。其間由牟先生之多年往還台、港講學，至於髦髫遐齡不休，影響最爲深廣。

❸ 含意出自王船山。牟先生致王道函曾順之以造此語。

先生畢生之所成就和用心，前文大體言之，不能盡意。此下則專就其始終一貫，關懷歷史、社會文化之高潔理念下，肯定人類實能創造之根基——人性本善；及應爲實踐之途轍——道、學、政三事分別陳明之。

三、人性本善深層義理之解析

(一)人性本善即實現之理之義解

夫所謂「人性本善」，如前所言，蓋緣於孔、孟見得衰世末運，人之退墮於物化而不自知，是故直揭人有先天固具、本然良善之心性，以釐清人不可與鳥獸同群，及所以異於禽獸之幾希，由而創闢「守仁行禮」之教旨，發明「盡心、知性、知天」之奧義。這是爲人之生於天壤，建立其卓絕挺拔，自爾應然，且必須備足的穩固基礎和先決條件。古人稱「天不生仲尼，萬古如長夜。」「孟子功高於禹稷。」誠貼切至當之巧譬善喻也。

不過，所云人有先天良善之本質，初亦只表示一潛在之可能，並非謂其爲現成之已然或固然。原因是人之爲生，畢竟跨屬精神與物質之兩境：精神者，心靈之徵象，主乎身而無形；物質者，身軀之屬性，役於心而有迹。無形則易流於疏忽，有迹則易見其執著，是通常人所以輒有隨而生起之種種欲求，如果順隨這欲求的方面一往前奔，不由良善心性爲主以運籌制節，則終將下墮，齊於全無價值意義之他物甚至禽獸，而原本良善之心性，亦遂退隱而歸於晦冥——縱謂其有，實等於無。所以人若欲得成就異於他物或禽獸之高尚人格，正復有無窮乃至終身不能稍懈之工夫待作。《易、文言》曰：「聖人作而萬物覩。本乎天者親上，本乎地者親下，則各從其類也。」是「作」之工夫，必有所本於天地。天上、地下，流形其間者，莫非一個「親」字；親則爲良善心性具體遍運、足致萬物各以類相順從之效應。此即孟子論「不動心」所以極於「配義與道」的「浩然之氣」；而牟先生則以心性主體之能盡性踐形爲「實現之理」故也。❹

「實現之理」之爲名義，是相對於「形成之理」立意的。粗看二者似屬平列，實則應有等級程序之分：關鍵即在就天人合體之生道而言，明有心、物位階上下之不同——前者依超越而內在之心性之主動發露，故曰「實現」；後者取流衍而外露之物事之自然湊聚，故曰「形成」。實現，則見有意志之選擇：既名爲理，便表明是實

---

❹ 孟子論「不動心」，見〈公孫丑上：知言養氣章〉。牟先生言「實現之理」，具存於《道德的理想主義》〈論無人性與人無定義〉一文。

質良善之執著；中國先哲，就是從這內具於己之眞際，逆覺地體會進去，故可徑謂之「性善」或「良知」。形成，則爲無目的之偶遇，亦命以理，乃曲許其在經驗過程中之邏輯法則的作用，西方智者，就是依彼外顯相對之形式，順向地下手把捉，故能開啓「認知」而著「實用」。若刻就文化領域判其經營或造作的價值：後者——形成之理，則以不關成敗得失，而純屬中性無記之概念；前者——實現之理，則以必辨是非善惡，而足爲守常應變之準則。所以在於人之生命活動中，一則祇管前衝，無所顧慮，結果是成得什麼，就算什麼；一則通觀全局，常懷憂懼，輒至於有所必爲，有所不爲。此便是中西歷史及社會文化異途分進之大勢。就各自既見之績效而言，或已蔚爲龐大豐盛的知識世界；或已極成高卓浩渺之道德宇宙，本質上並無不相容受的衝突，而正可互補互助以臻愈加完美之整體，推致人類于無窮之福德境地矣。

然而近世學者，卻常於其間有畸輕畸重之偏好、甚或執持一端、肆其情識以攻訐他人議論之不合己意者。究其所以然之故，則並非資性不敏，爲學不勤，要在致思之未得環中也。根本處，即由對形上、形下之兩界，無有感通耳。此而無感，則必置超越的「實現之理」於無取；而惟知性或感觸可及的「形成之理」一邊之逐求與利用。這個領域，當然也是無限地寬廣，而所爲內容物事，且必是無限地繁複衆多的。人之投擲其中，拾掇所有，正如海灘拾貝之不勝盡收，而又全被吸引佇足，莫肯移身向前，終致僅識此境，不復知有彼岸之別蘊珍藏。縱有好心語之者，亦常遭蔑視、輕鄙而詆譭屏棄之。類此情景，在於專研物理物實，獨擅邏輯法則之科學家，容或可以諒解；最難令人設想者，是許多從事人文理想價值之探討──包括所謂歷史學、社會學、哲學、人類學者……之流，竟也屈身自抑，跟在惟形下器界是剖是析的科學家後面吶喊助勢。他們意在方便科學利刃的進展，輒爲創製種種反人文、誤人文之乖僻違理之說辭，美其名曰某某主義──如唯物主義、結構主義（反）、經驗主義、實用主義（誤），乃至極具煽惑性的反資本之共產主義，反規範性之自由主義等等，統皆不識自家心性本善、或識之亦不承認──因爲會妨礙其劣陋情欲與陰暗意識之恣縱伸舒也。看他們的論說行止，有時也頗似持之有故，言之成理，甚至昂揚似勇，淨潔似清，但在絕對眞理之照映下，無不同屬大惡大非下之小善小是；大私大害下之小公小利。從歷史、社會的角度去考察，凡由此類人或信受此類思想人之得勢當權，未見有不奸貪險詐，變小善小是爲大惡大非；移小公小利爲大私大害，弄得天下紛亂而原形畢露者。依於此種幾近必然之情實，可知古聖前賢之論人抉事、特別首揭人性本善之教，導使回歸所以爲人，且必期於誠意、正心、修身、齊家、治國、平天下之大效，其義旨與構思，豈不至爲深遠乎！人其焉得反而誣之也？

㈡惡行之爲無實體性的紛雜

在此，或亦有致疑於人性之既善矣，何以世間卻仍有許多不堪聞問之惡人、惡事？其起源究又如何？這確實是個嚴酷而必須正視、並予對治的問題。從來宗教家之所作爲，時無論古今，派無分大小，基本上莫不是針對此一課題而用心致力者。其間自有甚足引起學者、通人共感共鳴之顯教——如佛教、基督教……之普行於世。前者依緣起無明觀點，概括一切之現實存有爲苦海輪迴，得藉佛心大悲以化轉之。後者則以亞當、夏娃偷吃禁果而致原罪，必賴上帝垂愛始得救拔。二說皆可由「誠則明、明則動」而致堅定信仰者之中心悅服。然吾人於此，則總覺猶有理未盡圓者；要在「善」與「惡」之永爲相等對峙之存有——佛或上帝依大願大愛，從善界投身於惡界，又憑神感神通轉化惡世爲善世；但因其必豎一惡之形象以爲所對，則只要現實世界一日未得消除，那麼神佛之投身救贖，亦便永遠不得停止，而有若與魔鬼終天各據山頭較力之嫌。此於至理自未極於圓順，所以牟先生取《墨經》「堅白離、盈」之說，直判耶教爲「離教」；於佛（老）則雖不謂離，而亦祇算得「偏盈」；惟儒聖之教，乃可以稱之爲「正盈」❺。我們詳審儒家經籍，似無明顯相對於「善」而申言「惡」

---

❺ 義見《現象與物自身》七章之十三節頁四五五。

之何是和起原者，僅有就人之行爲失檢、流於偏蔽，而隨各別之情態以爲之指示或非斥：如便佞巧僞，放辟邪侈，乃至貪婪奸險，暴虐戕賊等一些描述型的語詞。此其故何也？實因儒者心中，原無相對於「善」之「惡」的地位可言耳！此本是一具無限包容量的「直方大」之存想，卻與世界許多專以攻治罪惡爲重心或目的的思想文化大系，顯不同途。然而一般好作聰明之徒，遂徑謂儒家思想與中國文化爲淺露，則誠不思而適以自墮無明之甚也。

於是，竊以爲今之君子，首須知得儒聖之思理，其於宇宙滿眼所見，惟是一個完美無缺的本體。所以《易經》以乾坤二卦表象天地：象傳稱「大哉乾元，萬物資始，乃統天。」「至哉坤元，萬物資生，乃順承天。」繫辭下傳則總結之於一語「天地之大德曰生。」至於《中庸》二十六章則盛稱「天地之道，可一言而盡也：其爲物不貳，則其生物不測。」又引「詩云：『維天之命，於穆不已。』」終至於極贊曰：「『上天之載，無聲無臭』至矣。」由而揭爲超越普遍之實理，依人之生命精神對越而言之：孔子則謂之「仁」，孟子則謂之「善」。曰仁、曰善，實體是一。不過孟子秉孔子「爲仁由己」之義，徑就內在於人之心性而稱「性善」，是更進而爲凡民指證並奠立其易於解悟之根基耳。此一義路，後世正宗儒者，乃至若干異家之宣說，似皆默識信守不能有非議❻。茲爲釐清善、惡相關之分際，使長久以來模糊印象之歸於明朗，吾人正可循孟子言意所至而辨其實理之深蘊。如曰：

> 浩然之氣，至大至剛。以直養而無害，則塞於天地之間。（公孫丑上）
>
> 盡其心者，知其性也；知其性，則知天矣。存其心，養其性，所以事天也。殀壽不貳，修身以俟之，所以立命也。（盡心上）
>
> 萬物皆備於我矣。反身而誠，樂莫大焉。強恕而行，求仁莫近焉。（同上）
>
> 君子所過者化，所存者神，上下與天地同流。（同上）

諸如比類之觀念❼，試作「充類至義之盡」之通詮，則分明蘊有兩種不可否認的情實：一即宇宙間純粹是個善爲本體之發用與流形；一即人生之順其正性以爲活動，則將見全幅是美善之行事與人格。就在這種意理之涵蘊和印持下，所以傳統儒家，自然銷解了惡之可爲對立存有的地位。明白言之，亦即根本無有所謂惡之定然爲彼不爲

---

❻ 縱有輕爲異議，如荀卿主「性惡」，董仲舒主「性禾善米」，亦終因肯定人之「能爲禮義」、「能受王教」，反而證成了孟子性善之說。

❼ 宋明儒中開宗衍派之大師如周濂溪、張橫渠、程明道、胡五峰、陸象山、王陽明、劉蕺山皆秉之有概仲。

此的一個主體性物事，它只是一些散亂紛歧、歪曲荒謬又互不相容的污穢雜質而已矣。其流出之處，在宇宙，則因生生之善體有闢翕；在人身，則因孜孜之善行有類分；中間不免留下些許空隙，得爲所乘致然也。如是，則凡人之願欲蔚成眞善者，便只須時時堅執其本然向善之決心即可達至，而又何用咻咻焉必豎一惡之敵體，相與周旋，徒事無裨世務之煩苦乎！❽下請複舉《中庸》三章，以供會驗。

首章有言：

天命之謂性，率性之謂道，修道之謂教。道也者，不可須臾離也，可離非道也。是故君子戒愼乎其所不睹，恐懼乎其所不聞。莫見乎隱，莫顯乎微，故君子愼其獨也。喜怒哀樂之未發，謂之中；發而皆中節，謂之和。中也者，天下之大本也；和也者，天下之達道也。致中和，天地位焉，萬物育焉。

二十章又言：

---

❽ 以上關於善、惡理念之疏論，拙著另有〈孟子性善論與人生存在意義之省察〉一文曾予詳析。論文發表於美國孔孟學會一九九〇年六月在洛杉磯加州大學分校舉辦的〈國際孔孟思想與中國文化前途研討會〉。台北鵝湖雜誌十六卷五期一八五號曾有刊出。今則編列本書之第柒章。

誠者，天之道也；誠之者，人之道也。誠者不勉而中，不思而得，從容中道，聖人也。誠之者，擇善而固執之者也。博學之，審問之，愼思之，明辨之，篤行之。有弗學，學之弗能弗措也；有弗問，問之弗知弗措也；有弗思，思之弗得弗措也；有弗辨，辨之弗明弗措也；有弗行，行之弗篤弗措也。果能此道矣，雖愚必明，雖柔必強。

二十五章又言：

誠者自成也，而道自道也。誠者物之終始，不誠無物。是故君子誠之爲貴。誠者非自成己而已也，所以成物也。成己，仁也；成物，知也。性之德也，合內外之道也，故時措之宜也。

觀此三則經文之義旨，其所昭示修德明善之正途，豈不至切至當？人果眞能愼獨存誠，見微知著，深體而力行之，則企於心、身、家、國、天下之安護以臻至善，得毋如海闊天空、魚躍鳶飛之悠游翺翔，綽綽然有餘裕哉！

四、道德實踐與歷史、社會之關涉

㈠道德實踐為主運而後歷史、社會有正向

「實踐」之為辭語或觀念，是中國傳統思想、尤其是儒家思想中特別重視的一個環節：表義即心志、言說之所存想或解悟，俱須付諸行動，得使成為具體可徵且見效驗之物事——實者，著落具現；踐者，踔厲發揚。譬如：欲觀泰山，便往登泰山；欲測北海，便臨蒞北海。當其成事，即為實踐；不及實踐，則事不成。此自古聖賢學者共知共感而必敬謹循持之大節也。惟天下待成之物事無窮，而人類相應之實踐猥多，數既不可以枚舉，義亦難於別對錯，則要須區分「善或是」與「惡或非」之兩個大類以抉之——善或是者則合理，惡或非者則悖理，所以去此即彼，捨彼即此，二者全相對反，絕無可容左右遊移之中間駐足點。❾依此為判，則實踐行為之或豐或儉、及能否悉數列舉標示，倒是無甚要緊，因為人之才性智能各殊，向於此或向於彼，為之多

❾ 王陽明四句教有「無善無惡心之體」，即意謂「無善無惡，便是大善」蓋肯定善心為絕對之超越體也。俗世間有「不為善，亦不為惡」之說，揆其本情，乃不欲與外界爭是非以相滋擾，則仍是善類也。惟告子必以「無善、無不善」歸於本性之定然如是；則不免於孟子之非斥也。

或爲之少，其間並無高下賢鄙之可言。問題惟在：一一當下之視聽言動，恰不恰合通全人類而皆然的、好善惡惡之本性本情？——恰合乎本性本情者爲是而當有；不恰合者則爲非而當戒。這是個普遍有效的、定然不可或缺的準則。否則，人各但憑私己之興會立意，而是其所是，非其所非如某黨或某類人之本在嗜殺搗亂，卻託辭改革，儼然自命爲實踐，則天下百姓便勢必遭致大殃矣。儒家聖人，正是先見得將有此種弊害之臨至，所以殫思竭慮開發人生實蘊——既內在又超越之仁心、善性、良知、天理爲眞體，由之以應萬事萬物，然後萬事萬物始可各得其所而無虧欠。至於當代新儒家，則以現前世學之惟多元是崇、雜技是競，而亦牟先生所以撮其要歸，統括於兩語：「理智一元論」與「科學一層論」之橫決泛濫，盪激衆皆專務自我權益，不管他人死活之情勢愈烈，故特於「實踐」之先，加一表述善意之主辭，而曰「道德實踐」，蓋以奠宇宙人生必然之正趨，而規歷史文化、社會機制日漸湛美之清流也。

(二)近世學者心態及風尚歧異之故

然則執多元是崇、雜技是競之見者，果何所爲思乎？嘗試察之，彼其先，固惟繫戀於個人之現實享樂與權力擴張，然後要爲欠缺客觀貢獻而內省有疚之慚德解嘲，便藉著中立而可偏運之邏輯理性、知體常識，千迴百轉地設想套套足慰私懷之畸論或行動方案。其間最爲大膽放言並事煽惑之魁首，則莫如高唱入雲、風靡一世的所謂「唯物主義者」。箇中份子，從始創者之明確認定宇宙爲純粹之物理架構，根本隔絕形上實體動發生生之精神價值，視一切存有（包括人類）皆屬自然氣運變化興滅之物質，任憑強有力者之把玩捉弄，因而導致本世紀幾近過半數國家億萬人民，如陷水深火熱之大災難；迄於今時，仍有太多全無感悟，卻竟名列哲學專家及他科學者之流依隨附和，或則續制新議，資爲末路之掩護；或則蹈襲餘勢，幸圖非分之成功。他們認知之著於歷史，則只是唯物演化的；著於社會，則盡是階級鬥爭的。在「意的牢結」中，他們不僅極盡搧惑能事地誇大資本家的惡形惡狀，以激起工人的仇恨心理，同時也硬梆梆地造作出一套套令人目眩神迷的說辭如所謂「唯物辯證法」，以及「結構性因果」所成「結構性整體」等等的名號。如其實意而言之，無非即謂歷史不過是「時間流逝之過程」；社會不過是「空間呈顯的狀態」。根本與人之行事無關，所以無有所謂歷史之目的，社會之目的。人只在於自然結構的歷史、社會之整體結構中，任情恣意地尋求自己的需要，實現自己的目的。這就是他們津津樂道及所渴望的個人「自由生活」與「歷史實踐」、「社會實踐」之理論基調。他們不承認總一切古今人共同意識、共同努力創發的行迹和事業爲歷史、爲社會。以爲這樣就沒有個人自由選擇和達成自我欲求之可能，而只有照他們所定各自爲政的方式去進行才算得。於此，我們深覺大可值得疑慮之處甚多，茲且僅取基本而切要者一問之：

首先是，自古至今，整個人類或人群，究竟有無共同一貫之向往——如眞、善、美之情境者？由此延伸追進，即人間世界，有沒有，或需不需要有善惡、正邪、公私、忠奸、誠僞、廉貪……等等之界別和明辨。若謂無之！則人類全幅之動作云爲，已儘成盲目充耳的混水摸魚或弱肉強食場景！你又何必計較這爲什麼？那爲什麼？而遍中外古今所有之獎懲褒貶，書記議論，豈不俱如無的放矢之無聊！若謂其有，則在不認許超越的道德實體、亦即至善之心性之一元統會下，又由誰來定原則、立判準、分是非？結果，豈不將更使你我互相對峙角力，攘爭無已乎！

當然，他們對於此類之疑難，應非不曾或無能思以及之。但是，其所作出的處理，則常是草率輕蔑視之。即：或則虛應故事式的把一個立體嚴肅的根本問題，丟擲於形下層之物物交引、事事關聯處自會有其足以制衡，如所謂「物競天擇，適者生存」之片面法則去解釋。這是科學家滿眼俱爲物勢機括的態度，雖未造於形上實理之得安護生命之境地，若能謹守分寸，倒也無甚大害。最可憂懼者，乃有一波波以說教責任自負的文、史、哲學之士，往往因爲初只基於潛在意氣之鼓盪，理智地形成種種浮薄的想法，以致所領風騷之如海市蜃樓般乍現乍滅；而繼起之好爲詭異者卻仍不思改轍，滿懷興奮地追騖而不疲。那就是最近這百有餘年來，一些反抗政治上掌控大權者的獨裁專制，不自覺地移情轉向，遷怒至「絕對精神」之否定；尤其對於西方某些主張絕對精神說者之被專制獨夫利用之嫌惡，再伸到中國素所服膺的「天道性命」義旨之鄙夷，便無條件、實際上也是昧然專斷地將原本「雖有限而可無限」之人類，劃歸與永屬有限之其他萬物、同居於所謂「結構性因果」成就下之「結構性歷史整體、社會整體」之帷幕中，然後看其關於歷史、社會實踐之能否，便會懵然對傳統儒家學者，依道德主體所為道德實踐，有感如「風馬牛之不相及」而大不見容，且高張旗鼓，任意謗詆矣。❿然而這樣的行徑，我總覺得有似明知其非義，又故意推愆諉過，栽贓嫁禍於巨眼旁觀人，如俗諺所云「惡人先告狀」之荒誕不經。因為事實證明，他們不僅淺化了問題的深層義理，而且近乎居心叵測的要把世界秩序弄得糜爛不堪。縱或他們也有想依自己主意重構一個獨見為得的世界，可是採取與大理完全相悖的手段，便必然只有破壞，而不可能有建設。試想：儒家既以「人可無限」之本質上齊於絕對精神，或即以絕對精神，實係人可無限之體性之投映、聚合所昭露，然後由其迴護而下肇歷史、成社會，又如何翻謂實踐將受歷史、社會制限，而無自由選擇之可言。泄泄沓沓之詖辭，求信於愚衆之不足，而企望為明智君子道也，志亦陋矣！

---

❿ 諸如此類者甚多，圍攻之眾，則以牟宗三先生為最。

五、理想充拓下之道、學、政三統並建

(一)理想充拓與中西思想之交流互補

歷史、社會，就名言上看，猶只是人依時、空架構所爲實踐活動的兩個形式辭語，中間之必有基於理想灌注所成之文化物事，及繁複無窮之節目內容，則無待於明言。姑爲沉心審察：且看年代無始之縱的（歷史）衍進，空距無邊之橫的（社會）擴張，正不知曾已歷經多少興滅繼絕與變化遷移；即以今人自謂智力得而經營之地理世界而觀，口語所傳，文字所記，遠途近址，千殊萬異，誰能極顯隱鉅細之至，盡知其何是？⓫關此，古今中外深思之士、皆有慮及。惟我先師孔子，依道德本心，守其至一，而見爲自足無待，所以語子路則曰：「知之爲知之，不知爲不知，是知也。」（爲政篇）告子貢則謂：「非多學而識，予一以貫之。」（衛靈公篇）而其自道則更謙稱：「吾少也賤，故多能鄙事；君子多乎哉？不多也。」「吾有知乎哉？無知也。有鄙夫問於我，空空如也，我叩其兩端而竭焉。」（子罕篇）

⓫ 此可見單立認識論應事之限度，若無以持之而一味窮力猛追，則終難免如奔車朽索之自誤誤人。

吾人之例舉諸聖言爲喻，並非立意反知；尤不得謂聖人絕知棄物；要在爲人之必以「成德」爲首出要件之程式下，自會有此表若抑而實無損之託辭或寄語；貼切言之，亦即強調心爲體、物爲用，仁爲主、知爲從之理序之辯證地開示耳。惟其如是，然後仁不浮泛，知不紛馳，主觀之人格理想，可得而肇客觀之文化事業。不過，就個體或集團生命之存具而論，二者卻各有其內涵質能性向之殊別：是即仁以先天之功能而顯心性；知以後天之琢磨而成事物。落在中、西兩個學思系統中，西哲則把握了知的質能性向而強於物之成；中哲則是把握了仁的質能性向而強於性之顯。⑫如今東西學術文化既已緊密接觸，理亦必須互取所長，以補己方之所不足。關此，西方究應如何在智的紛馳中，回歸自身生命之護持以安仁，雖云間有學者通人言說或仿行及之，然猶未聞果眞進於「逆覺體證」及「深造自得」之精警明澈。至於中國，從來讀書人，大皆有以「天下爲己憂」之慮患意識，每當險巇現實劇烈衝擊之際，自必激發「任重致遠」、「辨物居方」⑬之毅力與愼思，則當代新儒家見得西學之別有所長，而虛懷接

⑫ 西人亦自有德之認許，但僅爲客觀互制的公器，無主觀立體義；國人亦自有知的運作，但僅爲主觀投射的光照，無客觀獨體性。

⑬ 前語出自《論語泰伯篇》曾子說；後語見《周易未濟卦》象辭。

納，順勢取之，固其所應然而必至者。他們懲前毖後，於中學則跳脫清世樸學委瑣之蔽；還振宋明義理昂揚之思。於西學則欽仰理性主義之深識；拋卻實用主義之膚泛。刻就所成之文化業績而言，則肯定中西二系各有所大裨於歷史、社會之綱脈，是即牟先生特揭道德、學術、政治而推伸展示之「三統」也。

㈡道統、學統、政統各別之名言與通義

夫「統」之爲義，必以其實得凝聚時空中衆多殊相異位物事於一境而匯成；而衆多異相異位物事之可得凝聚以成統，又必互有相惠相收之共通理想爲依歸。就此內容上看去，足證凡所謂「統」者、原皆屬於先天的道德貫運之場域。「道」與「德」之分義，先秦古籍，多已論證明確，而合併二字成一體段之定名，則似始於韓愈《原道》之文；今人更復連同「理性」一辭，通概謂之「道德理性」，蓋即孟子「道性善」與「可欲之謂善」之『善』的實體義或具體義之表述也。⓮這是個經得起內外縱橫、

⓮ 按「道德理性」一辭，初本是順世界通行之哲學術語——以「理性」爲主體而說者；但細究所謂理性運作的程式，正可因應種種不同內涵而有多種不同之稱謂，如邏輯理性，數學理性、工具理性，而於主體生命中尤具重大意義者則更有知識理性之不可輕忽，故就中國之善的觀念而爲表述，則增爲「道德理性」以示簡別。

多方面驗證的絕頂眞理所在之格範語。

一般而言，「善」是可欲的；而相對地說的「惡」（ㄜˋ），則是可惡（ㄨˋ）的，並無與善相當的超越地爲主之實體性。原不足懼。但如本文前面二之㈡節末段所論析：彼惡者，卻可因善行之繼繼繩繩不免有縫隙，而無端地滲入以興風作浪、腐本蝕根！果爾如是，則世間事，便只得分散離亂，莫能整合一致矣。由此對照而反觀之，即知凝聚衆多異象物事於同一場域之「統」，其必有道德——善體之爲超越運作的主宰或原理也決無庸疑。所以凡人之通過生命活動，表顯文化，成就歷史、社會等多系之業績，總持地稱之爲「道德實踐」，亦絕非不中於理。不過，「三統」之云，既分別各命以名，自亦必各有所獨具之特質；而融會於道德理性中，且有「徑揚」與「委隨」之不同。大體言之，「道統」是直接爲道德理性所貫運，基型爲人格尊嚴之維護、與文化理想之開展，故可謂之徑揚。「學統」則爲智識思辨之揮灑；「政統」則爲法制事務之安排，是俱於人於物、爲相順相宜，而屬道德理性催督或允許下之曲通與抒張，故得謂之委隨。下文即各就其自具之本質和徑路，略予析述。

1. 直貫的道統之循持——義在軌範人品，蔚成文化

如前所概述，人不能否認自我原有求善向上之本心，由而投映爲超越普遍之存有，

並以證見一具體的上下交流、內外通融之實體，便是所謂「道」。孟子曰：「夫道，若大路然。」（告子下）或許先賢造字之初、即取人皆可以通行之大路為義。洎乎後世，觀念意識發達，便借轉為人人應當遵奉循持的、公共正大之精神體式的物事。此在先秦諸冊籍——經子史傳中固處處可見，而言之鄭重分明者，則以儒家主經《論、孟、易、庸》之闡示，最為豐富貼切。今但各錄其要言數則以見意：

《論語》載孔子自道：

> 朝聞道，夕死可矣。（里仁）
>
> 參乎！吾道一以貫之。曾子曰：「夫子之道、忠恕而已矣。」（里仁）
>
> 道不行、乘桴浮於海。（公治長）
>
> 志於道、據於德、依於仁、游於藝。（述而）
>
> 君子謀道不謀食。耕也，餒在其中矣；學也，祿在其中矣。君子憂道不憂貧。（衛靈公）

《孟子》則亟云：

> 誠者，天之道也；思誠者，人之道也。（離婁上）

盡其道而死者，正命也。（盡心上）

求之有道，得之有命。（同上）

身不行道，不行於妻子；使人不以道，不能行於妻子。（盡心下）

《易傳》則斷言：

乾道變化、各正性命，保合太和，乃利貞。首出庶物，萬國咸寧。（乾卦彖辭）

一陰一陽之謂道。繼之者善也，成之者性也。仁者見之謂之仁，知者見之謂之知，百姓日用而不知。故君子之道鮮矣。（繫辭上）

天地之道、貞觀者也；日月之道，貞明者也；天下之動，貞夫一者也。（繫辭下）

《中庸》則申論：

天命之謂性，率性之謂道、修道之謂教。道也者，不可須臾離也；可離非道也。是故君子戒愼乎其所不睹，恐懼乎其所不聞。莫見乎隱，莫顯乎微，故君子愼其獨也。……（首章）

君子之道費而隱……語大，天下莫能載焉；語小，天下莫能破焉……君子之道，造端乎夫婦，及其至也，察乎天地。（十一章）

大哉聖人之道、洋洋乎！發育萬物，峻極于天。優優大哉！禮儀三百，威儀三千，待其人而後行。故曰苟不至德、至道不凝焉。故君子尊德性而道問學、致廣大而盡精微，極高明而道中庸。溫故而知新，敦厚以崇禮。（二十七章）

凡此諸經所言「道」，意境層層轉深。揆其實旨，蓋即天人交通，物我合同義理之代稱。而所以可能，則惟是存乎「一心」。因此，人可「盡心知性以知天」（孟子盡心篇）；天可「心普萬物而無心」（明道識仁篇）。

工夫至極：上則「爲天地立心」；下則「爲生民立命」；承前則「爲往聖繼絕學」；啓後則「爲萬世開太平」。（橫渠學案）「大其心，則能體天下之物。物有未體，則心爲有外……天大無外，故有外之心，不足以合天心。見聞之知，乃物交而知，非德性所知。德性所知，不萌於見聞。」（正蒙大心篇）

深造自得：則「萬物森然於方寸之間，滿心而發，充塞宇宙，無非斯理。」（象山語錄）「心只是一個心。某之心，吾友（李伯敏）之心，上而千百載聖賢之心，下而千百載復有一聖賢，其心亦只如此。心之體甚大。若能盡我之心，便與天同。爲學只是理會此。」（同上）

及其凝一：則「虛實不昧，衆理具而萬事出。心外無理，心外無事。」（陽明傳習

錄）「天下猶一家，中國猶一人。非意之也，其心之仁本若是其與天地萬物而爲一也。」（陽明大學問）

綜而觀之，是皆先秦以迄宋明歷代儒聖所共認同的道德、心性、一體如如之軌範。唐之韓愈，世代先於宋，嘗秉孔子「夏、殷、周禮因革損益」及孟子「五百年必有王者興」之洞見，著〈原道〉之文，正式上推其傳承始自堯、舜、禹、湯、文、武、周公，下逮孔子、孟子而絕緒。可謂深具卓識。然在吾人今日看來，孟子而後，實有能繼而光顯宏擴儒學者，則爲宋明儒功德之大不可忽也。他們在漢、魏、晉……唐八、九百年老、佛厭離思想，徧被天下之餘，奮身崛起，重振孔孟誠正修齊治平之教，又得七、八百年之理明義顯，由是而果眞蔚成五千年相續不斷之「道統」。這個物事，雖在現實組合中，尚未達到充份制衡調控的功能，然亦生發了重大無形之影響。例如：規約歷史以正義和平爲進向；引領社會以忠孝仁愛爲守則。能者褒而崇之，不能者貶而斥之，使許多思不逞之徒，知所畏憚，縱有頑劣妄作，亦終必遭致吐棄而殄滅。流風所被，故得成就華夏威儀，族類清操；典型常昭，文明日盛，先祖先民之徜徉其間，各隨應信而信，當行而行，或獻身國家，致力治平；或遁跡山林，悠遊耕讀。精神無需他力宗教之救拔而常得安護；無待外緣條件之刺激而自至堅強。「得志，澤加於民，不得志，修身見於世。窮則獨善其身，達則兼善天下。」（孟子盡心上）「居天之之廣居，立天下之正位，行天下之大道，得志與民由之，不得志獨行其道。富貴不能淫，貧賤不能移，威武不能屈。」(滕文公下) 總之是：「天下有道，以道殉身；天下無道，以身殉道。」(盡心上) 而所謂個體人格與公眾事業，壹是爲道德實踐之統緒而玉成。誰曰不宜！

2.曲通的學統之開發——利在擴展知識，豐富人生

宇宙間，凡物理物實、事情事蹟之在於人類耳聞目見下，俱爲客觀外在之對象——包括同質性之他人乃至自我所由以存活之有形無形、可觸可感之相狀與念慮，如行爲模態、學習領域等，莫不皆然。而依存在之需要和滿足，人自有盡一切對象而問其何以如此，並加開發利用之本能企求。其間作爲溝通或憑藉之主觀條件者，則全在一個「知」字。

知，通泛地說來，無人或能無所運作，惟智者則利而操之以極於「不惑」。究其義用，亦有在己、在物之兩面：在己者，存乎心以應物；在物者，取於物以充心。此中、西哲學態度之所共許，但有用情偏倚或從屬之不同。簡別言之，大抵中國先哲是仁以主知、知以副仁；西方哲人，則是知以控物，物以載知。所以就生人之情趣而論，前者頤養聰睿，遞進於智慧；後者沉浸辨析，具現爲知識。所謂「學統」之正解，蓋

即以此後者爲準。其在西方，大致已近定型，而中國則亟待於開發。當然，如上所言，天下無人可能不爲知的運作，則中國先民自亦必有這方面之應用及績效，比如：要事父母，便須知得如何而事之；施教子弟，便須知得如何而教之。所以《論語》載「子曰：父母之年，不可不『知』也。」（里仁）「溫故而『知』新，可以爲師矣。」（爲政）日用平常中，《孟子》則有「權然後『知』輕重；度然後『知』長短」（梁惠王上）「不『知』足而爲履，我『知』其必不爲蕢也」（告子上）之句。至於《荀子》則更特立〈勸學〉之篇，重申孔子「終日不食，終夜不寢，以思，不如學也」（衛靈公）之意而曰：「吾嘗終日而思矣，不如須臾之所學也。」並於〈解蔽〉〈正名〉二篇又爲爲學守道之所以可能發掘了『知』的大用而定義曰：「凡以知，人之性也；可以知，物之理也。」「心有徵知。徵知，則緣耳而知聲……緣目而知色……。」諸如此類話頭，可以謂之周備詳明矣。但儘管如此，而綜觀三書之基本精神或義路，卻終不脫知爲仁副、仁爲知主的「道之本統」的觀念——《論》《孟》二書不用說，即《荀書》亦且明言：「學惡乎始？惡乎終？其數則始乎誦經，終乎讀禮；其義，則始乎爲士，終乎爲聖人。」（勸學）「故學也者，固學止之也。惡乎止之？曰，止諸至足。曷謂至足？曰，聖也。」（解蔽）⑮由此可知，中國傳統士人之「爲學」或「求知」，根本只是「修道」或「立德」的一種工夫，並未盡「學」與「知」自身特具之質性以彰其大用。

對比於西學，便顯見其缺然有所不足。

夫西方智者，自希臘時期伊始，即以見得萬事萬物之紛然雜陳，而思予透視解析，便順著人性原亦固有的知的本能，向前追索。其卓絕優異處，則是思想之鞭辟入裡，藉著數學程式、邏輯推論普遍可用之法則作利器，以解剖或滲入自然宇宙之各個領域，歷經數十世紀之反覆淘鍊，於是創發了無限多門——包括物實方面的天文、地理、機械、生化……人事方面的政治、經濟、宗教、哲學……等等有名循名，無名造名的學問。迄於近世，已顯其巧奪天工、極度繁榮富麗，於生民世界，達致方便愉悅，豐盈享樂之偉蹟，這便是現代人人稱道非但方興未艾，甚至預計或構畫若干年下——後現代——更加發達之科學及藍圖。約之以一言，蓋即徑從認識心出發，執著或沉潛於學之爲學的活動所凝結累聚之成果；而亦我國人今之所應急起再造之「學統」，不容一日懈怠推拖者也。

3.抒張的政統之建立——功在管理國事，保障人權

人之爲生，必賴合群而居，必依組織而庶務繁多、萬象紛陳，有待僉同處理。中

⑮ 此上僅舉《論》《孟》《荀》三書爲說。蓋取其在儒家學術傳統中居領先主導之要籍地位而然，實則凡足構成完整系統之經子史傳，未有不大同於此見者。

國地廣人稠，爲世界之最，自更不能例外，所以自古聖人，於文明肇啓之初，特所用心者，便是關於衆人事務之政治，力求爲克始克終之妥善安排。《易經、繫辭傳》稱「古者包犧氏之王天下也，仰則觀象於天，俯則觀法於地，觀鳥獸之文與地之宜，近取諸身，遠取諸物。於是始作八卦，以通神明之德，以類萬物之情。作結繩而爲網罟，以佃以漁。……」司馬遷著《史記》，以五帝治績列〈本紀第一〉；而全部《尚書》所載虞、夏、商、周故實；《春秋、三傳》所記列國事蹟；以及一切後世史家筆下朝代之興衰存滅，無一非關衆人之事、亦即政治之備錄。先賢之所以賡續不已鄭重於此，固必有其鮮明正大之用心，是即標示歷史之昭昭不爽，以俾凡爲民上者取法或鑑戒！其具體資治之方，可借《虞書、大禹謨》之一語以表之：蓋即所謂「德惟善政，政在養民。」一個作爲輔世佑民之長上，要在立德；立德則必須推行善政以養民。此千古志士，終身孳孳焉崇學務實，信奉堅持之典謨，就賢聖者之果多惠濟民物之經歷而觀，誠屬美盛偉大之勳業；然而猶有難得謂爲完足者，是政治之爲政治的本性未見充盡也。政治之本性，簡言之，即人皆自爲政治主體之存在，並在合理分位中，自覺地行使權力與服行義務者方是也。

蓋如先所已言，政治既緣於衆人之有實事待決，則衆人中一一個體之各有自由自主以宰物制事之權利義務，應係絕無庸疑的道理。可是中國上古之聖王，也許由於彼時民風簡樸及其自身超強之德性使然，遂把一些客觀上該付民人自己掌控揮發的作業，一肩承擔地代作了，影響下來，便教人民盡成無有任何責任的天民。此本亦無可厚非，但隨之而至的問題是：聖王不永在，而昏君暴主卻常相續據位以肆虐。一旦如是，則素無責任壓力之天民，反成刀俎下無法自救之災黎，而中國歷史常態之總歸亂多於治，乃屬必然。順是以思，便知政治之原有不依人而依法之當行的本性。此無他，即其爲別於道德理性而另表制度理性之物事。當然，這不是說它定然背反道德理性，而是肯認它有獨立的特出自在之領域，非可由直覺式的道德理性透入或推動所能竟其全功的。道德理性只是超越地在上或在旁爲操控它的人之是非正邪，作警醒或提撕而已⑯，過此以往，則難免「非徒無益，而又害之」，所以唐虞三代既逝矣，後世莫之能再也。然則其具體之措置當如何？最重要而亦最先必須建立的，就是一部代表絕對權威的典則——憲法。而落實於動態的行爲，則是人人皆得參與之選舉和被選舉、這個完整而不可或缺的程序，中間正蘊有個體人之爲政治存在的尊嚴。老實說，只有通過它，而後人人始得從容自由地行使主權，服行義務；達成僉議合同，和衷共濟的最高理想，使人與人間異位對立之我執，化作相輔互惠之公務，夫然後可以眞語於「德惟善政，

⑯ 此所以「道統」之外，當另有「政統」，二者不可混爲一談。中國過去，則於此大嫌糾結。

政在養民」之完美境界。斯乃如今世界先進各國所共企求實現，卻尚未徹底淨潔之民主政治，而在中國則有待除舊布新，積極建構之嘉猷，故得與道統、學統並立而謂「政統」也。

六、總　結

(一)三統之爲本末終始的關係

道、學、政三統，在於人類文化活動場域中之爲必有或應有，既如上述，則次所當究者，乃三者可得完成之過節及實存效果將何如？是否如饑渴人之易爲食飲般，只需飯羹來前便能即時解決問題的？關此，依上文所陳——或爲「直貫」，或爲「曲通」、「抒張」之異勢的情態措思，則顯有「本幹剛健」與「旁枝繁衍」之待於剖別和疏釋。蓋就宇宙生生之超自然原理而言，我們首須肯認：人之順天命而率性、明道，眞誠懇摯乃至「於穆不已」地行踐而極成之「道統」，實即基於形上精神本體之要求，堅毅地修善德性人格所凝結鞏固、並自樂守護之軌則是也。此在世界東方之中國正宗的儒家，業已達至充份如實之會證，其於人類本生潤育之效驗，確能不假外求而足可妙得佳興無窮，是故謂之「本幹剛健」。至於學之爲學，政之爲政之「學統」與「政統」

間，雖亦各有自爲主體性之基本義路，如必以其聞見之對外理解而成知識，必以權利之對他抗爭而成法制，但依全體大用之絕對價值而論，畢竟要由道德理性爲準來付予它存在的意義。是所以只得相對而謂之「旁枝繁衍」矣。試申其義：

夫所謂「本幹」與「旁枝」，天然必爲相互依持的關係，始可偕協一致而共成其豐盈美盛。可是在一般之粗疎觀照下，相依之兩造，亦可能是相對之敵體。明白言之，即二者之接遇，在當下之物理現實中，往往有合有不合，合則和一，不合則拒斥。因此，以爲宇宙只是個分殊的雜多，並無完整和合之統體可言。然而此乃近程直視下之見山是山、見水是水，只知有此，不知有他；若得升空俯瞰，則將立感大地之平鋪浩遠，正可任便擇地駐足，創業而合道。《易經繫辭》曰：「生生之謂易。」《老子道德經、四十二章》亦謂：「道生一，一生二，二生三，三生萬物。」天地在生而又生之過程中，勢必經歷無限多樣之蕃息變化，自難免輒有一時一節的未合；但無論如何，並不礙其大時大節之末必託生於本，終必還合於初。所以前者〈復卦彖辭〉又說：「反復其道，七日來復，天行也……復其見天地之心乎。」後者〈十六章〉又說：「致虛極，守靜篤，萬物並作，吾以觀其復。夫物芸芸，各復歸其根。」此種至理名言，套在道、學、政三統之配搭連結上看，其首尾照應，恰如巨木之主幹與旁枝，原是一物之「本末相順，終始相應。」（荀子禮論）中間縱因成長發展之故，形似各有獨長，實則本初必以成末終，末終亦必不離於本初或返於本初，而允爲完整固結之一體。

何以說「道統」爲三統之首始，而學、政二者係尾隨並必返始還歸於道統？須知：如前所累言，道統初爲我先祖先民、基於文化理想所作道德實踐、聚合成完的規範，亦即整個民族生命拱現的、精神實體之象徵。其在萬般事項或萬般活動之中，自必佔有前列之開創性位序。不但如此，而且理念上，人之所以亟亟焉思欲從學與爲政，也是原於在「道統域中」，期望修善自己更臻滿圓無礙之志意爲先著。是則除非我們可以完全否決自己、有此人生或人格方面修善的必要，便不能不回向道統域中找尋安身立命之根基。當然，這又勢將難免衍生如下之兩類問題，正爲時下若干學者專家所疑難，而有待於疏通也。

㈡「思想轉換」及「作業兼顧」問題之解答

第一是：心態或思致轉換之如何可能？我們已知道德、學思、政治三事之得各命曰「統」，實有所爲本質而獨立的自爲主體性之存在，且經中西文化數千年之分別歷練而形成歧向異流，不相關涉。今若謂須並建於一國或一民族之文化系列中，又定由其中之甲以主乎乙，乙以從乎甲，則其間之過節，自有質量如何涵攝適應種種曲折蜿蜒的問題，所以牟先生曾復爲此特提一超絕概括的觀念——「良知自我坎陷以從物。」，此語現已爲思想界通曉之名言，大義具論於《從陸象山到劉蕺山》第三章之附錄〈致知疑難〉一則（頁245），要旨則是秉王陽明的致良知教而申言：

> 吾心之良知決定此行爲之當否，在實現此行爲中，固須一面致此良知，但即在致字上，吾心之良知亦須決定自己轉而爲了別。此種轉化是良知自己決定坎陷其自己：此亦是天理中之一環。坎陷其自己而爲了別以從物。從物始能知物，知物始能宰物。及其可以宰也，它復自坎陷中湧出其自己而復會物以歸己，成爲自己之所統與所攝。……此方是融攝知識之眞義。在行爲宇宙中成就了知識宇宙，而復統攝了知識宇宙。[17]

觀於此段文意，可知文化上之源頭活水，惟是心所固有之「良知」，工夫則全在一個「致」字。良知與事事物物之交涉，是上下兩層的，非平行相等之二邊。良知超越在上，即同乎天道，對於萬事萬物盡其自覺的致的工夫，則無所不攝受，無所不成全。類比於道統之與學統、政統的關係，雖曰過渡時、初或不如故家舊有般順通，然持恒以習之，其勢固亦若是，不可誣也。世之人每於此多致無謂的疑慮，皆由不契於

---

17 此段文字，另錄自《王陽明致良知教》之致知疑難章（中央文物供應社出版）。

兩層存有之精義使然耳。茲故摘舉先生之言簡辨如上。

第二是：踐履或作業之如何兼顧？在於人類整體之文化進程中，凡爲美善之理想或觀念，固必包含「創發」和「實現」兩個節段的遂行。其間若就個人之德性人格修養而言，二者自不得硬爲嚴整的割裂分劃。因爲這是屬於具體生活之事，應該也是必須「即創發即實現」或「即實現即創發」的。傳統儒學，蓋於此最所用心——孔、孟創仁義之教，而有「殺身成仁」，「舍生取義」之極論；宋明儒則盛稱「即體即用」「即天道是人道」之天人、體用不異不離；至王陽明且著實地直指人心而謂「心物知行，一體不二」。此本爲「道統域」中人必期達至的存在境相，已由往聖前賢充份證顯圓成之內聖典模。然而從宇宙人生之全幅理念作考索，雖說「內聖」理當通貫於「外王」，如《大學》所條舉自「格物、致知、誠意、正心、修身」推至於「齊家、治國、平天下」，正謂主觀之儀型，義須兼成客觀之德業。可是中間卻甚有不可一概而論之差別。試取孟子之言以爲對照，即前者是「求則得之，舍則失之，是求有益於得也，求在我者也。」後者則可能是「求之有道，得之有命，是求無益於得也，求在外者也。」（盡心上）世俗人於是則深感無可奈何，而輒有「謀事在人，成事在天」之喟歎！

平情而論，「喟歎」則猶可；若因以怨天尤人，或求全責備於前賢，則爲大妄矣！

今乃有自詡新奇進步，專以標榜某某主義，某某學說一類之人士，只顧快意橫議，不管他人論證之如何詳密，極關己命，總俱置而不問。惟是淺看先儒「修己安人」、「正身治國」、「以不忍人之心，行不忍人之政，治天下可運之掌上」，以及當代新儒家之「從內聖開外王」，「轉運用表爲架構表現」，硬是認定爲不可實踐之空言幻想。甚者且反唇相譏，質疑諸賢本身從未自踐其言，謂孔孟不曾爲聖君、王天下；宋明儒無以禦胡元、滿清之入主；民國新儒家於民主、科學，未見具體之貢獻。類此不著邊際的泛思泛講，根本是不解文化眞理及其所爲結構之分限何如也。在此，我們不妨姑借《荀子天論》中所謂「天職」「天功」的觀念，來爲文化理想之「創發」與「實現」兩個程節，推見其各有特定「職責」或「功能」之主體角色：是即「思想或哲學家」與「行動或事業家」之必爲異位分工的組合。明白言之，前者——思想或哲學家，要在運思役智探取宇宙終極之原理，克盡「先天而天弗違」之重任；後者——行動或事業家，則在籌措世間之經驗物事，展露「後天而奉天時」之長才。二者各司其職——或則著書立說以行教；或則約衆合群以施政。政、教分行而又互相支援，然後可語於共濟時艱，達致盛治。若不此之求，而偏望一邊或一人之思、行兼至，則非但「思」將難期於精湛、立典型而導民風；抑且使「行」必流於專斷，成暴主而禍邦國。其在從前家天下之歷史、社會，固已常然，豈可復縱而興於憲法昭彰，制度分明之今日乎？此中應申之義理甚豐，篇幅有限，一時不及盡言，容當另為表述。本文姑止於此。

陸、《論語》冠首群經與持載生命之大義蠡測

一九九九年九月於「孔子學術國際會議」發表

一、前言

古今書史之堪稱經籍者，其原皆必推始於儒學宗師孔子之述作與勘定，《史記》〈孔子世家〉、《漢書》〈藝文志〉，俱嘗具載明白。最爲昭彰顯著者，即易、書、詩、禮、樂、春秋六義之開發而普及天下，流傳萬世，使學者知所循持，社會得所依皈，遂以蔚成華夏歷史文化之豐盈繁盛，奔波浩瀚，無不得歸功於孔子述作推充之所肇造。《中庸》稱「仲尼祖述堯舜、憲章文武，上律天時，下襲水土，辟如天地之無不持載，無不覆幬，辟如四時之錯行，如日月之代明。小德川流，大德敦化，此天地之所以爲大也。」《孟子》亦云：「孔子之謂集大成。集大成也者，金聲而玉振之也。金聲也者，始條理也；玉振之也者，終條理也。始條理者，智之事也；終條理者，聖

之事也。智，譬則巧也；聖，譬則力也。由射於百步之外也，其至，爾力也；其中，非爾力也。」（萬章篇下）觀夫思，孟二家之論贊，以及爾後千百世之士庶普遍崇敬，儒學永續綿延，可知聖人化育功深之難於計量，而必有其生命精神巍然獨造之表徵，足資召喚。是則爲萬代師儒顯宦，王公大人乃至農工商賈，市井黎庶皆所童而習之，壯而行之，老而傳之之典範——《論語》是矣。

《論語》之成書，班氏志曰：「《論語》者，孔子應答弟子、時人及弟子相與言，而接聞於夫子之語也。當時弟子各有所記。夫子既卒，門人相與輯而論纂，故謂之《論語》。」魏何晏《論語集解》，則據劉向《別錄》言西漢流傳者有「《魯論語》二十篇，皆孔子弟子記諸善言也。」另有較《魯論》多〈問王〉〈知道〉之「《齊論語》二十二篇，其二十篇中，章句頗多於《魯論》。」又有「魯共王壞孔宅得《古文論語》，分〈堯曰〉下章〈子張問〉爲一篇，有兩〈子張〉凡二十一篇」等三種編體，各有師傳。嗣經包咸、周氏別爲章句（周名不詳，書亦似不傳），至漢末鄭玄且「就《魯論》考諸《齊、古》爲之註。」此便是經本文流通至今之定型。惟以時代移遂，學風屢遷，思解方面，輒因立場或觀點不一而詁詮異路之注疏與解辨、訓釋，當不下數十百家之多。然而大勢所趨，凡諸紳俗士庶，莫不淺深讀之，而俱能隨分適得妙運體合之宜。今且試問：何以其風動人之大效也至於如此？無他，即以其內容所關，義理所行，原係攬整個人類生命本來質性而爲之開發和貞定，故才無論智愚，位無分高下，只須忠誠信受，便皆可有如分踏實之自得；而所由流貫溉注之基本觀念，則要在一個「仁」之主體或本體物之揭示與充拓而已。

所以謂「仁」之爲「主體」或「本體」者：是通過人之生而常自運作的「心性」活動中覓得發露之幾。此初乃聖人觀察體證功化之所及；其在庶民，則可因承前修已發之思，循以反躬自省、勤於踐履，而頓覺現成具在，適足條暢生命，如孟子所說：「萬物皆備於我矣，反身而誠，樂莫大焉」；（盡心上）「君子所過者化，所存者神，上下與天地同流」（同上）無量之受用。《論語》之書，就是立於此個基礎上予人啓迪；而在現實生活中處處點撥指引，導使達至高明精善的美滿之地。縱觀從古至今，凡不甘於沉墮而欲自潔其身之人們，總是父以傳子，師以授徒，家喻戶曉，相責互勉，因而結聚、亦即蔚成我華夏民族文化如實可徵之盛大德業者，能不獨推《論語》功能之爲首始乎？

二、群經義旨溯源

如前文所據〈班志〉之見，《易、書、詩、禮、樂、春秋》，原皆出自孔子之傳播而後成其普被，則大義所存，先必經過孔子心靈之認證，生命之感通，於是其終生與弟子及時人講學所纂輯之《論語》一書，自可謂爲經上之「大經」(下文即多以此名義代稱)，如實言之，亦即《六經》所蘊積的浩浩淵淵之義旨，俱可於中覓得清晰思理之根源。所以就人品而觀：孟子有「自生民以來，未有孔子也。」及所引孔門高弟宰我、子貢、有若「以予觀於夫子，賢於堯舜遠矣」；「自生以來，未有夫子也」；「自生民以來，未有盛於孔子也」(均見公孫丑上)諸般非阿所好之貼切允當地認同與崇讚。

就典籍以論：則宋儒程子且判言「學者當以《論語》《孟子》爲本。《論語》《孟子》既治，則《六經》可不治而明矣。」又曰：「凡看《語、孟》，且須熟讀玩味。須將聖人言語切己，不可只作一場話說。人只看得二書切己，終身儘多也。」❶此皆據事觀省，援理推伸，明得道學傳承，聖功凝聚之深蘊清澈者也。於是，吾人且先審《六經》之本義何如？關此，前賢固多有各依所見，輒爲簡括之陳述，如：《禮記・經解》則曰：

❶ 二條引文，均見朱熹《四書章句集註》〈論語序說〉後，吳英「據清仿宋大字本補」。台北鵝湖出版社點校、新編發行。

溫柔敦厚，詩教也；疏通知遠，書教也；廣博易良，樂教也；潔靜精微，易教也；恭儉莊敬，禮教也；屬辭比事，春秋教也。

《史記．自序》則曰：

「禮以節人，樂以發和，書以道事，詩以達意，易以道化，春秋以道義。」

前者主言各別教化之重心，後者則分陳各別成事之效應，而俱適稱其是，恰當不差。至於〈班氏志〉則似總其成說，一方既上提以揭超越之理境；一方又下順以敘處事應物之常行。而謂：

「六藝之文：樂以和神，仁之表也；詩以正言，義之用也；禮以明體，明者著見，故無訓也；書以廣聽，知之術也；春秋以斷事，信之符也：五者，蓋五帝之道，相須而備，而易爲之原。故曰，易不可見，則乾坤或幾乎息矣。」

凡此諸說，概就具體生命之行踐而觀，則唯《論語》書所明記之親切美善的實事，足資驗證。今且依其類別，對照《大經》中言意動止相及者，各摘數條以抉之。序列先後，則取〈班志〉爲便。

樂者，音聲入聽，悅耳沁心，和樂以生。大經曰：

⊙子在齊聞韶，三月不知肉味。曰：「不圖爲樂之至於斯也。」（述而）

⊙子謂韶，盡美矣，又盡善也；謂武，盡美矣，未盡善也。（八佾）

⊙子語魯大師樂曰：「樂其可知也；始作，翕如也；從之，純如也，皦如也，繹如也，以成。」（同上）

此決爲樂藝之所以開發也。

詩者，言語之鑰，述志表義，達意通情。大經曰：

⊙詩三百，一言以蔽之，曰：「思無邪。」（爲政）

⊙不學詩，無以言。（季氏）

⊙小子何莫學夫詩？詩，可以興，可以觀，可以群，可以怨。邇之事父，遠之事君。多識於鳥獸草木之名。（陽貨）

此決爲詩篇之所以存也。

書者，政教典謨，二帝三王，道充德備。大經曰：

⊙堯曰：「咨！爾舜！天之曆數在爾躬。允執其中。四海困窮，天祿永終。」舜亦以命禹。

⊙予小子履，敢用玄牡，敢昭告于皇皇后帝，有罪不敢赦。帝臣不蔽，簡在帝心。朕躬有罪，無以萬方；萬方有罪，罪在朕躬。

⊙周有大賚，善人是富。「雖有周親，不如仁人。百姓有過，在予一人。」謹權量，審法度，修廢官，四方之政行焉。興滅國，繼絕世，舉逸民，天下之民歸心焉。所重：民、食、喪、祭。寬則得眾，信則民任焉，敏則有功，公則說。（堯曰）

此決爲書典之所以傳也。

禮者，理之宜然，制事節文，經緯萬彙。大經曰：

⊙克己復禮爲仁，一日克己復禮，天下歸仁焉。（顏淵）

⊙道之以德，齊之以禮，有恥且格（爲政）

⊙禮樂不興，則刑罰不中；刑罰不中，則民無所措手足。（子路）

此決爲禮儀之所以約訂也。

春秋者，孔子據魯史行褒貶，別善惡之自撰也。

按：據傳是書於魯哀公十四年西狩獲麟後絕筆、孔子旋於十六年逝世，當為其晚歲「自衛反魯」數年間，徑自關懷時代沉廢，思欲匡正並留予後世惕厲的口誅筆伐之作，故於平素從容講學之《大經》中，少見明白相涉之預言。唯其基本用心，孟子固嘗有分明之論述：所謂「世衰道微，邪說暴行有作，臣弒其君者有之，子弒其父者有之。孔子懼，作春秋。春秋，天子之事也。是故孔子曰：『知我者其惟春秋乎！罪我者其惟春秋乎！』」又謂「孔子作春秋而亂臣賊子懼。」（滕文公下）揆其書法義例，公羊家則別有較具體之表述：所謂「三科九旨——新周、故宋，以春秋當新王，一科（段）三旨也；所見異辭，所聞異辭，所傳聞異辭，二科六旨也；內其國而外諸夏，內諸夏而外夷狄，是三科九旨也。」（公羊傳何休解詁說）由是以觀，則《論語》本經亦自隱然有可推徵者，如所載：

⊙陳成子弒簡公。孔子沐浴而朝，告於哀公曰：「陳恒弒其君，請討之」公曰：「告夫三子。」孔子曰：「以吾從大夫之後，不敢不告也。」之三子告……（憲問）

⊙天下有道，則禮樂征伐自天子出；天下無道，則禮樂征伐自諸侯出。自諸侯出，十世希不失矣；自大夫出，五世希不失矣；陪臣執國命，三世希不失矣。天下有道，則政不在大夫。天下有道，則庶人不議。」（季氏）❷

此決爲春秋所以必作之故也。

易者，班氏以爲五經之原。實則初民卜筮以表吉凶之符號，伏犧先畫八卦；文王重之，得六十四卦，三百八十四爻，象天象地，義涵豐沛。孔子因之作十翼，掀揭宇宙萬彙變化無窮之大理，極一生而無時不有超越之形上實體如「天」者，爲所崇仰。其在《大經》，始則心存敬畏，如曰：

⊙獲罪於天，無所禱也。（八佾）

⊙君子有三畏：畏天命，畏大人，畏聖人之言。（季氏）

⊙予所否者，天厭之，天厭之。（雍也）

次則表其信服，曰：

❷ 觀此條最後二語──「天下有道，則庶人不議。」正可反思：天下無道，則庶人當議，而《春秋》可作矣。

⊙天何言哉？四時行焉，百物生焉。天何言哉？（陽貨）

⊙天生德於予，桓魋其如予何？（述而）

⊙天之將喪斯文也，後死者不得與於斯文也；天之未喪斯文也，匡人其如予何？（子罕）

晚年則進於感通，曰：

⊙五十而知天命。（爲政）

⊙加（假）我數年，五十（卒）以學易，可以無大過矣。（述而）

⊙不怨天，不尤人，下學而上達，知我者其天乎！（憲問）

此決然爲幽深廣遠之《易傳》所得成其翼贊也。

基於以上各別之對勘，可知群經義原，無不肇啓於《論語》，則謂之「冠首群經」，亦屬名理相應之實稱。不過，所云「冠首」者，非以謂群經論議不及其深邃，地位不如其卓越。要由通解聖學之必有此先後次序，庶可以自邇行遠，由卑登高，而進窺天人相與之堂奥也。

三、關乎存在生命之「性」與「道」為主、客體位之釐定

夫「性」與「道」之爲名，乃由宇宙間凡屬存有物事——包括形上、形下，超越或現前一切可感可見之體式，皆必有其內具之本質潛能，與外顯之實功型模而立義者。人生到此，儘管素質才慧如何優異透脫，無有或能拒而不自領受也。下文且就「性」爲主體位者先說。

(一)人性觀念之初起與昇華

人類自太初原民伊始，即無不循由天賦之「本質潛能」，自然而然地運作以排難解困，造利營生。此近世考古學者，入水登山，掘土碎石，隨處可爲見證之事。中國先時，在所謂三皇五帝之世，便顯然已進入合群共族、高度文明事業之建構；至於殷、周代興，且幾達於多途開發，欣欣向榮之境地。究其動因，何莫非先祖先民依任其本質，充盡其潛能之所成就，而徵諸上古經史書傳通顯之義理，絕無差忒者。其間最爲表意之名言或名號，則可總歸「性」之一字賅備之。惟其在於歷史進程中實爲觀念形態之展露，則有漸行而漸深廣，愈後而愈精切之秩序。關此，業師牟宗三先生著《心體與性體》之〈綜論〉部，已充份申論明白。所爲區處程節，大體可分前後兩個梯段，

概行辨識。

前一梯段，即詳蒐《詩》《書》《左傳》書中，見其凡所實指人之主觀精神意態者，統皆撮一「性」字作代稱，例如：《詩·大雅卷阿》之「豈弟君子，俾爾彌爾性。」《商書·西伯戡黎》之「不虞天性，不迪率典。」《周書、召誥》之「節性，惟日其邁。」《左傳》襄十四年、昭八年，晉師曠之言「天生民而樹之君，使司牧之，弗使失性。」「民力彫盡，怨讟並作，莫保其性。」襄二十六年，鄭子產之言「夫小人之性，釁于勇，嗇于禍，以足其性而求名焉者，非國家之利也。」昭十九年，楚沈尹戌之言「吾聞撫民者節用于內，而樹德于外，民樂其性，而無寇讎。」昭二十五年，鄭子太叔引子產語「夫禮，天之經也，地之義也，民之行也。則天之明，因地之性，生其六气，用其五行……淫則昏亂，民失其性。是故爲禮以奉之，……乃得協于天地之性，是以長久。」諸如此類記言中流衍之「性」稱，有或就君子、或就小人言者；有或就行止、或就血氣言者，唯尙難爲正反、美惡之定判，而總爲內充乎人生命之質能，則可無疑。當然，此在希冀至善之理想照察下，畢竟未脫疏略渾樸的元始景象，因其意向所指，猶多是規限於物化現實層面說話的。所以牟先生進而復有：

後一梯段，揭櫫專表超越意義與道德意義相關之論據，如《孟子》引以證性善之「天生蒸民，有物有則，民之秉彝，好是懿德」（詩大雅蒸民篇）；《中庸》引以明文王與天同德並尊之「維天之命，於穆不已，文王之德之純，純亦不已」（周頌維天之命篇）；以及《商、周書》〈誥文〉中昭顯先生、警惕時王「敬德」、「永命」、「主善」、「愼罰」（通見〈綜論四章之第二節〉）等等之文獻爲推述，正以示文化理想愈見伸展後，對於人性是善之本原觀念之體認，愈加明確矣。

㈡「人性」與「天道」統歸「仁理」之表述

此由孔子之生，深見得「教化」與「君統」異路，亦即「學術」與「政治」必須分途進行始得其宜，遂以毫無位權憑藉之平民身份，別開生面地招收弟子，從容授學，於是有如前所言相與講習之成果——《論語》行於世。書中之精神矢向或基本原則，自必承續《詩、書》首重人之爲人本善的心性義理之開發與實現。惟彼時一般社會之成見，猶恐仍多是因襲自古相傳之習尚，著於視聽感官所接物實物氣的層面，則包括孔子本身存在之覺察於中，對於通過深切反省創發之新義，一時未易遽行轉換，爲免無謂之辯難糾結，是故書中少以「性」言❸。即偶有明白及之者，亦僅孔子自己但就

❸ 孟子生當戰國「處士橫議」之時勢，爲護持孔子以仁立教之義旨、特重天賦之「惻隱」與「良知」而顯稱「性善」，則是儒家學術發展所必至。

人與人相比而言彼此先天上是「性相近也」（陽貨），只因各隨後天之偏執而「習相遠也」❹，與夫門人子貢間接所說「夫子之言性與天道，不可得而聞也」（公冶長），二處之婉轉表示而已。不過，性之「名」可不必多舉；而其「實」，則不能無所詳申。所以為定立人生體段之何是與應是，仍然有或則逕據存有之具象而言：

⊙人之生也直，罔之生也幸而免。（雍也）

或則曲從素樸之才品而言：

⊙唯上知與下愚不移。（陽貨）
⊙中人以上，可以語上也；中人以下，不可以語上也。（雍也）

---

❹ 按：「性相近也，習相遠也」之章，從來學者，多是將「性」一觀念，推置為外在之名物，成與「人」相對之別體而言近、遠或上、下，甚不當理。須知性乃人所固具之本質，實不得外推而與人成對立，根本無有遠近距離之可言。而孔子所以特著「相近」、「相遠」之意，乃就世變中「人與人」間之同異或差距而言也——「性相近」，即謂人是生而性相同；「習相遠」，即謂彼此因習染而漸相異耳。此義拙著《論語章句分類義釋》首卷之〈性論篇〉有詳申，先嘗發表於《鵝湖月刊》之二〇一期。

至於更深廣之推擴，則有徧全書各處而「顯言」或「隱喻」之「仁」是也。顯言者，莫詳乎前舉告顏淵之問仁曰：

⊙克己復禮為仁。一日克己復禮，天下歸仁焉。為仁由己，而由人乎哉？（顏淵）

義旨本在明仁、句間卻連用三個「己」字作主斷，即見仁之內在於人而為性也無疑。類此意理之章節甚多，最相契應之言，則有：

⊙仁遠乎哉？我欲仁，斯仁至矣。（述而）

⊙苟志於仁矣，無惡也。（里仁）

⊙有能一日用其力於仁矣乎？我未見力不足者。（同上）

隱喻者，莫切乎直呼曾子、子貢之名而提示曰：

⊙參乎！吾道一以貫之。（里仁）

⊙賜也，女以予為多學而識之者與？……非也，予一以貫之。（衛靈公）

此兩番告語所強調之「一」，自非先於二、三之數目的一，則除「仁」以外，固別無可當其實指者。夫仁既能為「我、予貫之」之功，則不謂為人所內具之本性而可乎？

是皆聖人拓展古義之創舉，因以明先王之教，正人道之端，而傳詩書、訂禮樂、贊易、作春秋之基源理據之所在。後來孟子鑑於「諸侯放恣，處士橫議，楊朱墨翟之言盈天下。……楊氏爲我，是無君也；墨氏兼愛，是無父也。無父無君，是禽獸也。」（滕文公下）遂徑揭「性善」之論以闢之，義亦即承於此耳。

仁之內具於心身謂之性，由而通貫宇宙萬物則爲道。「道」者，公同普遍之實體徵象也。切就文化創進之歷程言，即《中庸》所謂：「君子之道，本諸身，徵諸庶民，考諸三王而不繆，建諸天地而不悖，質諸鬼神而無疑，百世以俟聖人而不惑」之準則，故其〈首章〉且徑稱「道也者，不可須臾離也，可離非道也……莫見乎隱，莫顯乎微，故君子愼其獨也。」而《易經》〈繫辭傳〉則據生生之易義斷云：「一陰一陽之謂道，繼之者善也，成之者性也。……顯諸仁，藏諸用，鼓萬物而不與聖人同憂，盛德大業至矣哉！」此種關於「道」爲價值基源之論，事實上，皆已先見於《論語》之肯定與崇尚矣。如曰：

⊙朝聞道，夕死可矣。（里仁）

是直以道爲人生惟一值得、乃至必須進取之目標。句中關鍵之用辭在一「聞」字，意非只是入耳成聲爲止，實乃包括視聽知覺，言說行動俱有所得之謂。故「聞道」也者，即身之全幅是道或道之全幅在身，其爲人且適已極成精神生命之永存，而軀體之死活，可以無累於心矣。斯義既立，則賡續之論，便是全以規人：

⊙君子食無求飽，居無求安，敏於事而愼於言，就有道而正焉，可謂好學也已。（學而）

⊙士志於道，而恥惡衣惡食者，未足與議也。（里仁）

⊙誰能出不由戶，何莫由斯道也。（雍也）

⊙君子謀道不謀食。耕也，餒在其中矣；學也，祿在其中矣。君子憂道不憂貧。（衛靈公）

其在於己身，則可以不待多學，而自能

⊙吾道一以貫之。（里仁）

其觀於社會，則可不計毀譽，而謹守

⊙道之將行也與？命也。道之將廢也與？命也。公伯寮其如命何！（憲問）

其因應世變也，則

⊙篤信好學，守死善道。危邦不入，亂邦不居。天下有道則見，無道則隱。（泰伯）

⊙道不行，乘桴浮於海。（公治長）

⊙道不同，不相爲謀（衛靈公）

⊙人能弘道，非道弘人。（衛靈公）

暨乎成功也，則曰：

凡此創言道之大用及如實的印持之方，皆可明見一精神體式之超越在上，又全幅流注下漑，而爲生民所必崇奉且能自我運作者。後經漢唐宋明儒學之代傳代興，愈宣愈普，其在吾華族文化中，幾若布帛粟菽之不可或缺，遂以形成思想理念環拱之中心而正名曰「道統」，固所當然也。人其焉得而妄議非之乎？

四、生活踐履之途轍

義理之圓實充周，一方面須由思致以通達精微；一方則更須由生活踐履之具體呈現，以確立灑脫無拘之範式。《論語》書之所涵，因爲時代風習有局限，於前者，猶可說是點到爲止，其相續之發展至於深切著明者，乃《孟子、中庸、易傳》與後世儒學逐步推申之所成就。惟觀念之貼著于當下之動作云爲、周旋應對，從而透顯人格或人道之高卓完美、偉岸莊嚴者，則本《大經》之備載，固已豐懋詳密，所謂「出乎其類，拔乎其萃」，歷千百世至於今與後，無有能不師法取準於此也。而所關內容之盛大繁富，本非具舉條例之足盡其暢述，然若分類分項作宮牆外望式瞻觀，以求知「知及仁守」之大略，則亦可規劃若干人生向度，簡擇部份要語資爲辨識。下文試請循序爲之：

(一)人生本位之鈞持與修善

此有「修己」、「安人」之兩途。修己，則「所存者神」；安人，則「所過者化」。語其極也，雖堯舜之聖，「其猶病諸」。但畢竟爲人當遵行之大節，乃《大經》中最所珍惜顧護者，故先舉以明。

1. 關於個己修持者

(1)學思爲尚

⊙學而時習之，不亦說乎？（學而）

⊙子入大廟，每事問。（八佾）

⊙學如不及，猶恐失之。（泰伯）

⊙學而不思則罔，思而不學則殆。（爲政）

⊙君子有九思：視思明，聽思聰，色思溫，貌思恭，言思忠，事思敬，疑思問，忿思難，見得思義。（季氏）

(2)篤志爲先

⊙吾十有五，而志於學，三十而立，四十而不惑，五十而知天命，六十而耳順，七十而從心所欲，不踰矩。（爲政）

⊙苟志於仁矣，無惡也。（里仁）

⊙志於道，據於德，依於仁，游於藝。（述而）

⊙士志於道，而恥惡衣惡食者，未足與議也。（同上）

(3)自省爲要

⊙子路曰：「願聞子之志」子曰：「老者安之，朋友信之，少者懷之」。（公冶長）

⊙默而識之，學而不厭，誨人不倦，何有於我哉？（述而）

⊙德之不修，學之不講，不善不能改，是吾憂也。（同上）

⊙不患無位，患所以立；不患莫己知，求爲可知也。（里仁）

⊙文，莫吾猶人也。躬行君子，則吾未之有得。（述而）

4.儉簡爲生

⊙富而可求也，雖執鞭之士，吾亦爲之。如不可求，從吾所好。（述而）

⊙飯疏食飲水，曲肱而枕之，樂亦在其中矣。不義而富且貴，於我如浮雲。（述而）

⊙其爲人也，發憤忘食，樂以忘憂，不知老之將至云爾。（同前）

⊙子欲居九夷。或曰：「陋，如之何？」子曰：「君子居之，何陋之有？」（子罕）

⊙君子義以爲質，禮以行之，孫以出之，信以成之。君子哉！（衛靈公）

2.關於與人爲善者

(1)誨人不倦

⊙有教無類。（衛靈公）

⊙自行束脩以上，吾未嘗無誨焉。（述而）

⊙子以四教，文，行，忠，信。（同上）

⊙夫仁者，己欲立而立人，己欲達而達人。（雍也）

⊙不得中行而與之，必也狂狷乎！狂者進取，狷者有所不爲也。（子路）

(2)直言忠告

⊙孰謂微生高直？或乞醯焉，乞諸其鄰而與之。（公冶）

⊙語或人「以直報怨，以德報德。」（憲問）

⊙告葉公「吾黨之直躬者，父爲子隱，子爲父隱，直在其中矣。」（子路）

⊙對季康子問政曰：「政者正也。子帥以正，孰敢不正。」又對患盜曰：「苟子之不欲，雖賞之不竊。」又對殺無道曰：「子爲政、焉用殺？子欲善，而民善矣。」（顏淵）

(3)嘉善許能

⊙語之而不墮者，其回也與！惜乎！吾見其進也，未見其止也。（子罕）

⊙孝哉閔子騫！人不間於其父母昆弟之言。夫人不言，言必有中。（先進）

⊙片言可以折獄者，其由也與？（顏淵）

⊙直哉史魚！邦有道，如矢；邦無道，如矢。君子哉蘧伯玉！邦有道，則仕；邦無道，則可卷而懷之。（衛靈公）

4.忠恕存心

⊙曾子曰：「夫子之道，忠恕而已矣。」（里仁）

⊙主忠信，無友不如己者，過則勿憚改。（子罕）

⊙子貢問：「有一言而可以終身行之者乎？」子曰：「其恕乎？己所不欲，勿施於人。」（衛靈公）

⊙躬自厚而薄責於人，則遠怨矣。（衛靈公）

⊙不患人之不己知，患不知人也。（學而）

(二)人生存在之分限與際遇

此有「社會」、「歷史」之二境。在基礎概念上，社會係橫向空間之結集；歷史係縱向時間之串連，乃古所謂廣宇長宙領域中事。人處其間，自可各盡一己智能之揮灑，而莫或禁阻。然既命名曰社會、命曰歷史，則固必有人文化成下種種之分限與際遇，而爲任何存在生命所當適切因應與妥善紹承之制節或榘範。是《大經》之尤所關懷而求充量踐行也。

1. 關於社會因應者

(1)禮樂敦化

⊙林放問禮之本。子曰：「大哉問！禮，與其奢也寧儉；喪，與其易也寧戚。」（八佾）

⊙子貢欲去告朔之餼羊。子曰：「賜也，爾愛其羊，我愛其禮。」（同上）

⊙興於詩，立於禮，成於樂。（泰伯）

⊙禮云禮云，玉帛云乎哉？樂云樂云，鐘鼓云乎哉？（陽貨）

⊙人而不仁，如禮何？人而不仁，如樂何？（八佾）

⊙吾自衛反魯，然後樂正。雅頌各得其所。（子罕）

(2)公誠待人

⊙君子不以言舉人，不以人廢言。（衛靈公）

⊙眾惡之，必察焉；眾好之，必察焉。（同上）

⊙互鄉難與言，童子見，門人惑。子曰：「與其進也，不與其退也，唯何甚！人潔己以進，與其潔也，不保其往也。」（述而）

⊙子見齊衰者、冕衣裳者，見之，雖少必作，過之必趨。（子罕）

⊙師冕見，及階，子曰：「階也。」及席，子曰：「席也。」皆坐，子告之曰：「某在斯，某在斯。」（衛靈公）

(3)親善合群

⊙弟子入則孝，出則弟，謹而信，汎愛眾，而親仁。行有餘力，則以學文。（學而）

⊙君子之於天下也，無適也，無莫也，義之與比。（里仁）

⊙言忠信，行篤信，雖蠻貊之邦行矣。（衛靈公）

⊙君子矜而不爭，群而不黨。（同上）

⊙德不孤，必有鄰。（里仁）

(4)德惟善政

⊙爲政以德，譬如北辰，居其所而眾星共之。（爲政）

⊙道之以政，齊之以刑，民免而無恥；道之以德，齊之以禮，有恥且格。（爲政）

⊙舉直錯諸枉，則民服；舉枉錯諸直，則民不服。（同上）

⊙苟正其身矣，於從政乎何有？不能正其身？如正人何？（子路）

⊙子夏問政。子曰「無欲速，無見小利。欲速，則不達；見小利，則大事不成。」（同上）

2.關於歷史紹承者

(1)則古稱先

⊙述而不作，信而好古，竊比於我老彭。（述而）

⊙我非生而知之者，好古，敏以求之者也。（同上）

⊙周監於二代，郁郁乎文哉！吾從周。（八佾）

⊙如有用我者，吾其爲東周乎？（陽貨）

(2)譽賢尊聖

⊙泰伯，其可謂至德也已矣！三以天下讓，民無得而稱焉。（泰伯）

⊙微子去之，箕子爲之奴，比干諫而死。孔子曰：「殷有三仁焉。」（微子）

⊙大哉堯之爲君也，巍巍乎！唯天爲大，唯堯則之。蕩蕩乎！民無能名焉。巍巍乎！其有成功也；煥乎！其有文章。（泰伯）

⊙巍巍乎！舜禹之有天下也，而不與焉。（同上）

(3)推崇王政

⊙無爲而治者，其舜也與？夫何爲哉，恭己正南面而已矣。（衛靈公）

⊙禹，吾無間然矣。菲飲食，而致孝乎鬼神；惡衣服，而致美乎黻冕；卑宮室，而盡力乎溝洫。（泰伯）

⊙舜有臣五人而天下治。武王曰：「予有亂（治）臣十人。」孔子曰：「才難，不其然乎？唐虞之際，於斯爲盛。有婦人焉、九人而已。三分天下有其二，以服事殷，周之德，其可謂至德也已矣。」（同上）

(4)宣明道統

⊙殷因於夏禮，所損益，可知也；周因於殷禮，所損益，可知也；其或繼周者，雖百世可知也。（爲政）

⊙夏禮吾能言之，杞不足徵也；殷禮吾能言之，宋不足徵也。文獻不足故也，足則吾能徵之矣。（八佾）

⊙吾之於人也，誰毀誰譽？如有所譽者，其有所試矣。斯民也，三代之所以直道而行也。（衛靈公）

按：以上所序列，皆屬生命體察下、言思行止之實錄。限於篇幅，固未能曲盡《經》中多方或多角度之義旨；但大綱言之，亦堪可概表：內則盡乎爲己，外則極乎尊人；橫足以化感天下，縱適以通貫古今。如實而觀，即其相對於超越境所爲之當下踐履的活動，是眞所以致天人合一、物我不二的粹然至善之聖域者也。偉蹟懋德，斯爲美矣！❺

---

❺ 前列諸條經文所蘊之意理或主旨，均於拙著《論語章句分類義釋》有詳申。該書係個人退休十餘年來情志專注之力作，已概成六卷約八、九十萬言（可供大專學校《論、孟》課程分配有限之時間下，教師選講講義及學生研習作業之用）。待印。本文初擬爲其〈緒論〉之一。

五、結語

於是，綜觀《論語》學思原流，初由孔子生命精神之創發；再衍儒家術知理念之傳承，因以蔚成中國文運文化、光輝燦燿而愈久彌豐，是爲歷歷可指之史實，固已無庸爭議。惟時至今日，由於空海交通，五洲接壤，星際探探，人類意識理念、志慮言行，足徵有更爲寬廣遼闊之場域；而對照東西雙方數千年迄邐而下之步程，自必各有處常應變，因時制宜之機緣和成績。就其既往之大勢而論，竊以爲：彼則若登高山之常以此山不如彼山高而企望無休；我則若旅大地之即此地便通彼地而當下可安。夫「企望無休」，便輒見精進創獲之功；而「當下可安」，故常致柔邇懷遠之業。前者在於開發物界，以裕現實之享用；後者在於保固天常，以成心身之靜定。此看似背反矛盾，互不相容，實皆同爲整個人類生命具體呈露或要求所固然。方今不期而遭遇，正如經分綸合，誠屬萬古無比之盛事。當然，「綸合」有綸合之後效：將來景況，勢必彌天蓋地，無所不至，無物不盡。但「經分」亦自有經分之前緣：先哲往聖，各依存在之實感，或外向地任情竭力，追踪索隱；或內向地殫思深慮，固本培根。是二者恰如左右手足之對稱互補，所以能爲水乳凝融之一體而不違也。

然而甚可憂慮者，乃當世人們，尤其部份高自爲懷，持議無準，卻常能挾其細窄之專技專長、披靡大衆的所謂知識份子，既多脫不了族類習性而是己非他；又且偏傾於現實物用與享樂誤情一邊之追逐，遂致人所應當爲人之根源義理不彰，落得一切唯利是圖，唯權是奪，風頹俗敗而天下擾攘不安矣。試請舉目弘覼：大如邦國族群之仇敵爭戰，荼毒生靈，動輒百千萬億之數；小如老少男女之恣情劫殺，罔顧人道，無論文明野蠻之區。至於依僻執而黨同伐異，順貪欲而陰謀顯陷，假虛名以行險儌倖，憑利口以飾奸誣良，則已屬中、上階層營造生業之常態。總之一語是：善惡不分，是非莫辨。雖當集體共議之際，饒有在理上說不過去的尷尬，而形式地、或暫以敷衍他人，實且利己地制些法條、訂些規約，可是誰又果於信守？果然不畏強禦，無虧暗室而忠誠執著、履行？似此情勢每下愈況，正不知伊於胡底，而人間世界隳毀之災厄，固不待大自然之星雲碰撞，或資原耗盡，能量消失；必先由自逞私智相恨相欺，互砍互殺，早已趨於絕滅。事極於此，則惟一能挽之方，只有大家反求諸德性主體、人格尊嚴之覺醒與維護；挺立保固天常、定靜心身之觀念理想，並置爲最重最要之鵠的斯可也。於是，表徵東方尤其中國文化精神——仁義至上、教化當先之儒家學思與制行，沒有理由不被正視；而作爲群經冠首與生命持載之《論語》一書，更非大力推擴，衆皆熟讀體會、優游涵泳不可矣。

或曰：《論語》文字簡樸，說理又未盡蜿蜒綿密之詳，焉見其大用有如是者？應之曰：昔人有言：「山不在高，有仙則名；水不在深，有龍則靈。」（劉禹錫〈陋室銘〉）《論語》乃聖人爲萬世開光點化，樹德滋修之偉構，高牆之內，所蘊「宮室之美，百官之富，正如山之有仙，水之有龍，豈可輕藐？吾人今之誦讀，應知不在文學修辭華麗之欣賞或習尙，要必以陶鑄性情、琢磨品德，進而堅志明道、身體力行爲先著。落實於當前世界文化殷求整合、百務日新不已之時勢而言，亦即須由「存乎一心」之妙運，給予乾溼之百業萬彙以精善之潤澤照明，正確指引，得使各自能循如理合度之常軌而開展——爲工則製良器以益民用；爲商則營公利以裕民財。從學則發知敦品以勵社會；從政則致身任重以靖大局。凡所舉措，皆有可以修己而安人，正身而御物者：無論世情如何張拓，科技如何繁衍，乃至術精「基因」而複製生命，思入「太空」以宰制星群，年壽可控，遨遊任便。終須統之有宗，會之有元，一歸於人格爲尙、德教爲先之天和與化育，斯誠萬古不廢眞理之所行。然則舍創闢儒學之孔子爲導師，《論語》爲典謨，豈復別有嘉途得而取代之乎？！大經曰：「君子之德風，小人之德草，草上之風，必偃。」（顏淵）此時此刻的世界，正亟待乎果爾有心有力之君子，一念動發，領先而爲轉捩也。孟子曰：「雖有智慧，不如乘勢，雖有鎡基，不如待時。」（公孫丑上）緣會難再，機不可失，凡百志士，曷其勉之！❻

❻ 甚幸友人王財貴先生深悉個中三昧，發大心、振高聲，提倡自三、四歲起之幼兒讀經，以誦習往聖典言，涵育先天德慧。所創讀經班，今已遍及社會各方。行見化雨春風、普沾大地、華夏光澤、重昭寰宇。慶何如之！

柒、孟子性善論與人生存在意義之省察

一九九〇年六月於加州大學洛杉磯分校美國孔孟學會舉辦之「國際孔孟思想與中國文化前途研討會」發表，經由教育部補助往返機票。

一、前言：孟子學思與孔子仁教之淵源

在中國思想史上，孟子無疑爲具原創性儒家大師的身份。他生當戰國初、中之期（西元前三七一－二八九）上距儒學宗師孔子之卒（西元前四七八），僅百年有餘；又適出身於「詩書禮樂，鄒魯之士，縉紳先生，多能明之」（語見莊子天下篇）的文教鼎盛之鄉。是其所處時、地之宜，如所謂「去聖人之世，若此其未遠；近聖人之居，若此其甚也」（孟子盡心末章語），自必大有得於孔子道術之傳承。因此，其生平行誼及所著書七篇之基本論旨，無不可說爲孔子思想理念之引伸或推述。於中最見貼切體驗之深意者，則在徑行比論前代諸聖之餘，獨稱「夫子賢於堯舜遠矣」，「自生民以來，未有孔子也」（公孫丑上），並以金聲玉振，終始條理之樂章爲喻，而言「孔子之謂集大成」（萬章下），

乃至自表己志說：「乃所願，則學孔子也」（公孫丑上），「予未得爲孔子徒也，予私淑諸人也」（離婁下）。凡此，皆可見孟子於孔子生命學問契應之深，而爲從來之言正統儒學脈絡者，所以必須「孔孟」連稱之故也。

雖然，從思想或道統之本原處看，孔子與孟子，誠屬不可分異的一脈相續，但就個別的人之存在而言，則亦互有其時代或階段性之內容的開展與創發。姑且先借一般宗教發生之過程或態勢爲例而言之：孔子是正如揭示教義、奠定宗旨的教主，孟子則有如宏揚教義、護持宗派之門徒大德，二者既皆相依以爲彰顯，而又必然各有其獨特之成就的。於此，我們首須明辨者是：孔子之「仁教」。

如所周知，儒家之最爲基本而不可一日違異的中心主題，全在於「求爲仁道之實現」。仁，乃孔子綜合推觀前賢往聖之德教，所歸納而得的一個統概的理念，由之提示以爲後世儒者共信共守之準則。其涵義如何？從論語中孔子稱述或表顯的方式去看，是很難像一般知識對象之物事之可爲邏輯定義也。因爲孔子在對應衆多時人及弟子有關仁的問語時，總是各個不同；甚至往往是依隨來問者之「以爲是者而謂之不是，以爲不是者而謂之是」的方式作答。這當然不是孔子故弄玄虛，實以仁在本質上乃一具無限可能的生命精神之物事，不可執定於一端，或憑恃言語道說之所能盡，而是必須經由生活踐履之體驗以爲表現或表達的。所以孔子雖秉天縱之資，從漫長悠久之歷史軌則中，見得了瀰綸天地，通貫古今的實體性的「仁理」，卻亦僅止於「斯文在茲」之簡明的表示而已❶，其切摯的工夫，則要在以具體之生活行事，爲仁理之眞實不妄作充份的見證。如實言之：亦即其以「是而又不是，不是而又是」的方法教人，且嘗分明示現「子絕四：毋意，毋必，毋固，毋我」（子罕）；於歷述伯夷、叔齊、虞仲、夷逸、朱張、柳下惠、少連多位前賢之諸般行誼後，正式宣稱「我則異於是，無可無不可」（微子）；乃至爲及門弟子傳授學思之要則，也只是一句話：「吾道（予）一以貫之」（同見里仁・衛靈公），固皆可說是其「創建仁教」，所必然應取的最佳途徑或程態也。

但是如上所說，仁是屬於生命精神之物事，則就其具於人者而存想之，必然蘊有「超越」與「內在」之兩重意義……前者所以成客觀之尊嚴；後者所以致主觀之親和，而見一整全的道德實體之遍在與流通。孔子於此所呈顯者是：

△上（超越意義的）則崇敬天道：而說「畏天命」（季氏）「獲罪於天，無所禱也」（八佾）；且自感與天無隔，而說「天生德於予」（述而），「予欲無言……天何言哉？四時

❶ 義取論語子罕篇所記：「子畏於匡。曰：文王既沒，文不在茲乎！天之將喪斯文也，後死者不得與於斯文也；天之未喪斯文也，匡人其於予何」？章旨蓋亦有如一般宗教創始者之常覺「我就是道」的表示也。

行焉，百物生焉」（陽貨）。

△下（內在意義的）則正視己德：而說「爲仁由己」（顏淵）；「仁遠乎哉？我欲仁、斯仁至矣」（述而）；「有能一日用其力於仁矣乎？我未見力不足者」（里仁）；尤其強調實踐工夫，而說「民之於仁也，甚於水火」（衛靈公）；「君子無終食之間違仁，造次必於是，顛沛必於是」（里仁）。

類似這種發自生命的純粹至誠，達致合內外、通天人、融物我之圓實充足的規模和化境，固聖人之所以爲聖人之盛德所必至也。至於繼此而推擴或宏揚之於天下後世，讓人皆知有所以循持之義路，自必賴一透徹心靈之涵容與學理之暢發，孟子之於儒學的時代任務及功績，便全幅在是；而最爲有力且顯見成效者，即其堅決倡議，並且終身持以與外人諍辨的「性善論」。

二、性善論爲人生定位之大旨與創意

孟子之確定人性本善，在過程上可有「內因」與「外緣」兩個促成的條件。內因方面，當然是秉承孔子之仁教，進而推求「爲仁由己」，「欲仁而仁至」，「用力於仁而力無不足」之可能依據，見得人有現成具足，可以自主自發地爲善的道德心體與感悟，是故命之曰「性善」❷。此層義理，筆者曾於「儒學探源」第三篇❸中，作過比較詳確的分疏。茲爲關連著文化理念之會通爲說，轉從外緣的方面，繹述孟子所以力主性善之用心，亦有基於世道衰微而「思爲人生定位」之深切的感觸在。

蓋孟子生當戰國大亂的時代，首先是面對諸侯之橫征暴斂，所謂「庖有肥肉，廐有肥馬；民有飢色，野有餓莩」（梁惠王），「爭地以戰，殺人盈野；爭城以戰，殺人盈城」（離婁上）等率獸、率土地而食人肉的局面。再則加上浮現於社會表層的遊士們，竟自沉迷功利，妄生議論，紛紛以學說主張，欺罔世人——公孫衍、張儀、陳仲、許行……之徒，固無論矣；而楊朱、墨翟，且以爲我無君、兼愛無父之說，充盈天下，更有可能導至「人將相食」的慘境。在這種情勢下，孟子本於終極關懷之宏識，來作徹底而根源性之反省，自然會覺得全是人之失其「本心」所使然；因此，他要發掘「本心」之所是來爲人生定位。明白言之，也就是要藉此促使人各在其天生的份上去作成一個人，然後天下國家可得而治，生活行止可得而安。

然則何者是人之本心？依孟子的看法，蓋在其實有固具之特性，質言之，即孔

❷ 告子上篇答公都子「性善惡如何」之問曰：「乃若其情，則可以爲善矣，乃所謂善也」可徵。

❸ 台北鵝湖出版社印行，一九八六年七月出版。

子終生所揭舉倡行的「仁」，及由仁爲實體而衍生的義理，所以書中屢說：「仁，人心也；義，人路也」（告子上），「仁，人之安宅也；義，人之正路也」（離婁上），「心之所同然者，謂理也，義也」（告子上），而最爲分明的表示，則可於下列兩則的記言而知之。

〈公孫丑上〉孟子自白：

「孟子曰，人皆有不忍人之心，先王有不忍人之心，斯有不忍人之政矣……所以謂人皆有不忍人之心者，今人乍見孺子將入於井，皆有怵惕惻隱之心。非所以內交於孺子之父母也；非所以要譽於鄉黨朋友也；非惡其聲而然也。由是觀之，無惻隱之心，非人也；無羞惡之心，非人也；無辭讓之心，非人也；無是非之心，非人也。惻隱之心，仁之端也；羞惡之心，義之端也；辭讓之心，禮之端也；是非之心，智之端也。人之……有是四端，而謂自不能者，自賊者也；謂其君不能者，賊其君者也。凡有四端於我者，知皆擴而充之矣，若火之始然，泉之始達：苟能充之，足以保四海；苟不充之，不足以事父母」。

〈告子上〉答公都子關於性之疑問：

「孟子曰：乃若其情，則可以為善矣，乃所謂善也。若夫為不善，非才之罪也。惻隱之心，人皆有之；羞惡之心，人皆有之；恭敬之心，人皆有之；是非之心，人皆有之。惻隱之心，仁也；羞惡之心，義也；恭敬之心，禮也；是非之心，智也。仁義禮智，非由外鑠我也，我固有之也。……或相倍而無算者，不能盡其才者也。詩曰：「天生蒸民，有物有則，民之秉夷，好是懿德」。孔子曰「為此詩者，其知道乎」！故有物必有則，民之秉夷也，故好是懿德」。

此兩則議論，初是藉人在日常生活中，隨時可能應機呈現的惻隱、羞惡、辭讓（恭敬）、是非之心，驗證仁、義、禮、智諸德之為所固有而非由外入。以是，斷言「無惻隱……羞惡……辭讓……是非之心」者為「非人也」；「有是四端而謂自不能者，自賊者也；謂其君不能者，賊其君者也。」這便顯然可見孟子立言之主旨，在求為人奠立其所以為人之據點❹。此據點既不外乎仁義禮智，則賅而言之，即將整個之人生存在，定位於仁也❺；並以仁之流露之必然通過心靈活動，或心靈活動之必然有

❹ 如今世所謂「某某主義」或「意識形態」者。
❺ 就性之能量而言，仁，有與義、禮、智……等相對之功用，故通常可以四德並舉；惟就性之質地而言，仁則為總攝義、禮、智……全稱之實體，故此處說人生定位，僅止於仁，而不更舉其他。

仁流露之向度而總名之曰「性善」。此即為孟子繼承孔子之仁教所完成的進一步理論之創發也。於是，我們可順之而更為以下諸義之推述。

三、謂性是善之義理的層序

在上圖中，由下而上概分物性、動物性、人性、理性四大領域，依相對之序列而性，如其為性之名義而類別之，可以判為三個層級與四種稱謂，如圖(一)所示：言、實際只有三個等級，最後或最高的理性，因為無所對而遍布宇宙、流貫萬物，故只得存其名而不可以層級論。每層以線條劃分範限：愈高層愈小，表示內容有精簡；其頂端之虛線，表示可以層層昇華或昇進，不便作僵固之隔絕。下文即請依序說明三層之涵意。

第一級——共稱之「物性」。包括有生、無生、自然、非自然，以至於人所製造的器材用具如磚瓦桌椅……等，意構的名物度數如家國天下、政經文教……之類，皆各有其獨特地自存的本質，合起來看，實是個雜多無統的渾淪體。但也是一切類性或種性所由區分的基礎之地，故亦可以大共名的「物性」稱之。於中，若將特具靈秀生意者，劃出並推升一步看，便見有：

第二級——惟生是趨的「動物性」。此層之性，是概括一切能動之物之依其動能以爲生而謂之者，如饑則動而求食，渴則動而求飲，寒則動而趨煖，暑則動而趨涼……等即是。其間當然也包含爲生活而生活的人之本能或知能在內。但人除了有與一切動物相同的求生之本能、知能❻以外，更有堅持理想、創建事業、甚或推己及人、舍生取義之特異的德慧，由此再作一界劃或推升，便將突顯出：

第三級——不爲現實所羈絆的「人性」。這就是純然爲人所獨具，絕非他物所能企及的「仁義禮智」之性。仁、義、禮、智，是爲適應不同情境之定分（同份）而立之別名，若統歸於一體而言之，則專說一個「仁」字，亦即可矣❼。人而有仁，且是內在於爲人主體的心性之中，因而可即心性之全而謂之仁。孟子所以獨稱「人性本善」之故，義即特取於此也。（附圖解如下頁）

孟子對於具體的「人」與其所以爲人之「性」，是有不同際限之分的。此可從其關於人之同具上圖所示二、三兩級之性之明確的辯析，得而知之。〈盡心下〉：

---

❻ 通常多以人有「知能」而別於其他之動物。實則在求維護生命或生存的這個立場上講知能，人與其他動物相比，最多只有程度之高低，並無本質的別異。

❼ 義同註❺。

圖(一)

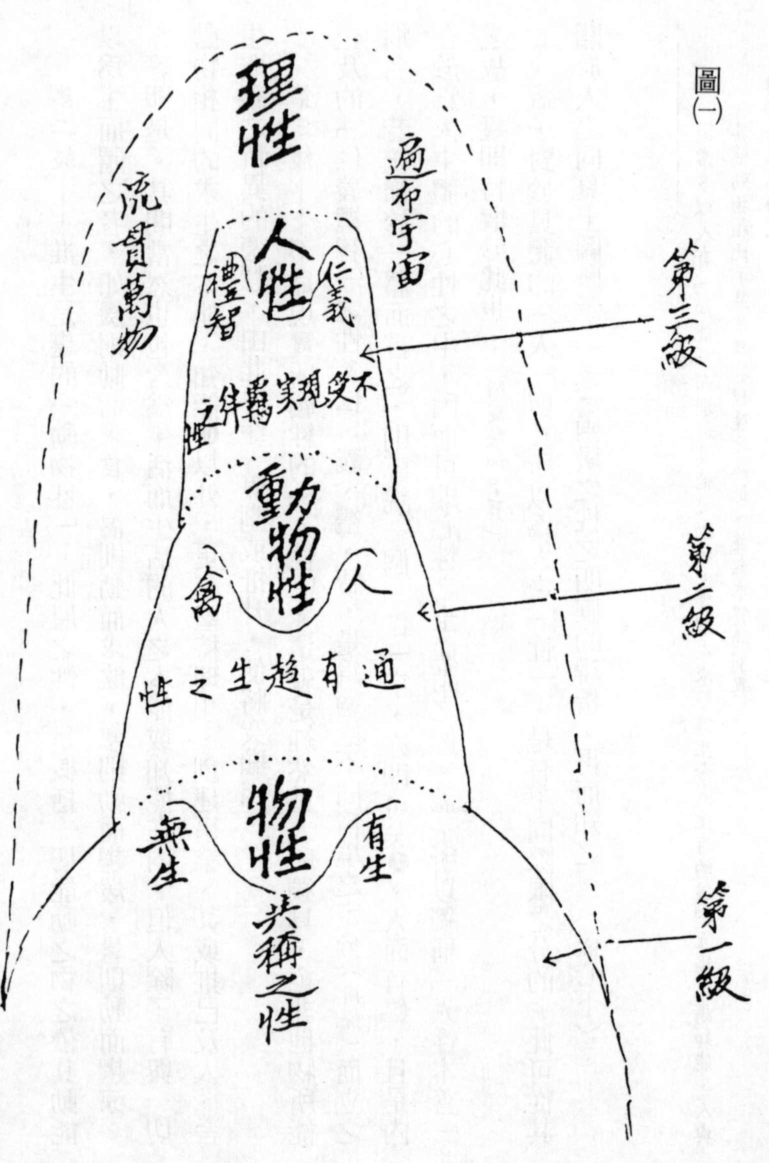

理性
遍布宇宙
流貫萬物
人性
仁義
禮智
不受現實驅件之性
第三級
動物性
禽
人
通有趨生之性
第二級
物性
無生
有生
共稱之性
第一級

> 「孟子曰：口之於味也，目之於色也，耳之於聲也，鼻之於臭也，四肢之於安佚也，性也；有命焉。君子不謂性也」。
>
> 「仁之於父子也，義之於君臣也，禮之於賓主也，智之於賢者也，聖人之於天道也，命也；有性焉。君子不謂命也」。

此兩段文字，雖然意在爲不能操之在己的「命」，與可以操之在己的「性」之兩概念下界說，但也可見孟子必然肯定「人」與「性」之分際有不同。理由就在前後相翻的性、命之說，是同時涵括於「人身」概念之中，或說「人身」之概念，是較分說的「性、命」之概念遠爲複雜的。所以就人身而言，可能有善有不善；就性、命而言，則所指在善便是善，所指在惡便是惡。不可矇混爲一談。孟子即是基於這個前提，來爲己所謂「性之善」者作辯解。惟其進行之方，是藉著非善非惡或可善可惡之「命」概念爲對稱陪襯以說者。如實言之，即口、目、耳、鼻、四肢之所需，與仁、義、禮、智、聖人之所願，分別視爲截然不同之兩域：前者受自然現象之制約，雖因來由係前定而可謂之「性也」，但得之不得則「有命焉」，所以「君子不謂性也」；後者爲道德意志之開拓，雖因成敗不可必而得謂之「命也」，但行或不行則「有性焉」，所以「君子不謂命也」。此中之或本是性而因有命、便「不謂之性」；或本是命而因有性、便「不謂之命」，語氣堅決，示人以必然當行之途向，尋其基本之理念，就是要將人之至善的本質，從與一般動物混同之第二級，提出或升舉至第三級，以成其獨特的「良貴」❽之存在。至此，孟子平素所以力排衆議，極稱性善，乃至強調義利或人禽之辨之用心，便儘可於此明白覘之矣。

四、性之通徹天道與人事

性，從其爲個人生命之內容或潛能以言，原是各各自足自在的。在此，如果即就每一自足自在的個體人加一現實的圈定，便將形成多元紛立，互不相干、乃至相抗的對峙之勢。然而，當我們內在於人間世界，體察其眞實的情態，則可斷言並非如此；相反地，卻是處處令人感受到彼此相將扶持的和合與融洽——比如說：生活可以互助，行事可以互成，言語可以互通，思想可以互補……。而細究其所以能爲和合融洽之精神渠道者，顯然就在人與人間，存有一種不爲形色所拘的同覺爲善、同覺爲惡，亦即同知爲是、同知爲非的共見與共識。孟子於此，則決然肯定人皆有仁、義、禮、智之

---

❽ 「良貴」一詞，見孟子告子上：「人之所貴者，非良貴也」。

四德；著實於生命活動之俱能自主而言，即所謂的「同然之心」是矣。又由心之活動之有一定的方向，乃復有專表能義之「性」的名號，並因性之必然趨善而特稱之曰「性善」。在這一連串的引繹規範下，我們應當注意者，厥爲「心之同然」的問題：此在孟子已明說「心之所同然者……，謂理也、義也」（告子上），便是將「同然」的這種抽象普遍的狀態，具象化爲眞實可據之體型——「理」與「義」。理，即客觀超越之法則；義，則表本質之爲道德的存在。後經宋明儒者的體會與詮釋，則轉而謂之「義理之性」，並且可以更簡略地僅舉一「理」字，而有通常所謂「理學」或「理學家」之稱。

夫由資於現實經驗世間的「共見，共識」（同然），推而證顯主觀內在之「心性」與客觀超越的「義理」，並且轉而據以成就或安護現實經驗的世間，乃一高明精潔的思想體系之求爲廣大而中庸的發展所必至。中國學術自先秦以迄近世，惟獨儒家能揭櫫此種理念，規範地玉成了數千年燦爛不朽的文化，固爲任何通人達士之所公認。其於歷史進程之不同階段中，代有賢哲俊彥，適時適機所爲突破性理論或主題的闡發，當然不在話下；惟觀念之來源，則從無有謂不是緣承於孔、孟者。於此可知，在思想上必備之正確方向與輪廓，實早已由孔、孟充量地架構完成。蓋如前文一、二兩節之所說，孔子於倡導仁教之初，便及身示現了上則敬順天命，下則並育萬物，內則愼修己德，外則開發世務，即爲此思想輪廓之分明展露。孟子繼之，深識「爲仁由己」，「欲仁而仁至」之大義，實不外乎本心之自作主宰，於是即仁而謂心，亦即心而謂仁；心之精爽靈明處即是性，仁之流衍注溉處便是善。合二義而重言之，則謂之「性善」或「善性」。然後倚之爲中心，覺得「萬物皆備於我矣，反身而誠，樂莫大焉」(盡心上)，也見得「其爲氣也，至大至剛，以直養而無害，則塞於天地之間」(公孫丑上)。因而透出形上，形下之兩重境域，一方則深表終極之關懷，而言「盡其心者，知其性也，知其性也，則知天矣；存其心，養其性，所以事天也」(盡心上)。另方面亦甚表現實之關懷，而主「正經界」，「行仁政」，申言「聖人既竭目力焉，繼之以規矩準繩，以爲方員平直不可勝用也；既竭耳力焉，繼之以六律，正五音不可勝用也；既竭心思焉，繼之以不忍人之政，而仁覆天下矣」(離婁上)。這便是使孔子原先敬順天命、並育萬物、愼修己德、開發世務之思想輪廓，更得撐起而爲完整周備之架構矣。復爲圖(二)表解如下：

圖（二）請以處身球體中央觀之

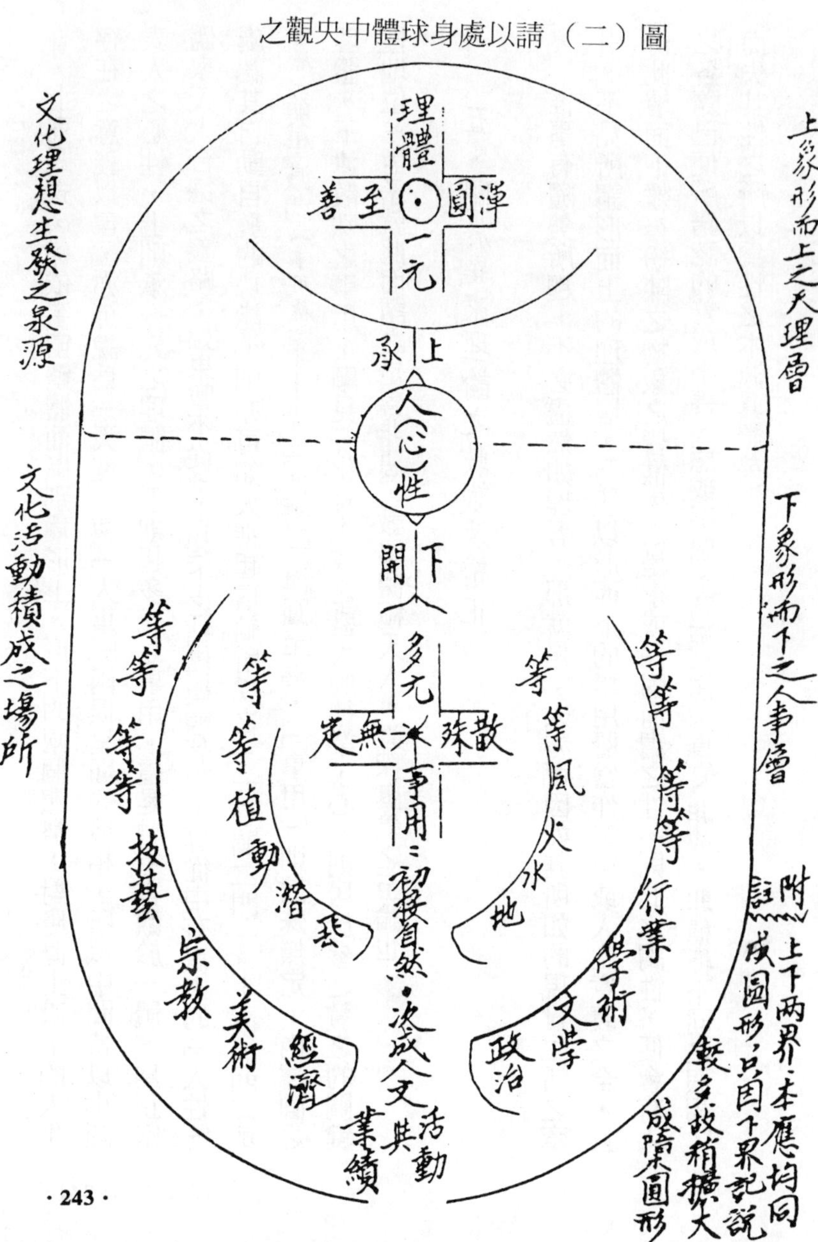

上列圖式，係依宇宙整體而區別為形上、形下的兩個態勢；對應直上直下的人生存在之意義以言，亦可說為「天理」與「人事」兩俱呈顯的境相，所以中間特以小圓表人之心性，上則承一元之理體，下則起多元之事用。這是融主客觀於一體，為正宗儒家天人合德之義路；如果暫不從承上起下之結構模態著眼，專從中有定主的「人性」處認其自動自發的功能，則亦可如大乘起信論所說之「一心開二門」——眞如門（理體層）與生滅門（事用層）——。「理體」渾圓至善，「事用」則散殊無定；由渾圓之理體，下逮散殊之事用，顯見一化育生成之盛大的德業，心性則居於參之贊之的關鍵性地位。孟子就此而謂之是善非惡，誠屬體極天人，直探奧義之至論也。

五、關於異家理論之歧誤及辨正

惟事有隨勢所趨，不必盡然如理者，那就是：人亦可因如其所如的現實生活之牽引，不見所謂形而上的理體層，乃徑以形而下的事用層當作宇宙或人生意義之全，且併此層面下雜沓紛陳之物象之皆惟生之是求或保固而謂之性，則此之謂性，便會有人之各隨己便所錯認的善或不善、惡或不惡、乃至是或不是、非或不非種種不同之假相，而失其性之所以為性之本源眞體矣！

蓋因在經驗所及之現象世界中，任何存在之物事，無論爲原始生態的地水火風，生潛動植，或經運用改造原始生態而成的人文物事如衣冠帶履，宮室器皿，乃至政經文教、術業技藝等等之類，雖然必有天理之透過人心的照拂而後得成其存有；但自其形成或成爲具象物體之過節處看，初皆只是一種素樸的材質生命之自然呈露，與人之適應現實需要所成之舉措和結果；它們自身則並無善惡是非之可言。不過，由其所結構而成之社會或世界，卻夾帶著無限紛歧的複雜性，任誰也不能免於它的糾纏擾攘。就在這裡，人或因爲久於現實之周旋浮沉，而眞感身心的無所或逃，便不復作本末體用之思，始則直依已成事象之如是如是地生發而爲質實的認定，乃有如告子所稱「生之謂性」的論題。再則復見人之生也亦在其中，且多是人之運其高於他物的知能以爲主導之所成，遂總其禍福成敗、利弊得失、治亂興衰、順逆存亡之責，歸之於人，而戡定人性有善有惡，可善可惡，乃至根本是惡，如荀子之「以欲爲性，而謂性惡」；董仲舒之「仁貪之氣，兩在於身」；以及揚雄之「性善惡混」；韓愈之「性分三品」等等之說❾，紛然雜出，莫衷一是，而又竟爲從來之一般大眾所信持和樂道也。

其實，上述這類的歧誤和異議，依循孟子的觀點，及我們所爲圖(二)之判析，亦

❾ 此諸家之說，拙著「儒學探源」第三篇及第四篇之伍章，頗有詳辨，可供參詳。出處同註❸。

非不可予以合理之扭轉，是即順其所執實的經驗層面提出一反問：人之殫精竭慮發明一理論或主張之用心爲何如？此時，如果不雜任何虛矯的僞情，當是無人能不自認係出於善意。因爲只有這樣，其所持論，不管是正是反，才能有個基本的立場，而與他人建構共識；否則，便成自我否定而全流於廢話！然則據此以思，在人性論上，我們將會發現下面這樣一組立足點相同，而方向或結論卻完全相反的命題：

甲、善意地推出性善論或推出性善論是基於善意的

乙、善意地推出性惡論或推出性惡論是基於善意的

前一命題，當然合理可說。後一命題，則無論其爲內容或形式，都是難以說通的，因爲既然以人性惡爲普遍之現象而立論，則世間應無有發自人性之善意的立論者。反之，如果有發自人性之善意的立論者，便不應更爲人性惡之普遍的認定。依是而言，則「善意地推出性惡論」這個問題，便顯然自相矛盾，不能成立。然而它畢竟是經驗世界裡存有的事實，例如：荀子在歷史上是儒家大師，也是道德高尚的大賢，凡所立言，任何人都不能懷疑他的善意，但他卻堅決地肯斷「人之性惡」（荀子性惡篇）；即使其前有孟子如彼其關於性善之周至而剴切的說明，他也強固地表示反對❿。這問題究竟

---

❿ 孟子謂性是善所指涉的境域，原本非常明顯地涵攝了荀子之說。荀子可以不取孟子的觀點，而徑以己所及知者爲論，但不應對孟子業已表達清楚的義理，視如不見，而竟遽作武斷的否定。

出在那裡？現在我們且以上列圖(二)所示之形上形下兩層境域作準則來看，當可清楚地見得荀子的性惡論，是其站在上、下兩界的中間，惟獨面對、甚或投擲自己於憧憧往來的下層現象界，感受繁複爭鬥，而生起厭惡情緒所成的議論。如實言之，他本身正有凌駕在上——即居於上、下兩界之中——而俯瞰下界，執行超越地厭惡之善良心性的。只是他急於求爲客觀對外的「正理平治」之功，遂不及反躬自省、或根本忽視主體內蘊之能耳。經過這樣的辨證，我們當知荀子之貿然推出「性惡論」，固然理念不很周全，而其基本上之確具實質的「善意」，且在經驗事象中，可以物各付物地共許其存有，是應無任何疑問的。可是更進而言之，卻由其原初立論之不能不基於善意，適足爲孟子性善說提供了現實有力的反證，則又荀子及其附議者之始思所未及而終須自我改轍者也。

六、總結：順性而爲則可無惡的事實存在之剖判

如前列圖式(一)、(二)所表示之整體的意涵看，性之爲名，可以說是通一切——有生無生，自造他造，能動被動——之物而皆有的總概念；由總概念的性，一級一級往上抽乃見他物所無，惟人獨有的仁義禮智之性。依著這個理論作歸納，可知「人性」的

概念，是高出於「人」的概念之上的。孟子斷言「無惻隱之心，非人也；無羞惡之心，非人也；無辭讓之心，非人也；無是非之心，非人也」，即明示人要成其異於他物存在之人，便必須秉持仁義禮智之高尚的性情以立身處事，才可算得。如實言之，也就是必須先認得或信得自己之性善，從而奠立起強固的根基，把握往正確的方向，始有發於戒謹眞誠的爲善去惡之可能；以致自覺責任重大，視天下事如己份內事，而有人飢己飢，人溺己溺之迫切的感受，與「被髮纓冠而往救之」(離婁下)的願力。

然而通常之爲性論者，卻往往不此之思，總是以對外認知或客觀分析的態度，降格地偏取人與其他動物乃至萬物相混之性以爲性。站在這個立場，不僅自來即有：性無善無惡，有善有惡，可善可惡，以及根本是惡之論，如上文之所屢說者。其更進而有的附從之議，是放著現象世界之亦有善的事實如不見，卻單就惡的事實一邊，提出：「如果人性是善，則惡從何來？」的詰問⓫。此從問者之心態而言，固然有其明顯地護短的偏頗。可是在求確證性善之理路上，也畢竟是個問題，不能不予超越之了別。下舉孟子告子上篇的幾段文字，即可視爲對此問題之具體的解答。

⓫ 一般宗教徒，尤其是基督教徒，則謂惡爲人之所自造，善則來自上帝。表面上似乎有了交代，實則上帝如果只超越而不內在，則亦僅爲一種搪塞推托的說詞，根本不足以服人之心。

「乃若其情，則可以爲善矣，乃所謂善也；若夫爲不善，非才之罪也。……仁義禮智，非由外鑠我也，我固有之也，弗思耳矣。故曰：求則得之，舍則失之，或相倍蓰而無算者，不能盡其才者也。」

「富歲子弟多賴，凶歲子弟多暴，非天之降才爾殊也，其所以陷溺其心者然也。今夫麰麥，播種而耰之，其地同，樹之時又同，至於日至之時皆熟矣。雖有不同，則地有肥磽；雨露之養，人事之不齊也。故凡同類者，舉相似也，何獨至於人而疑之？」

「牛山之木嘗美矣，以其郊於大國也，斧斤伐之，可以爲美乎？是其日夜之所息，雨露之所潤，非無萌蘖之生焉，牛羊又從而牧之，是以若彼其濯濯也！人見其濯濯也，以爲未嘗有材焉，此豈山之性也哉？雖存乎人者，豈無仁義之心哉！其所以放其良心者，亦猶斧斤之於木也，旦旦而伐之，可以爲美乎？其日夜之所息，平旦之氣，其好惡與人相近也者幾希，則其旦晝之所爲，有梏亡之矣；梏之反覆，則其夜氣不足以存；夜氣不足以存，則其違禽獸不遠矣。人見其禽獸也，而以爲未嘗有才焉者，是豈人之情也哉？故苟得其養，無物不長；苟失其養，無物不消。孔子曰：操則存，舍則亡，出入無時，莫知其鄉，惟心之謂與！」

「無或（惑）乎王之智也！雖有天下易生之物，一日暴之，十日寒之，未有能生者也。吾見亦罕矣，吾退而寒之者至矣，吾如有萌焉何哉？今夫弈之為數，小數也，不專心致志，則不得也。弈秋通國之善弈者也。使弈秋誨二人弈，其一人專心致志，惟弈秋之為聽；一人雖聽之，一心以為有鴻鵠將至，思援弓繳而射之。雖與之俱學，弗若之矣。為是其智弗若與？曰：非然也。」

此上四則的議論；孟子都是採取通俗易解，亦即人皆於其現實經驗中，隨時可以證知的事例作曉喻，以明人間世界，善之不能持續與惡（不善）之所由來的緣故。或許正因其通俗易解，人們便多不經心地輕忽了過去，卻又偏要提出自己難以釋懷的「言性善，則惡的事實無法交代」之疑惑。實則孟子為說的意涵，是蘊有足以化解這種疑難之理據的。茲且復為最後之三點剖判如下：

㈠善有實體、惡無實體，二者不成對待的關係

首先，我們必須知道：「善」與「惡」在概念上，好像是個平齊相對的兩造——通常人大都取這個看法。但從生發「作用」之必有「實體」為主的理路觀之，則二者完全不能平齊相對：理由就在善有實體性，惡則根本無實體。上舉孟子的四則議論中，已很明顯地透露了這個訊息，下面仍請以圖式㈢來作表示：

圖三　善惡緣起圖式

此圖㈢式，無論作平面或立體的任何觀察都可以，中間不以線條範限而可四通八達的圓心，代表理的實體，或實體意義的理——就個人言，即是心性，就宇宙言，即是天道。在孟子、理是心之所同然，又嘗謂：盡心知性則知天，存心養性以事天。是理與心、性、天、道爲同一實體、對應不同情境而稱之異名，故可以一完整之圓環(應如圓球)作表示；內容地說，實即所謂的仁義禮智；它是純粹地善的，故亦可簡稱爲「一團的善」或「善團」。在這裡，善，不只是個形容詞，而兼是個具象化的實體詞，故順善而論性，則性即是善，順性而論善，則善即是性，推而配心、配理、配天、配道而論，莫不皆然。宇宙依即善之理、道而創生，個人依即善之心、性而活動，乃有現象世界萬類之善的物事，所以刻就善的物事方面看，是有實體——理、心、性、天、道——爲主於中之運作而成的。如果天地間任何個人，與由個人合成的任何組織，俱能承體起用，直道而行，則現象世界，便應只有善的物事，而無惡的物事。但這是純屬理論的當然，也是極端理想的企求：事實上，當本善的心性(理、道)，從形上之境域中活動，轉而成就形下之事物時，原有一降落或坎陷其自己的趨勢，這也就是說，它(心性)必須由自由無限的存在，投置爲制約有限的存在，而直下在現實事物裡翻滾騰躍。然而現實事物是有模有樣，可見可感又無窮地雜多紛擾的，心性僅以無形無影之姿運作或主宰其間，通常是隱而不顯，難爲人(包括自、他)所認知、乃至根本忽略或遺忘的。此時則特有賴於自覺地堅持理想、戰兢憂懼、敬慎始終以從事，始克隨事安排、繼繼繩繩而爲善：積而至於人人如理，事事俱宜，則遍天下或宇宙而皆善或全善，是應無疑問的。孔子嘗言：「苟志於仁矣，無惡也」（論語里仁篇），正可謂爲此意之明白表示。設若不此之圖，而一念怠惰下來，便立成善心之截斷；善一截斷，不善（惡）便趁虛而入，天下之有惡物、惡事、乃至有惡人，基本上都是這樣發生的。如是，故我們可說：「惡是善之未能自持其善，留下間隙所召致的副產物」，它並無所以自主地、統合地爲惡之理的實體性可言。圖中先以細直線條象徵承體起用之善道或善行，中途卻轉用粗黑曲線示現反覆迴環之狀者，即是代表這個意思。看它之存有或出現，都是散亂而無定在的，有如空穴來風，必待世間之偶有空穴而後實能生起也。

(二)人之故意爲惡，乃起於善心間歇及流散而成之雜念

以上的說法，或許人亦仍有異見。是即：常見人之千方百計地圖謀爲惡，乃感惡爲出自人心之故意，而謂惡亦有其主之之實體，並且從而認定可惡、或根本是惡而非善，固屬事理之所必至。誠然，這是從來對反孟子性善說所據之通議；但也是不能透識孟子說之盲點所在。須知如我們上文及諸圖式所抒陳之理序而觀之，凡所以設計或圖謀爲惡之「心」與「意」，蓋已非原初與生俱來的本善之心、意，而是本善之心、

意，亦即「理體」之降身現象世界、成就現實事物之過程中，一時未能持續其善而流散出來的「雜念」而已。這種雜念，雖曰蓄勢極盛，縱而任之，足至毀滅人類、顛倒乾坤而有餘！但實在說來，仍可由本心之明，隨時警醒自覺而消弭於無形：所以禪家有「放下屠刀，立地成佛」之說；而古代儒家典籍，如六經四子書中，每皆強調戰兢（詩經）、謹愼（尚書）、惕厲（易傳）、戒懼（中庸）種種臨深履薄、憂危慮患之情操。惟其如是，則人生自可免於惡行之糾纏；即或偶有失誤，亦將因自我之勤於照察而移轉化除，而終不礙爲純潔無瑕之聖人或君子。且看人類歷史洪流之畢竟向著完善美好之目標而趨，豈不足證其爲勢所必然之至理乎！

(三)自由之涵義與爲善爲惡關係之不可錯認

復次，有一更似機括而足以套結或迷亂人意的問題，那就是：人之爲生，必有得自天賦之絕對的「自由」，並且基本上是超越的實體——善——所應當給予的。因爲只有具備了它，人才能顯出自作主宰的價値，否則，一切便成依他不依己而全無意義了。但也就因爲這個緣故，人之可以自由地爲善與自由地爲惡，豈不又是勢所固然，而終成性善說之否定？關此，我想必須先解得「自由」之詞義明白始得。所謂「自由」之詞語，其本身仍是個空洞的形式，背後之必有人爲操持或用之之主體，固是非常明顯的事實。茲僅就其運使之合理的方面看，可以見出淺深不同的兩點意義：其一是、自由之用在社會關係或政治領域中，乃指任何個人，俱有自己保持或維護一切有關生存的權利，不能容受相對之他人的侵犯或妨害。其次是、落在精神境界求爲人格發展之理路上，則義更積極，即人有基於善心或良知、不屈不撓地實現善行之深意也。此在中國傳統思想中，是最關重要的義理：前舉孔子所言「爲仁由己」⑫，其中之「由己」一詞，倒過來看，就是「己由」，正與今人所謂的「自由」義無所分別。但我們應該注意的是：「由己」之上復冠以「爲仁」！依此而隨習言之，則可如政治社會中那個「自由，以不得侵害他人之自由爲前提」的原則，而說「人只有爲善的自由，沒有爲惡的自由」；若是更進一層的看，則當以我們上列圖㈢及說明所示之理念爲答：惟內有善爲實體或主體之心性之企求爲善，始得眞足以言自由。——「有殺身以成仁，無求生以害仁」（論語衛靈公），「生我所欲也，義亦我所欲也，二者不可得兼，舍生而取義者也」（孟子告子上），試問誰能阻止他不得自由地這樣做？相反地，若夫爲不善（惡），則根本是其人已受制於外誘之他物，例如：歷史上一切暴君巨盜之流，每集生殺予奪之大權於一身，似乎可以恣所欲爲；但面對變幻無常的世界，追求不可必

⑫ 見本文第一節末段。

得的名利，而永在患得患失之過程、甚至及身被誅之危險中，又何嘗眞有半點自由之可言？是故由此以觀，「自由」這個名號，實只是個形諸口說或文字的抽象詞語，要者在「自」之所以爲「自」，必有其堅實而充盈的體質和內容，孔子於是，則明注以「仁」；孟子更從而反觀內省，見得「仁」即「人心」，而直揭曰「性善」。二聖同揆，誠屬義理上最爲深邃的發明；其所以啓發人生憤悱之至情，導正文化衍展之途向，在中國已往之歷史中，實有太多昭然可考之事跡爲證。時至今日，東西交通，視野宏開，爲了適應「現代化」之需要而當有種種情節甚或體制的變革，自不待言；惟主觀方面仍須本乎「性善」之自我肯定，以成其道德意志規範下之行誼，則固人類共識中永不可磨之達道也。

捌、孟子本義之疏釋及疑難試解

——陳大齊先生《孟子待解錄》讀後抒見

本文經國科會七十五學年度核定研究成果獎助
（鵝湖月刊一二七、一二九、一三〇、一三五、一三六各期分別刊載）

一、前言

㈠本文寫作緣起

在整個儒家傳統中，孟子是繼孔子開立仁教之後，建構完密學說體系之第一人。其所著《孟子》七篇之書，義旨明通，內容豐沛，乃人所共見之事實；而根基所在，則惟是一個「人性本善」的觀念。何謂性善？理論上必然蘊涵形上與形下之兩重意義。明白言之，即一方面當有其內在而超越之理據，一方面亦當有其外顯而形著的實迹。前者所以定價值之本源，後者所以見活動之效驗。從前理學家所謂的「本體」與「工夫」，以至今之哲學學者所揭櫫的「理性」和「經驗」等名言之實指，當皆不外此兩重意義發展下來的具體表述。孟子秉承孔子仁教精神之啓示，見得心性之主宰生命，上則通達天道而周徧宇宙，下則明辨世故而肇造人文，合兩者之功能而綜之以一言，於是斷之曰「性善」，並且堅自操持而成生平之各種對機適事之議論與行止。這是凡求研讀其書或評鑑其人所必須先行把握的義理綱脈。否則，便將如置身迷霧，莫知其中心意指之所是；而勉強摸索，雜拾單詞片語，綴補爲文，亦恐難免於附會穿鑿之失。

筆者近時得讀陳大齊先生的《孟子待解錄》（商務印書館出版），甚感其對於孟子篇章之精研細析，可謂創前無古人之新格。而有關文獻徵引、語辭對勘之察極秋毫，與夫不自是，亦不盲從之虛懷、存疑的態度，無不處處昭露一個學養優越、志行篤厚的長者風範，允値我輩後學之長相矜式。然而竟有不能令人無所遺憾者，則是未能深解性善論所含具的天人互成，本末相順之眞旨，因而在論釋或揣思的方面，完全偏取經驗事象的一邊，乃使得孟子許多本乎超越普遍之理體立義，以及因應時勢或人物而活潑其說之原文，俱成扞格而不可理解矣。於此，我們詳察其序言第三段（頁二），似乎先生亦非全不知有所謂超越理體之義者，可是他卻以之歸於天資高者之研究方法巧妙爲說，而其自身則寧取低資質的笨拙方法一路，遂把一個需要正視的客觀而嚴肅的主題，在輕描淡寫中給予拋棄了。嚴格地說，這不是解決問題，而是抹殺問題。抹殺了彼以取此，然後又即此以解彼，則其所解之多舛誤，或且至於根本不可解，固將爲勢所必然的結果，絕非「自知愚鈍」、「安於笨拙」之類的謙詞所能爲之掩飾或卸責的。何況所謂研究方法，應無論天資之高低如何，要爲從事研究者個人所憑以進行研究的一種步程或手段而已，其與所對以研究的主題物事之是什麼，並無本質上的關涉。這也就是說，任何研究者，可以各取自己認爲最好的方法去研究一客觀的物事，卻不可即以其採取的研究方法，替代或充當所研究的客觀物事之內容，循至枉屈或抹殺客觀物事本具的實理。我看陳氏該書，就覺得有很多流於這樣的偏失，因此，順閱讀所至，隨即記下一些衷心所感和不敢苟同的意思。事後經綜合整理，並且分節分條，觸類申抒，遂成本文。其所爲論說，重點固是由陳氏之疑難所興發，而宗旨則全在孟子本義之探究。至於持論原則，乃相應前面所提形上與形下——亦即本體與工夫，理性與經驗之兩重意義，時或別用「理法層」與「事法層」之兩境以分疏，要爲求界劃清明，解析方便之權宜運作。讀者若得其意，則當視如筌蹄，不必執之以爲成名或定稱。孔子嘗言：「一言而興邦，一言而喪邦」（子路篇），學術文化之隆替，理亦如是。吾於大齊先生之學品人格，固無間然；然事關文運，義涉仁教，有不能曲意阿從者，則亦不得不勉申其說，非敢謂道之果必在茲也。

㈡孟子性善論要旨述略

孟子全幅理念之在於暢發人性本善之義，大體已如上述，而切就心性之何以是善而言之者，則以公孫丑上篇與告子下篇兩處所論，最爲詳實明白。本文試圖辨析的陳氏之疑難，基本上正多是由於對此兩章之未得的解而滋生，以此，這裡應先就兩章原文，略伸其大義之所存。

〈公孫丑上〉：

「人皆有不忍人之心。先王有不忍人之心，斯有不忍人之政矣。……所以謂人皆有不忍人之心者；今人乍見孺子將入於井，皆有怵惕惻隱之心，非所以內交於孺子之父母也，非所以要譽於鄉黨朋友也，非惡其聲而然也。由是觀之：無惻隱之心，非人也；無羞惡之心，非人也；無辭讓之心，非人也；無是非之心，非人也。惻隱之心，仁之端也；羞惡之心，義之端也；辭讓之心，禮之端也；是非之心，智之端也。人之有是四端，猶其有四體也。有是四端，而謂自不能者，自賊者也；謂其君不能者，賊其君者也。凡有四端於我者，知皆擴而充之矣，若火之始然，泉之始達，苟能充之，足以保四海；苟不充之，不足以事父母」。

〈告子上〉：

「……惻隱之心，人皆有之；羞惡之心，人皆有之；恭敬之心，人人皆有之；是非之心，人皆有之。惻隱之心，仁也；羞惡之心，義也；恭敬之心，禮也；是非之心，智也。仁、義、禮、智，非由外鑠我也，我固有之也，……或相倍蓰而無算者，不能盡其才者也。詩曰：『天生蒸民，有物有則，民之秉夷，好是懿德』。孔子曰：『爲此詩者，其知道乎』！故有物必有則，民之秉彝也，故好是懿德」。

按：此兩章義旨之在建立人性本善的理論，可稱至爲顯豁，而其根據，則係奠基於任何人皆可反身自證的生命活動之實情。雖然這類的生活實情，客觀地說，皆屬日用平常之實事，可是我們卻不能囿於一一定成的現實事體去看它，而正應從其不假外力而自能日用平常之行止中，體認到一個通一切人而皆然的統貫性，換言之，即推見一既超越又內在的常理之徧運於萬物。關於這個意思，拙作「孟子性善論義旨綜詮」，嘗就多種角度，作過比較詳盡的疏釋（文刊孔孟月刊二十一卷第六期，近已輯爲「儒學探源」第三篇之第叁章，書由鵝湖出版社印行，請參閱）。茲爲適應陳氏疑難解析之故，覺得復有值得注意的四點理念，當該特予說明。

第一是：孟子之言人，乃以心性爲主宰或主體之人，非徒具四肢百骸——饑欲食，渴欲飲的物質身體之謂人也；而其言心性，乃以道德爲本質或本體之心性，非牽於生理欲望，隨境遷流的現實感觸之謂心性也。所以說「無惻隱之心，非人也；無羞惡之心，非人也；無辭讓之心，非人也；無是非之心，非人也」。此中之四言「非人也」，明是限於無惻隱、羞惡、辭讓、是非的道德本質，亦即下文所進而解釋的仁、義、禮、智的四端之心而言者，並非不具一般自然人之形相或感觸能力也。若問其何以如此肯斷？理由則要在於提振人之所以爲人的特性及所應當循持的基本原則。蓋因只以具有一般的形相或感觸能力而謂人，則與他類的禽獸之亦有其形相或感觸能力，並不構成實質意義的差別。所幸事實上人有畢竟不同於禽獸的獨具的東西，那就是固有仁義禮智四端的道德本心。設若人而無此道德本心，便將與禽獸無異而不是人了（此「人」字是以「人者、仁也」之內容定義，請毋當一般的「約定俗成」之名言看）。句首之所謂「無」，在學理上可作兩種分解，即就生成之初說，可以當作狀詞的「無有」講，凡生而無有道德本心，自必不能謂爲人；而就生成之後說，則可當作動詞的「棄去」講，人而將與生俱來的道德本心棄去不管，也便當然不能算得是人了。至於惻隱、羞惡、辭讓、是非之特稱爲「端」，義則同於謂生命中的內蘊之幾——端緒或幾微，是透顯心之爲形而上的存有物，順而充之，則「足以保四海」，棄而不充，則「不足以事父母」。端緒或幾微是理；保四海、事父母是事。事必根於理，理亦必至於事，兩者相生相成，然後可達中庸所謂成己成物之盛德，大學所謂修齊治平之大業。人們於此，若只重理而不重事，則將極於保守而爲楊朱之「無君」；若只重事而不重理，則將流於慢蕩而爲墨翟之「無父」。若有兩皆肯定，卻又不能爲內容上之貫通，而只斤斤於經驗事實之認取，則將或如荀卿之以禮義惟生於聖人，餘固「必待師法然後化，得禮義然後治」；或如董仲舒之以未成善行的善質，不得謂善，必須已在事上實地表現善行，乃可謂善的「善過性，聖人過善」之說。是則皆非孟子上來觀念之所能見許者也。

第二是：心性之既以道德——仁義禮智——爲本質而自成一理體，則關連著整個人生宇宙之眞實情態以言，必然同時含有內在、普徧和超越之三義。內在者，乃以謂人格之自足而無假於他力。「非由外鑠我也，我固有之也」，即是此一意思的肯定。然內在自足，尚只是一一個己獨立之事，而如何維繫一一個己之統合融和，以成群體相關之共業，則仍在於各自之本其固有的仁義禮智推擴迎受而後可，因之，又可得出仁義禮智不爲任何個人所囿的公通性與普徧性，是所以不得不說「惻隱之心，人皆有之；羞惡之心，人皆有之；辭讓之心，人皆有之；是非之心，人皆有之」。也不能不在承認「人皆有不忍人之心」之理念下，斷言「先生有不忍人之心，斯有不忍人之政矣，以不忍人之心，行不忍人之政，治天下可運之掌上」的實效。迨夫公通性，普徧性之既經抉發，然後進而求爲最高莊嚴的價值意義之貞定，則提攝或體認到一絕對超越地生成宇宙萬有之實存本體之物事，便躍然不能或止地顯露了出來。此在孟子心意中，即其所謂「天」，即其所謂「道」，於是特引大雅烝民之詩曰「天生烝民，有物有則，民之秉彝，好是懿德」，並舉孔子之贊語「爲此詩者，其知道乎」以爲證。

第三是：依上所言，孟子通過對仁義禮智之爲本質的認定，合內在、普徧、超越之三義於心性，則此時之所謂心性，固不是一般受制於現實感觸的血氣活動之所能盡其蘊者，而實已升舉爲彌綸天地、生成萬事萬物的常道所存之形上本體或主體矣。惟其堅持著這個理念，所以全書各處，便常一方面顯現高卓挺拔的超曠精神；一方面又流露其關心民瘼的宇宙悲懷。前者如：「我善養吾浩然之氣……至大至剛，以直養而無害，則塞於天地之間」（公孫丑上），「萬物皆備於我矣，反身而誠，樂莫大焉」（盡心上），「君子所過者化，所存者神，上下與天地同流」（同上）。後者如：「仁、人之安宅也；義、人之正路也。曠安宅而弗居，舍正路而不由，哀哉」（離婁上）！「仁、人心也；義、人路也。舍其路而弗由，放其心而不知求，哀哉」（告子上）！

「吾爲此懼……亦欲正人心、息邪說、距詖行、放淫辭，以承三聖者。豈好辯哉！予不得已也」（滕文公下）等等彰明較著之氣象和衷懷皆是也。至於盡心上篇的「盡其心者，知其性也，知其性，則知天矣；存其心、養其性，所以事天也」，「天下有道，以道殉身；天下無道，以身殉道」，以及「親親而仁民，仁民而愛物」，則更可說是其上達天德，下開世務，極乎光明磊落的踐履工夫之寫照。凡此諸端，揆其實理，莫不是基於本節前錄兩章義旨之所示。統賅於一語以明之，亦即對於「性善」一主旨之篤信和體現而已。

第四是：關於「性善」之爲辭義，通常皆以「性是善的」作解，這當然是一種非常正確的解釋。但在一般未經深入地愼思明辨、而徒事文義之浮泛聯想下，亦很可能生起一種意向上的歧誤：即以爲只性是主體，善則爲附加於性的從屬物，乃至轉而視之爲形容性的形容辭。若果如此，便將性與善打做兩截，而成各是其是的對峙之局了。實則孟子所使用的「性」與「善」之兩字，基本上是具有同一之實體意義的，理由正如我們上文之所解析，兩者皆必以仁義禮智爲本位，確定地說，也就是言性則必爲仁義禮智之性，言善亦必爲仁義禮智之善。離了仁義禮智，則性不得而謂性，善亦不得而謂善。因此，可說即性是善，即善是性，而「性善」一辭，亦可翻轉而言「善性」，並以「善是性的」作解，不宜但執一偏以爲是。蓋無論如何，統皆是以仁義禮智爲軸心，而隨表述之便，合「存乎中而安則曰性，見乎外而宜則曰善」之兩義所成之複辭，絕非於仁義禮智之外，可另覓個堪稱為善之性或性之善之物事者。斯乃孟子所以特主性善說的根源義理之所在，細心的讀者，應不得於此不加考索，含糊看過！

二、本義之疏釋及疑難試解

(一)心性論之部

孟子：

「故天將降大任於是人也，必先苦其心志，勞其筋骨，餓其體膚，空乏其身，行拂亂其所為。所以動心忍性，曾益其所不能」（告子下）

陳氏疑難：（以下簡稱「陳疑」或「陳解」。）

於上錄孟子本文中，陳氏特就「動心忍性」句中之「忍性」一詞，致其三點異解和疑難（頁二一五）。

1. 「忍」……不欲其如此而不得不任其如此……所以忍的過程，可分先後兩階：先一階爲不欲，後一階爲任。……偏重先一階而又略予引申，則忍字可用作抑制的意思，如忍住不發。偏重後一階而又略予引伸，則忍字可用作放任的意思，如忍受痛苦。荀子書中亦有「忍性情」一語。因爲荀子主張性惡，故所云忍，定是抑制的意思。孟子既主張性善，至少當是放任人性的意思，更當是發揚人性的意思。趙注釋爲「堅忍其性，使不違仁」，即取此義。

2. 取「堅忍其性」之說，則以孟子主張良知良能爲人性所固有，便只能說保持，不應說曾益。今謂「曾益其所不能」，豈孟子於良知良能之外，尚別有其所重視的能！

3. 就孟子言，人之有性及性之存亡，均出於人的自力，其主動力不在於外。「忍性」，若推定爲天忍人性，便與「非由外鑠我也」顯有牴觸。若以告子上所言「心……此天之所與我者」，推定天忍即自忍，則又與萬章上所言「皆天也，非人之所能爲也」之未將天之所爲一概視爲人亦能爲。因而天忍仍有「由外鑠我」之難。

按：上述陳氏之疑，在語文方面，可謂曲盡了非常善巧的論析；而且多端引證，亦似頗言之有據。然就孟子全幅之思想理念以言，則無異是將一完整之形像撕裂拆散而後隨意拼湊，以致斲喪原有神態之論也。其實，「動心忍性」，依孟子整章之文義去理會，固當下有其明白清晰的意念可尋，根本用不著到處牽扯。於此，牟宗三先生在順通其意後之譯語是：「竦動其心」、「耐住其性」；並特就「忍住」一辭解之曰：「忍者耐也，如耐性、耐煩之耐，是『忍住而能勝任』之謂。耐性是耐住性子而能勝任或當得起種種拂逆之挑戰，不隨便跳起來（浮躁）。耐煩是耐受麻煩之困擾而有辦法處理之，或順通以化解之」（圓善論第四章，頁一八九－一九〇）。這是就人的方面，能承天之所施以警惕、自制而作的最具體切摯的詮釋。若轉過來就天的方面說，則是為了使「是人」之能負擔將降之大任，乃必先施予嚴格的磨練——「苦其心志，勞其筋骨，餓其體膚，空乏其身，行拂亂其所為」；易言之，也就在於故意激盪他的心，使之有所悚懼，挫折他的性，使之知所忍耐，來「增益其所不能」者。此中所稱的心、性，當然是指的以仁義禮智為內容的本心本性（自然也可以包括一般所謂的氣性，才性而不必見外），所以需要動之忍之者，乃以本心本性，雖然皆屬人所固有，但在對應現實事務之情境中，每多因勞苦困頓而可能屈移或流失。若果如此，人便眞成了天所動、忍的俘虜，自然不可能有何大任降於其身了。反之，如果承受過勞苦困頓或激盪挫折，而知所悚懼、忍耐，而不變其本然的心、性，則其人之足以肩負大任，成就大業，便應不成問題了。何謂其然？理由即在他業已刮磨出奮勵堅貞的志氣，造就了應對進退的本領，亦即如實地完成天欲「增益其所不能」的本願故也。

陳氏從「忍性」一詞，詳作字面或語意之推求，誠可見其用思之細密。但可惜的是沒有把孟子原所以言天、人、心、性、能等名言之存有意境及層次關係弄明白，因而覺得處處糾結難解。例如：

(1)援引趙歧注「堅忍其性，使不違仁」之說，曲折地強解「忍」爲「放任」的意思後，於是，特就孟子主張性善之事實，認定「忍性」，不能說「抑制性」（意謂「抑制」，惟主性惡說之荀子始可說），而只應說「放任人性」、「發揚人性」。這個見解，粗看固似頗有理，但細加分析，卻是將孟子原在表示「天忍人性」的意思，轉成「人自忍其性」的意思來說了。因爲「放任」或「發揚」，完全屬於人所自爲的事，根本與天之超越地忍之的觀念不相容。然而孟子則明是說人之得成其大任，實係天之先爲磨練——「苦其心志，勞其筋骨，餓其體膚，空乏其身」所使然，是則雖不便徑謂爲「抑制」，亦當取「挫之使忍」義作解始得。不此之思，而竟詰屈其解，以「放任」「發揚」之義相規，豈非並天將降大任於人而堅忍其性之前提及主旨亦棄置不顧了嗎？

⑵隨著上說展衍下來，陳氏復認孟子既以良知良能爲人所固有，對此，便只應說「保持」，不應說「曾益」。如是，便又將孟子所謂之「良能」，與一般的「術業技藝之能」混爲一談了。須知孟子特稱的「良能」之說，乃指人生不待學而自會愛親敬長的道德操守之能，非謂此外別無處理現實事務的術業技藝之能也。舉例言之：吾人之必本有愛親敬長之能，然後自有愛親敬長之行，這是屬於良能的範疇。但如何得使親長衣食豐足，生活順適，乃至心情怡悅，則需要在經驗行爲的過程中，一件一件的去體察或學習；體察學習，便會增益其能，而更達愛親敬長之實。夫愛親敬長之事且如此，至於擔當國家，天下之大任之尤必有待乎磨練以增益術業技藝之能，始可勝任愉快，又何可置疑乎？綜觀孟子本章前後之文義，於此固已表示得甚爲分明。陳氏卻說「今謂『曾益其所不能』，豈孟子於良能之外，尚別有其所重視的能」！倒眞叫我們對於他會生起這樣的疑慮，難得其解了。

⑶再進一步的論析是：認爲孟子言人性之操存舍亡，均出於自力，其主動力不在於外。「忍性」若推定爲「天忍人性」（按：即取趙注「天在堅忍人性」之說），便與告子上篇所言「仁義禮智，非由外鑠我也」，顯成抵觸。然後又正面地摘舉「天之所與我者」（告子上），勉強佐證天忍即同於自忍，來解釋主動力之不在於外；反面地摘舉「皆天也，非人之所能爲也」（萬章下），佐證天之所爲非人之所能盡爲，以明其終有

「由外鑠我」之弊。這眞是對孟子原文極撕裂拆卸之能事，而根本問題，則在完全混淆天、人之分際及「非由外鑠我也」之範限故也。須知天、人之分際，在正宗儒家孔孟之思想中，是由著「超越理體」與「現實物用」兩個概念交錯構成的。明白言之，即天爲純粹的理，不雜任何的物質性。人則兼具有純理與物質性的兩面——一面爲內在之心性，一面爲外見的身軀。前者係承天（理）而有，不僅可以自作主宰，而且是與天同體；後者乃由自然的物質血氣所固結，自必有其一定的限制。孟子所云「天之所與我者」、「非由外鑠我也」，以及「天也、非人之所能爲也」、「天將降大任於是人也」等句中之「我」字與「人」字，正是包含著這兩面之內容以立義的。天（理）成我性：客觀地說，即「天所與我」；主觀地說，即「我固有之」。我本此天性以行，便不待外求而自能仁義禮智，故曰「仁義禮智非由外鑠我也」。然此所謂自能而非由外鑠者，只表示我的一種決斷，也就是我之欲求實現仁義禮智而必然可能。至於如何使此仁義禮智之理念或願欲，成爲親親、仁民、愛物，乃至事上、敬長、尊賢之實事，則因我之另有物質身軀之限隔，則不能不賴於經驗的積習和歷練；尤其是須要擔當大任，成就治國平天下之大業的「是人」，更必不能免於千迴百轉的磨難挫折。刻就生命之成長過程與應對現實之必需而言，孟子於是稱之爲「動心忍性」，認可爲「曾益其所不能」，正該說是極爲合理的論斷。陳氏不解「天理」與「人事」之異數，又無視「良能」與「術能」之差別，而惟取論理學的態度，作一條鞭的、公式化的推定，便見得「天所與我」，即是「我同於天」；見得「良能固有」，即是「術能亦固有」。以至於將忍性之「忍」之應作「挫之使忍」義解者，逕解為「抑制」而認定只有主張性惡說之荀子始能說，在既主性善說之孟子，則只應說「放任」、說「發揚」。誠可謂集古今異解之大成，而導人於疑是疑非之域者亦甚矣！

* * *

孟子：

「人皆有所不忍，達之於其所忍，仁也；人皆有所不為，達之於其所為，義也。人能充無欲害人之心，而仁不可勝用也；人能充無穿窬之心，而義不可勝用也。人能充無受爾汝之實，無所往而不為義也。士未可與言而言，是以言餂（探取）之也；可以言而不與之言，是以不言餂之也。是皆穿窬之類也」（盡心下）。

陳氏異解：

「孟子所用的心字中，有些專指非性的心理作用。盡心下篇云：『人能充無欲害人之心，而仁不可勝用也。人能充無穿窬之心，而義不可勝用也』。害人之心、有害於仁，穿窬之心，有害於義，統而言之，亦即有害於性。必待此二心消除淨盡，而後始能有仁有義，發揚其性。故此兩個心字所指，其爲性外的作用，絕無可疑（頁十——十一）。

按：上列孟子全章之文，主題在肯定人皆有「不忍」「不爲」的仁義之心，而要旨則在明其實現之方，只須以不忍導正（達）平常的所忍，以不爲匡範（達）平常的所爲便是了。繼言「人能充無欲害人之心……充無穿窬之心……充無受爾汝之實……」，乃正面地舉出「達於所忍」、「達於所爲」的具體切實之行；「士未可與言而言……可以言而不言……」，乃反面地指出「穿窬之類」的不義之情態。尋其思理和文義，實甚明顯而一貫。

陳氏爲解心、性是同是異的問題，特別摘取其中間兩語——「人能充無欲害人之心，而仁不可勝用也；人能充無穿窬之心，而義不可勝用也」，以與他處許多片言隻語，作字面之關聯比對，固可見其用心之深細。但於中卻分解出一個「害人之心」和「穿窬之心」，然後斷定「此兩個心字所指，其爲性外的作用（按：即謂心、性爲異質而非一）」，絕無可疑」。即順其邏輯推理之徑路以言，亦殊令人費解！蓋依上舉孟子兩句原文中之「心」字，明是以「無欲害人」、「無穿窬」爲主意而說者——「害人」

「穿窬」二詞所表者爲行事，惟「無欲」與「無」，才是表中有所主及決定如此不如彼的心志。——無欲害人與無穿窬之心，即是善心，所以其上特說一「充」字。充者、充盡此二種善心之謂也。充盡此二種善心，便會是「仁不可勝用，義不可勝用」。這正可見孟子思理一貫，而亦足以說明無欲害人與無穿窬之心，實即仁義之性之具體的呈露，絕無心、性相對或相外之嫌隙。陳氏截去上面的「無欲」與「無」兩個決意字，而將下面的「害人」「穿窬」兩詞，提升至主語的地位，便簡括而成所謂「害人之心」、「穿窬之心」了。此若刻就世間之確有此二者之事實，因而要歸咎於生物義的自然情態之心，並作「心外於性」之主張，如一般所謂之「心理作用」者，人是可以有此思辨之自由的，但與上列孟子之說，則實不相干。你若執著於自己的主張或思辨，不惜割裂孟子的原文，以至將其「充量實現善心」之本意，翻轉而爲「消除淨盡惡心」之異解，則恐不僅於義理是非無所得，而亦應爲任何邏輯學者之所不能見許也。

* * *

孟子：

> 「養心莫善於寡欲。其爲人也寡欲，雖有不存焉者寡矣，其爲人也多欲，雖有存焉者寡矣」（盡心下）。

陳解：約有下列三點（頁十三—十四）。

1.此中心字必須解作性字。……欲減一分，則性必增一分，欲增一分，則性必減一分。……其兩相牴觸，至爲尖銳……。僅憑此章所說，似不能不信孟子以欲與性爲絕不相容。

2.參考他處言論，又覺孟子是有的令人感到其欲之不當而應予抑制，有的令人感到其欲之甚當而應予發揚……。上列本章之論斷，或因有所感觸，以致失其平正，非可採爲孟子一貫的主張。

3.孟子所見欲的當否，不出於欲的本身，而出於所欲的事物。欲的本身，無當無不當，所欲的事物而當則其欲當，所欲的事物而不當，則其欲不當……盡心下「可欲之謂善」，盡心上「無欲其所不欲」，可視爲孟子欲論之二大柱石。

按：陳氏就孟子寡欲、多欲之說，反覆推求，最後分辨出「孟子所見欲的當否，不出於欲的本身，而出於所欲的事物……」，當然是本乎一種通常的情識，作邏輯展衍所必然要歸至的近似理智的結論。可是對於孟子有關「心」與「欲」之間整體而深邃的理念，則實在並沒有把握到，所以當其與他處許多章節或言說較比時，便仍然覺得疑難重重，無法稱心爲解。平情而論，從整個孟子思想體系看，並不根本反欲，尤其不能認定他「以性與欲爲絕不相容」。關此，我想必須先將「欲」字的眞正意義弄明白始得。於是且即以陳氏所舉之其他諸例如：「欲輕之於堯舜之道者……欲重之於堯舜之道者……」、「人能充無欲害人之心……」、「子欲子之王之善與」、「我亦欲正人心」、「我欲行禮」、「義亦我所欲也」等句中之「欲」字爲準，基本上都是用以稱說人的一種企望或意願。而此種企望、意願之有，固又明是依乎本心之必有動發所顯現（心不能無動發，否則便是死寂，不得謂之心矣）。本心動發而見欲（企望意願），則順其原初之義以觀，欲亦實不外於心，所以孟子多用欲字以表本心之傾向。不過，心既顯發而爲欲，則欲亦自成一專名，而有其獨特之性相。此性相，若是上承本心之流貫而不走失，當然便可涵著仁義禮智而表現爲正當之欲；若是脫離本心而恣肆下墮，便將悖乎仁義禮智而成不當之欲。通常的人，往往不知在上承本心之源頭處用力，惟隨現實利害之外境以爲變遷移轉，遂難免多成不當之欲，甚者且沉溺於官能享受而成所謂之物欲或私欲。久假不歸，一般論之者，亦遂只見其下墮之不當的一面，未及計其猶有上承本心之正當的一面，於是，欲便全然置定爲與心之仁義禮智相對反的東西了。這不僅僅是部份理學家的看法如此，而許多正式宣稱主欲論者，更是明顯地陷於這種窠臼而莫之知。不過理學家因爲他們畢竟肯定有個爲主而在上的本心，則只要意識得欲爲本心所動發之企願時，便仍可還欲以當然自存的地位，故於前舉孟子所稱說之諸欲，亦從無以爲不當而致異議者。至於主欲論者，既不允許有所謂欲上的本心，也就切斷了欲與本心的關係，欲便自然只有隨境遷流移轉之一態，而無「欲其所當欲，不欲其所不當欲」的自持自主之能矣。我看陳氏上述頗感滿意的理解：「當否不出於欲的本身，而出於所欲的事物」，把欲之當不當的責任，完全推歸於外在的事物，而不問如何主導其欲之內在的基因，就正是代表這後者（主欲論者）的一個最爲鮮明的意見。因此，對孟子要用「寡欲」來「養心」的論旨，便生起了無謂的誤解，而認爲是「或因有所感觸，以致失其平正，非可採爲孟子一貫的主張」。可是，我們詳察孟子整章之義旨，則覺得這種猜臆式的論斷，實在是既無根據，又無必要的。關鍵性的問題，即在其所見「寡欲」一詞義之有偏執。

所謂「寡欲」，依孟子本文作文理的分析，可以有兩種義釋。一是：理想地相對於「多欲」而言「少欲」之謂。用意則是從生命之根源處主張人應少欲而不可多欲也。其上之「寡」字，蓋與後面連說兩個「寡矣」之寡字同義，俱爲數目形容詞。二是：現實地面對當前所有之「諸欲」而求「減欲」之謂。此則如我們上文之所論析，欲既有承本心而生之正當的一面，亦有離心而隨物遷流的不正當的一面，人如果兩面俱備，乃至唯外物是逐而無限止，便已形成現實上之多欲，便需要減損——減損那些外逐的不正之欲。此之云「寡」，即表減損義之動詞也。順著孟子「養心莫善於寡欲」之基本意念以觀，似該取前義——「少欲」之說爲妥。理由就在少欲則不至歧誤爲反欲，只是要人上承本心之企願以行其正欲而已。少之爲言，實寓有精一執中、執簡馭繁之意，以是，故可藉之以「養心」——養護心體，使之常惺惺（所謂「存焉者」），而發爲正欲或大願如前所列舉者。陳氏執著於自己的見地，徑將「多、寡」二字，作「增、減」之義解，又抹去其於正、反兩面之欲之可有或應有的選擇，便見得欲乃一無是處，並且推衍出一個與他處言論完全相左的：「欲減一分，則性必增一分，欲增一分，則性必減一分。一盛必一衰，一衰必一盛，決不會俱盛，亦決不會俱衰」的定然判斷。實則孟子何嘗是這樣？看他接著說的「其爲人也寡欲，雖有不存焉者寡矣，其爲人也多欲，雖有存焉者寡矣」，便顯然在「養心」與「寡欲」之間，兩皆留有寬鬆或迴旋的餘地。因爲「雖有不存焉者寡矣」，「雖有存焉者寡矣」，從語意的正面去理解，明是說少（寡）欲亦可有不能存（養）心者，多欲亦有可能存（養）心者，只是其例不多（寡矣）罷了。然而例證之不多，畢竟只屬事實上之少見，並非原則上之決然不能有。人若知所選擇，處處上承本心而欲，則多欲固又何妨？反之，若不知選擇，一味隨物流轉而爲欲，則少（寡）欲亦未必有益。此孟子所以特藉「雖有」二字作轉圜之實意所在也。焉有如陳氏所指之決絕的態度呢！

* * *

孟子：「告子曰：『性猶杞柳也，義猶桮棬也。以人性爲仁義，猶以杞柳爲桮棬』。孟子曰：「子能順杞柳之性而以爲桮棬乎，將戕賊杞柳而後以爲桮棬也？如將戕賊杞柳而以爲桮棬，則亦將戕賊人以爲仁義與？率天下之人而禍仁義者，必子之言夫！」（告子上）。

陳疑：有下列兩點（頁十九—二十）：

1.以爲告子所舉杞柳與桮棬，有材料與成品的分別，而以人性爲仁義與之相比，是犯有材料與成品混同的錯誤。孟子一開始，不就材料之轉成器皿，必須經過人力的加工，不是憑材料自身的發展所能達到，去嚴斥其譬喻之不當；反而亦據爲答辯的基礎，僅就製造過程，力說其順性而非毀性。是爲捨本逐末以遷就敵論，眞是令人不可解。

2.又以孟子「則亦將戕賊人以爲仁義與」，近於無的放矢。理由就在「戕賊杞柳以爲桮棬」，只是孟子設問的一端，故是假定性的；不是告子的主張，故不是決定性的。

按：杞柳與桮棬，有材料與成品之別，告子竟將材料之必須經過外力加工，才得爲成品的杞柳與桮棬關係，來和徑由自力發展而成德的人性與仁義關係相類比，確見其譬喻之不當。人們要據此以爲駁斥的條件，固然也是可以振振有詞的，但卻不宜遽斷爲必然或唯一應取的途徑。因爲這畢竟只是站在客觀論理的立場，就其爲「譬喻」或「語意」的對錯，作一種與內容無關的形式的分辨和矯正，縱或能使對方無話可說，亦最多不過逞其「禦人以口給」之雄辯而已，未可語於直探驪珠、足以收激發具體眞情之實效也。孟子於心性之所深切體認者，乃素所謂「惻隱」或「不忍」之情，故當其一聞告子「以人性爲仁義，猶以杞柳爲桮棬」之言，便自會立刻感受到一個「戕賊彼以成此」的問題，因而即以二者之一待戕賊，一不待戕賊的事實，來作否決告子立說不當之依據。此乃立基於主體內容及本心實感，所發的最具啓發甚至震撼性的反擊。他之暫時順著告子不當之譬喻爲說，目的正是要將「戕賊」、「不戕賊」的問題凸顯出來，以便給予嚴厲而富強度豁醒力的批判——「率天下而禍仁義者必子之言夫！」而依義理的層序以觀，孟子的這種反擊方式，亦實與上列陳氏的主張相一致而並不見外。理由很簡單，那就是凡言「戕賊」、便必然地設定有個外力的加入，反之，「不戕賊」，便自是屬於自發自動的行爲。因此，只要就戕賊、不戕賊的問題作了解決，則外力加入與自力創發的事實，也便自然隨之而或顯或隱的涵攝在內，不待明言了。箇中道理，本極清楚。不知陳氏何以不此之思，卻反以孟子依循客觀事實所作「戕賊杞柳而以爲桮棬」的客觀陳述，爲只是孟子設問的一端……不是告子的主張，來批評其「則亦將戕賊人以爲仁義與」的返難，「近於無的放矢」，以致終於斷定其整個辯難是「捨本逐末、以遷就敵論」的錯誤。像這樣的意見，我們倒是可以借陳氏自己所說「眞足令人不可解」的話，略加變造，而說是眞的令人大惑不解了。

* * *

孟子：

「廣土眾民，君子欲之，所樂不存焉；中天下而立，定四海之民，君子樂之，所性不存焉。君子所性，雖大行不加焉，雖窮居不損焉，分定故也；君子所性，仁義禮智根於心，其生色也，睟然見於面，盎於背，施於四體，四體不言而喻」（盡心上）。

陳疑：可分下列三點（頁二十—二二）

1.「中天下而立，定四海之民」……足稱政治理想的極致，其爲君子所樂，自屬意中事，其不爲君子所性，殊屬不可解。

2.依孟子學說加以推論，「王天下」已當爲君子所樂所性，更高一層的理想境，更當爲君子所樂所性。孟子既說「君子所性，仁義禮智」……而仁與王，依孟子所說，有相即不離之實與相即不離之勢……（所舉例言從省）……王是仁的必然結果，有其因，不能無其果，既以其因爲性所存，又以其果爲性所不存（按：孟子原文「所性」和「所性不存焉」二詞語，不能徑解爲「爲性所存」或「爲性所不存」。蓋無論從整體之義旨或文法上看，俱有變異也），其理殊不可解。

3.孟子是一位對政治有興趣有抱負有信心的人……其欲輔佐當時國君以王天下，情見乎詞，乃謂「王天下」以至更高一層的「中天下而立，定四海之民」爲君子……所性不存焉」，難免不令人疑其是否由衷之言。

按：陳氏一味就客觀面的事業成就之大小，作孰高孰低的功利性的價値論衡，完全忽略主觀面的「欲」「樂」「性」之內容的分辨，遂以「王天下」以及「中天下而立，定四海之民」，爲君子所樂而不爲所性，乃甚不可解矣。但是我們通觀孟子本章之義旨，本是以君子所存之「欲」「樂」「性」三個物事爲重心，特別是以「性」這個物事爲重心中的重心而說的，所以後面大段的文字，都在對「所性」一問題，反覆地作充份的闡釋與發揮。依照他的實意去看，所欲、所樂、所性，不僅在敘論其等級不同的形式，而且各有其所由興起或生發之內容上的差別。大體言之，欲與樂爲同類，竝俱屬於情緒的表態，其興起則緣於外在因素之引發——「廣土衆民」，「中天下而立、定四海之民」，雖然一指權勢，一指功業，可以客觀地作不同程度的是非評價；但就個人自主地修德成聖之立場說，那畢竟仍是些身外之物，則固無異致，故只得有所欲、所樂之分，而不得便謂之所性。何謂「性」？又何謂「所性」？性，即無待於外而自然固有之天性，在孟子，就是所謂的仁義禮智，綜括於一字而言之，也就是孔子所揭櫫的「仁」。所性，即所以爲性的簡稱，意在對內在的仁義禮智之覺醒和操持。這與以外在的功業——「王天下」、「中天下而立，定四海之民」爲所樂者，顯然大不相同。根本的問題，則要爲所樂在彼，所性在此。所樂在彼，則在彼者，爲得天下而王……則樂之，不得則不樂矣。所性在此，而在此者皆可自我作主而性之，並無不能自主而不可性之之阻撓，因此，可說「雖大行不加焉，雖窮居不損焉，分定故也」。分定之「分」，朱子解爲「所得於天之全體」，「定」則當爲理有固然，勢有必至的定然軌範之謂。順乎天賦全體之理、勢之定然軌範以行，縱使有時成得「大行」，有時落得「窮居」，亦皆不至影響其所存之性，而自會「仁義禮智根於心」，則遮詮地說，就是「不加、不損」（當然也可說「不樂、不不樂」）；表詮地說，就是「其生色也，睟然見於面，盎於背，施於四體，四體不言而喻」。此是何等精確允當的說明。陳氏捨去孟子極力詮釋的主文如不見，而唯取「所樂、所性」二詞作平行列舉的比較，且復以依彼不依此而可能有樂、有不樂的「所樂」一義爲導向而說，是其所謂不可解者，並非孟子本義之不能解，正似故蹈迷惘有以致之然也。

* * *

孟子：

「形色、天性也。惟聖人然後可以踐形」（盡心上）。

陳疑：「形色、天性也」，可作二解（頁二二一二四）。

1.解作天的形狀與顏色是天所有的性。此在用名理論上，已不無問題，而所云「踐形」，只有聖人始能做到……究爲何等樣事，實令人不可思議。

2.解作人的形狀與顏色是天所賦予的。此解在文學上，除了性字之可用與否，不免有問題外，餘皆平實順適，無可疑慮。但說到踐形，便有些不可解之感。形之如何踐，或謂可適用身體髮膚，不可毀傷的道理作解，如曾子「啓予足、啓予手」的心情，是儒家所認爲孝道的一目。……但如此「踐形」，常人亦尚能勉強爲之，不必待聖人而後始能做到。……故不可解的感想，終難歸於消失。

按：孟子本章文雖簡約，義蘊則至爲豐沛；陳氏所見，實太粗疏。若如其說，則豈僅「不可解」而已，即以「浮虛誇誕，自相矛盾」非之，亦不爲過矣。於是，我們應作以下三點的申釋。

一、「形色、天性也」，此劈頭所稱的「形色」一物事，即謂當前可見可感之整全的物理或生理意義之體態也——形爲身軀，色爲貌態——存在地言之，也就是能爲動容周旋，應對進退之個體的人。此形色或個體的人身，若就其形成之原由或性質而問之，是不便作任何機械式之推理說明的（因若如此說，人便只見其爲純物質的結構體，完全失去所謂「生命」的意義了），而只好概以「天性」一詞相稱述。天性，本係「天」與「性」兩個名號所合成的一個詞語，依孟子慣常的義例：天、多以指超越的宇宙實體，性、則以指內在的人生主體，兩者同綰於形而上的精神意義之理，故可以天、人合一，而言「盡心知性以知天，存心養性以事天」。不過，天是純粹的理，沒有形成不形成的問題，人則有氣稟之雜，因而除卻具有同於天理之本性外，還有個明明可見可感的形色的身軀。對於它，我們雖然不可用機械式的推理方法去說明，但總得有個所以成形之來由或樣態上的交代。就在這需要作形成或樣態的交代之際，發現它本亦是依於天理之「於穆不已」的創生活動而有者，以是而亦命之曰「天性」，則此時之天與性，便與素所分言的天與性，有一同名異指之轉折。明白言之，天則以表自然，性則以表生成，合兩者爲一詞，也就是「自然生成」之意。而這種自然生成之說，本是上古先民只見形色，不見精神之傳統的意見，刻就其所對應的範域以言，孟子當然不能反對，也無所用其反對，所以就順著說個「形色、天性也」。尤其值得注意的是，就孟子本章抒義之主旨看，他之立此句式，並不在爲「形色」本身，作已所謂是的解釋或主張，而是要爲聖人定出一個可憑自力以克治的對象。依著這個整體性的理念去思索，則「惟聖人然後可以踐形」一語，正好是我們藉以理解各個問題之分際的理據所在，何得反謂因之而不可解或難解呢？

二、「惟聖人然後可以踐形」，這裡須要先行論釋的是所謂「踐形」的觀念。如上所言，形色乃自然生成的個體之人身，內容當包括所謂耳目口體、及由之所生的視聽言動等等之物事。此等物事，其本身是任運而轉的——色來則視之以目，聲來聽之以耳，感至則言出於口，觸至則動發於體——，如果一任其爲自然之展衍，則人生的前路，將無任何之方向或目的可言。甚者還可能如老子道德經所說「五色令人目盲，五音令人耳聾，五味令人口爽，馳騁畋獵令人心發狂」，以至流於不可收拾的地步。因此，孟子要說個「踐形」。踐，辭書的解釋有多種，歷來注家於此，則皆取踐履之義，大概是不錯的。朱子集注及語類（卷六十），且舉例明之曰：「踐、如踐言之踐」。踐言，語出禮記「修身踐言，謂之善行」（曲禮上），鄭玄注「踐、履也，謂履而行之」。是踐猶今語所謂之「實行」或「實現」；引伸而云「踐言」，即實現其言之謂也。類比於「踐形」，則也可說是實現其形了。不過，凡「實現」云者，是帶有理想主義色彩的，形色，是既無自己方向的非善非惡之中性物，似乎談不上什麼理想。但我們也不要忘記它畢竟有在整個人生中不可或缺的大用，則經由知善知惡之主體——心性之自覺，超越地順其不可或缺之大用，導之使歸於一定的方向，成爲價値的存在，這便大有所謂實現的意義了。朱子說：「天之生人，其具耳目口鼻者，莫不皆有此理。耳便當無有不聽，目便當無有有不明，口便必能盡別天下之味，鼻便必能盡別天下之臭。……惟聖人耳則十分聰而無一豪之不聽，目則十分明而無一豪之不明，以至於口鼻莫不皆然」（語類卷六十）。正可說是這實現意義之具體的表示。

三、陳氏所舉「或謂……曾子『啓予足、啓予手』的心情，爲成儒家孝道的一目」之說，本也很接近我們上面所說的這個意思，可是又復拘限「啓手啓足」於膚體之傷害殘缺的層面以言，遂覺其事常人亦尙能爲，不必有待於聖人，而孟子卻說「惟聖人然後可以踐形」，因而決定「此釋亦非可取，而不可解的感想，終難歸於消失」。其實，曾子之命門弟子啓手啓足，乃意在借以顯示得於天地父母之整體的生命人格之全受全歸也。若僅指膚體之不得傷害殘缺，則常人之爲，固可只是爲的避免自身之痛苦，未必可語於「孝道」；而眞能全盡孝道的聖人，也未必能確保膚體之絕對不受毀傷。孔子嘗言：「志士仁人，無求生以害仁，有殺身以成仁」（論語衛靈公）。又嘗因魯國童子汪踦之爲抗齊而戰死，特稱其「能執干戈以衛社稷」，並許魯人之不以殤禮舉喪爲是（事見左哀十一年傳及禮記檀弓下）。曾子爲傳孔子「一貫之道」的高弟，豈會竟無所知，而僅以不傷膚體爲究極之態度乎？是故於此，我們應有透進一層的理會：從其示現精神性的生命人格之全受全歸而論之，始得見其爲合理。此義如獲認許，則「啓手啓足」之意，便正與孟子「踐形」的觀念，甚相契應。蓋因此時所示之手足（即全部身軀之代表），並不在其曾否遭到傷害或殘缺，而實係表示隨整個人格生命之成就，充份實現了它的價值，升舉了它的意義，也就是盡了無愧於天地父母的大孝。相傳爲孔子所講，曾子所述的孝經開宗明義章，其以「身體髮膚，受之父母，不敢毀傷」，只爲「孝之始」；必待「立身行道，揚名於後世，以顯父母」，方得謂爲「孝之終」，用意亦即在此。而順著這個意思去推想，實感其堅貞奮勵、及所達至的境界之匪易，則在一義下是不得不說只有聖人才能做到的。不過，對於「惟聖人然後可以踐形」之一語，陳氏似乎看得過份地嚴肅，以至於把聖人和常人的界域分劃得太刻板，頗有容易使人誤認聖人之所爲，常人必不能爲；常人之所爲，聖人必不屑爲的趨勢。實則聖必不能外於常，常亦必能造乎聖。以孟子本章而言，「形色天性」即是常，「踐形」或實現形色這常的價值即是聖，問題惟在人之肯不肯爲而已——爲之，則即常人是聖人，不爲，則即聖人是常人。所以「惟聖人然後可以踐形」，也可以倒轉過來說「惟踐形然後可以爲聖人」。此乃最具關節性的通義，明白得它，則一切其他的疑慮，俱可歸於冰解凍釋而無待喋喋多言矣。

㈡仁義論之部

本節中所要討論的各個問題，義理上都是有其相互關聯性的；而陳氏之所由滋生的疑難，最明顯而基本的原因，可說全在對於「性善」一觀念之理解之是否切當。關此，本文「前言」中，既已特立「二」之專節，就公孫丑上篇與告子下篇孟子論證性善的兩處，綜合探究過它的本義，這裡便不用另行提舉孟子的原文，而可逕順陳氏之疑難以爲辨析了。

1.關於仁之諸般論說者

*　*　*

陳疑1.孟子嘗用仁字或同義的親字愛字，以描述尊長對待卑幼及兄對弟的情形。……萬章上篇云：「仁人之於弟也……親愛之而已矣」。以仁字稱呼尊長及兄之所爲，自孟子用名的理論看來，其妥適與否，甚覺可疑。離婁上篇云：「義之實，從兄是也」，盡心上篇云：「敬長，義也」。依此所說，從兄與敬長，都是義，不是仁。……今不稱爲義而稱爲仁，其理如何，殊不可解（頁廿八）。

按：陳氏從「用名的理論」一基點出發，認爲孟子把該說爲義的也說成了仁。這是拘限仁與義於名理的境域所僵化出來的疑竇，實於孟子之義理系統，並不足構成必不可解的問題。蓋如我們前言——「二」節之所論，仁、義或且加上禮、智、信……等等之德，都是由整一之本心或理體所興發，只因在現實情境中，對應千殊萬異的事法，而有各種等、類不同之差別與分際。例如：就人言，則有君臣、父子、兄弟、夫婦、朋友乃至賓主或在位不在位者之間的行誼；就事言，則有冠、婚、喪、祭乃至齊家、治國、平天下之舉措（類而推之，可至無窮），凡此，俱當各有適切相宜的軌範和儀則，是故得爲仁、義、禮、智、信……等諸般名義之判釋。但這種在事法層求爲判釋的名義，如果還原到所自生發的本心理體來看時，則正是交相融貫，而不可嚴分此疆彼界的。明白言之，即仁、義、禮、智、信……必共具於本心理體之中而合以成其整全之德性內容的。因此，一般地舉仁而言，則義禮智信，自亦隨仁而俱在，舉義而言，則仁禮智信，亦必隨義而俱至——依序推觀，舉禮、舉智、舉信……莫不皆然，其間只爭一相應事法之宜，或則在於「顯稱」，或則在於「意涵」之殊別而已，絕無稱仁則必外義，稱義則必外仁……之定然排斥的矛盾性（否則，便將如近世生理學者所謂之人格分裂而竟成病態矣）。不過，通常在提綱挈領或舉一概萬之綜持的原則下，則因孔子創立仁教、體證仁道在先，仁便自然首出庶物而為賅備或代表諸德之總德；落實於習用之詞語，人亦多只說個仁心或仁體，而不必偏為義心義體、禮心禮體……之稱了。孟子說「仁人之於弟也……親愛之而已矣」，其中「仁人」與「親愛」之詞義，就正是依於這種以仁概諸德為理則而有的活用，焉得徒為名理之制限而疑其不妥？難道還要改稱「義人之於弟也、敬重之而已矣」然後為妥乎？

* * *

陳疑2.仁何自而來？來自不忍之心，來自惻隱之心……孟子有許多言論，強烈指導讀者不得不如此作答（頁卅一）。……但若謂孟子所說的仁、無不出自惻隱之心，亦即謂惻隱之心為仁的唯一由來，則能否合於孟子的本意，甚覺可疑（頁卅二）。……孟子言論中用及不忍二字的，其言不忍人之政，係指仁政而言，故其所發動的仁，是君民層的仁。其言乍見孺子入井而不忍，其所發動的仁，是人人層的仁。其言見牛之觳觫而易之以羊，其所發動的仁，是人物層的仁。關于後三層的仁，各有言論以說其來自不忍，獨於父子層的仁，未見其有作同樣主張的言論（按：陳氏前文就仁的施受範圍，分孟子有關仁的言論爲四層。父子層的仁，即列第一）。因此，益加強筆者的臆測，謂四層的仁，由來不同。前一層的仁，來自親愛，後三層的仁，來自惻隱。親愛與惻隱，各爲仁的由來（頁卅三—卅四）。

按：以上陳氏之論，基本上是將「仁」當作各種既成之「事體」來看的，因此，有所謂多層的（實在只是「多方的」）仁之說法。細察其連續使用的「其所發動的仁」之一語，即可了知。因爲此之謂「所發動」，乃與「能發動」相對爲言者。所發動者既定爲君民層的不忍人之政，人人層的不忍見孺子入井，以及人物層的不忍見牛之觳觫，是則皆爲事實層之不同方面的表象，而與能發動的超越層的根源型態之實體，畢竟不可一概而論。然而就孟子言論全幅是依據心爲主體之義以說之思路觀之，無論仁、義、禮、智，或惻隱、羞惡、恭敬、是非乃至親愛、思慕、不忍等等可以實徵實感之活動，都是一心在對應各種不同的現實情境所顯露的性態，也就是說：在心上，它們本屬同歸共在之一理，有著同一的善良或仁爲內容的本質。陳氏抹去其同歸共在之本心與理體之義，卻一味從事法上相異的方面著眼，遂將原本超越而復內在地能發動的主體性的仁，打落到「所發動的」純客觀事務的境地，說成有父子、君臣、人人、人物等幾個固定的不同的層級（下文說義有六種，亦同此弊）；而爲了給實際上是「能發動」這許多事務性的仁，一種理論上的交代，又復將初爲仁之表象的親愛、惻隱視爲仁的兩個不同的由來。此則不僅有本末倒置之嫌，也使得孟子「夫道一而已矣」（滕文公上）、及「天之生物也，使之一本」（滕文公下）的理念，成爲空想，甚至自相矛盾了。

＊　＊　＊

陳疑3.告子上篇云「惻隱之心，人皆有之，羞惡之心，人皆有之，恭敬之心，人皆有之，是非之心，人皆有之」……，姑以「惻隱之心，人皆有之」爲代表，……用孟子自身的學說來評論，謂其有語病，應非苛評。病在有字，尤其病在皆字。有字，可用作兩種不盡相同的意義：其一用作事實意義的實有，其二用作價值意義的應有。……實有所表示的，是事實上現有的情形；應有所表示的，是理想上所期望的情形。……通常用有字，大抵用作實用的意義，若欲用以表示應有的意義，則言應有，不單言有。……依孟子……「人之所以異於禽獸者幾希，庶民去之，君子存之」。惻隱之心，正是此「幾希」的一部份，雖爲君子所保存，早爲庶民所放棄。故就一般人而言，惻隱之心，是昔有今無，不是今有。

……凡屬昔有今無的，依照用名的通例，只能謂爲無，不能謂爲有。「人皆有之」的人字，應徧指一切人而言，不專指君子。故此一判斷，不僅斷言君子有此心，且斷言庶民亦有此心。故此有字，若照用名通例，解作實有，則言過其實，不能不謂爲有語病。用一有字，已非妥適，加一皆字，益增不妥。故……只宜將「惻隱之心，人皆有之」解作：人人都應當有惻隱之心，將「無惻隱之心、非人也」解作：若無惻隱之心，則不應當算是人。解作價值判斷，不解作事實判斷，而後孟子此語，始能屹立不搖，不會陷入自相矛盾的困境（頁卅五—卅八）。

按：孟子謂「惻隱、羞惡、恭敬、是非之心，人皆有之」，正是說的人人皆事實上具有此等之心的。這必須通著下文所示之義旨作統合的理會，不可故自視如不見地只截取前面四句作絕緣式的字面的邏輯分解。下文中，孟子復言「惻隱之心、仁也，羞惡之心、義也，恭敬之心、禮也，是非之心，智也。仁義禮智，非由外鑠我也，我固有之也，弗思耳矣」。其中所謂的「我」，乃概就一切個人而稱的我，「固有」者，即謂一切個人皆從來實有也（請注意：「固」字非「故」字，由此可知孟子不是說的「昔有」）。這很明顯地是對上文所稱四心爲「人皆有之」的一種補充的說明或解釋。從觀念上說，人們儘可依自己的執情，不贊同「仁義禮智，非由外鑠我也，我固有之」的主張，卻不可將孟子原有的這種說明和解釋，視若無覩，置之不理。這是我們對於陳氏興疑致辨之態度上應該先予了別的問題。

其次是關於「有」與「皆有」之爲概念及其所指涉的問題，陳氏不於作爲一切動力之源的心體處加意，而惟在現實經驗的客觀事務層面找話說，縱使於事實意義的「實有」之外，說了個價值意義的「應有」，但從未設想過應有之所以爲應有的根據何在。以是，不獨認定凡非事務層面之實有者爲無，且因遺落心體之亦爲事實上的實有義，乃即應有而未有者，也一概視之爲無。殊不知惻隱、羞惡、恭敬、是非之心或仁、義、禮、智之四端，基本上只是一切現實物事之上的理體，也就是分判一切現實物事應有不應有之超越的準則。此種超越的準則，乃先天地隨人之生命以俱來的，非但不因現實物事之無而爲無，甚至也可說不因現實物事之有而爲有，所以孟子稱之爲「固有」，肯定爲「人皆有之」。試審其所舉「今人乍見孺子將入於井，皆有怵惕惻隱之心」之通例，我想無論何人，只要略加反省覺察，即可自見爲眞實不虛的。但是人之有此怵惕惻隱之心，果否立即成就得往而救之之行事，則不一定。因爲此下尚有種種之因緣際會以及機括制限的可能，譬如：或則由他人之已先我完成了此事；或則因我適不良於行、趨走不及、中途受阻；當然，也更包括其人之根本不作往而救之的打算等等。在一義下，皆可如陳氏所說爲應有而未有的「無」，也就是「非實有」。但這所謂的無或非實有，本只以論著見於外之動作或行事，不可轉以論初無任何夾雜而自然呈露的惻隱之心。惻隱之心，是內在於生命的本質，它之爲有，既不需外在因緣之爲助，亦不假外表形式之爲成；它一有便全有，一在便常在；外在的因緣、與外表的形式，最多爲引發之機所以促使其或隱或顯而已。此亦事實上無論聖人，常人乃至沈墮的極惡之人，莫不皆然的。只不過聖人則以理制物而恒顯，常人或極惡之人，則多隨物遷流而常隱。以是，孟子繼「固有」與「人皆有之」的肯定之後，且復斷言：「求則得之，舍則失之，或相倍蓰而無算者，不能盡其才者也」。求則得之即顯，舍則失之即隱；顯固是有，隱則不能謂無。故縱或相去倍蓰而無算，亦僅是不能自盡其固有之才，並不足構成才之爲固有的否定。再看盡心上篇之說：「求則得之，舍則失之，是求有益於得也，求在我者也；求之有道，得之有命，是求無益於得也，求在外者也」。此中或說求在我，或說求在外，求在我者，則有益於得，求在外者，則無益於得。可見孟子對於有、無的概念，並非不清楚，不過是以人之眞實生命之所是爲定點，而分得與不得以言之耳；前文所云「固有」及「人皆有之」之意旨所在，由此正可得一更爲充份有力之證解矣。

至於離婁下篇所言：「人之所以異於禽獸者幾希，庶民去之、君子存之」，在孟子、原係屬於有感而發之啓導語，其中云「庶民去之，君子存之」，亦與上舉之「舍則失之，求則得之」之義旨全相吻合，基本上仍在提示人之所以爲人的道德本心——幾希，亦即仁義禮智四端之爲存有的事實，故下文即逕稱舜之「明於庶物，察於人倫」，爲「由仁義行，非行仁義也」（按：「由仁義行」，即謂仁義之爲主於內，是舜所由以發動行爲之本；「非行仁義」，則不以舜爲但行外顯的仁義之事也）。而所以與「君子存之」對比地說個「庶民去之」，蓋只表示人之一時的去此而就彼，並非用以否定人皆固有或本有之義者，設若其人一朝幡然自省，反求諸己，則正是現成具足而可即見其有的。陳氏不此之取，卻單舉以爲偏就行事上說「昔有今無」之曲解。實在教人不可思議。

2.關於義之諸般論說者

＊　＊　＊

陳疑1.孟子甚重視義，與仁相並。……但孟子所用義字，意義複雜，是一個多義的名稱。……離婁上「義之實，從兄是也」，故有從兄之義。盡心上「敬長義也」，故有敬長之義。滕文公上「君臣有義」，盡心下「義之於君臣也」，故有君臣間的義。公孫丑上「羞惡之心，義之端也」，告子上「羞惡之心，義也」，故有羞惡之心的義。告子上「義，人路也」，離婁上「義，人之正路也」，故有正路的義。滕文公上「治於人者食人、治人者食於人、天下之通義也」，故有通義的義（頁四七—四八）。

按：孟子書中所說的義，概而論之，只可謂之有多方，不可謂之有多義。「多方」者，即謂其由一中心定理，以應世間事物之宜而成之諸般節度也。《易文言傳》的「義以方外」，《禮記表記》的「義者天下之制」以及《中庸》的「義者宜也」諸說，正可作孟子義一意念之總綱的表示。若謂義有「多義」，則實即惟各類事物之各是如何以爲趨尚，義乃根本失去統綜條貫之原則性，而自成紛歧混雜矣。陳氏不解本心一貫，同體異用之義，但從現實的事物層作平面的推演，遂說成有所謂「從兄、敬長、君臣、羞惡、正路、通義」等等不同之「多義」。此不獨於孟子說義之基本精神爲歧誤，即其所立之名目，亦且混理、事於一境而幾近於不倫，無怪其下之更將滋生許多疑慮也。

* * *

陳疑2.離婁上篇云：「義之實，從兄是也」。……弟之於兄，孟子或稱從兄、或稱敬兄。在其論述「義之實」時，不說敬兄、而說從兄，故此從字，值得特別注意。

……從兄的從，是言行方面的從，故當是遵從或聽從的意思，不含「責難」與「閉邪」的成份。弟之事兄，注重一個從字，臣之事君，注重一個正字，（按：前文本「君臣有義」及「義之於君臣也」之原則，另引離婁上「責難於君謂之恭，陳善閉邪謂之敬，吾君不能謂之賊」，及告子下「務引其君以當道，志於仁而已」，離婁上「惟大人爲能格君心之非」，盡心上「一正君而國定矣」諸條，以證臣事君之爲義，不外於「正君」。）從與正，不但不相通，且可謂相反……於是「義之實，從兄是也」，其義如何，不免發生甚大的疑問。實，應當是本源的意思，亦是模範的意思，若作此解，則「義之實，從兄是也」，意即一切的本源，是從兄，任何一義，莫不自此從兄的義衍生出來。一切義的模範是從兄，任何一義，莫不取法於此從兄的義。但臣之事君，以正君爲終極義務。正如何能以從爲本源，如何能以從爲模範！豈實字別有其意義，爲筆者所未能理解（頁五一—五二）！

按：孟子說「義之實，從兄是也」，是與「仁之實，事親是也，智之實，知斯二者弗去是也，禮之實，節文斯二者是也，樂之實，樂斯二者（是也）」對列並舉的。此中諸「實」字，王船山嘗言：「實與本，確然不同。本者，枝葉之所自生，實者，花之所成也」（「讀四書大全說」卷九），是見得實之爲實，先須通過根榦或根本之生枝開花而後成。類比言之，即事親，從兄……之行，正是仁，義……以爲主——亦如樹幹英華以爲本——之所生發成就的果實。引伸或轉換而爲觀念性的語詞去理會，則可說「仁，義之落實表現處，即事親，從兄二事是矣」。此種文義，原本極爲分明，但是要想見得不差，卻必須作形上與形下之兩層認證：那就是，仁義爲超越而內在之理體或本心，具有生生不息之大用；事親從兄乃其生生之用顯發外露之行事，施設有一定的範限。明白言之，即理體是一，行事則多，一以綰多，多綰於一。若必以本源見取，則惟綰多爲一之理體始可當之；在行事的層面，雖然事親、從兄，可因切身密邇關係而有起始或領先的意義——所謂「孝弟也者，其爲（行）仁之本與」（論語學而篇），但畢竟與獲上、治民、信友乃至正君、定國……等等之名目，同屬仁義爲體之心之孳生下如如平等的活動。而且這種活動，因其適應各個事件特性之宜，而可有無窮之樣態，如父對子以慈、子對父以孝，兄對弟以友、弟對兄以恭，乃至就義道而言，於君則用「正」，於兄則用「從」者，即皆由有此適宜應機之原理原則以爲運作之故也。陳氏無形而上的理體的觀念，一味於現實的事法層上作訴求，遂漠視了義之存乎心以應事的超越性與內在性。而竟把理體的義，看成現實的事，又不能平視一切事實之在各自之範限或樣態中爲同等，以致逕將孟子原只就事上所說「從兄」之意，當作「義的本源」來看，並且推極而謂「任何一義，莫不自此從兄之義衍生出來……莫不取法於此從兄之義」，是其爲勢，蓋已整個成一顛倒。不此之思索，而惟羅列許多對君之有客觀擔負而必言「正」、與對兄之僅表親長之情而言「從」的分異作斤斤之辨，則其所感「未能理解」之疑惑，固將終身優柔而難以自釋矣。

＊　＊　＊

陳疑3.告子上「羞惡之心，人皆有之」，公孫丑上「無羞惡之心，非人也」，……其所云「有」，不是實有，而是應有。此一道理，不僅可由人人「放其良心」推而知之（按：其意即謂孟子既曾云「其所以放其良心者」，即知羞惡之心爲非實有，而只是應有），孟子且別有言論予以透露。盡心上云「人不可以無恥、無恥之恥，無恥矣」，又云「恥之於人大矣，……不恥不若人，何若人有」。恥即是羞惡。云「不可以無」，從消極方面反映其必須。云「於人大矣」，從積極方面指出其功用的偉大。這些都是價値意義的論斷，不是事實的論斷，都足以助證羞惡之心爲應有。盡心上云「無爲其所不爲，無欲其所不欲，如此而已矣」。所云「所不爲」，定是價値意義的不當爲，不是事實意義的不爲。若是後者，則此語便有些不可解。因爲既是事實上所不爲，又何必再教人不要爲！故「所不爲」，即是所不願，亦即是所恥爲（頁五三—五四）。

按：關於「實有」與「應有」的問題，前文已有明辨。陳氏總是透不到「先天本有」的層境，而總是拘泥於「後天實有」的層境說話。此處所舉孟子兩條論恥之文，又見其適爲本末倒置，甚至完全不解本末之說者。在孟子，人是本有羞惡之心，而後可以知恥或應當知恥，不是因知恥而後有羞恥之心或應有羞惡之心的。陳氏則反過來以知恥爲證成羞惡之心應有的根據。這顯然不合孟子思理之原義，也就難怪對孟子的許多話語無法理解了。他也隱約地感受到「應有」的觀念，必須立基於前在的「價値」觀之上，而知恥一事，既爲羞惡之心所以應有之原，便自然要爲知恥本身找出其價値之所在，於是從中摘取「不可以無」，「於人大矣」兩種所謂消極和積極的理由來充數。但不可以無，於人大矣，仍只是兩句架空的形式語詞，並未表示任何的內容眞理。爲何「不可」，爲何說「大」，依孟子的說統，正是歸於實有羞惡之心之爲主於中而立意的。陳氏既把羞惡之心歸之恥爲主導下的應有，而又將恥的價値推置於兩句空無內容的形式語。這不僅是對孟子一家原意的誤解，而實已使得整個的人生存在，寄於飄浮不定的無何有之鄉矣。

* * *

陳疑4.依告子上篇所載，告子主張義外、孟子主張義內。告子以長與白爲例，說明其所用外字的意義云：「彼長而我長之，非有長於我也，猶彼白而我白之，從其白於外也，故謂之外也」。……故其所謂「外」，意即完全取決於外在的客觀。……「不識長馬之長，無以異於長人之長與」是孟子反詰告子的話。……「長馬之長」與「長人之長」，在告子看來，是同類的道理，同是從外；在孟子看來，是異類的道理，「長馬之長」從外，「長人之長」則從內不從外。孟子之所以有此分別，因爲在孟子之意，長字用在馬上，僅用作事實的意義，用在人上，則於事實意義外，又攝有價值的意義，且應以之爲全部意義的重心。……告子以「長之」爲義的例，而僅取其事實的意義，故主張義外。孟子以「長人之長」爲義的例，而置重於其價值的意義，故主張義內。所以兩家主張的相反，不是意義上的相反。論者不察，必是孟子而非告子，徒見其認識含混而疏於分析（頁五六—五七）。

按：孟子與告子討論義外義內之前段的原文是「告子曰：『食、色、性也。仁，內也，非外也；義、外也，非內也』。孟子曰：『何以謂仁內義外也』？（告子）曰：彼長而我長之，非有長於我也，猶彼白而我白之，從其白於外也，故謂之外也』。（孟子）曰：『異。於白馬之白也，無以異於白人之白也；不識長馬之長，無以異於長人之長與？且謂長者義乎？長之者義乎』」？根據此段完整之文字來看，孟子與告子的論辯，大致可說是一個名理與義理，亦即形式與內容之爭，初由對於長馬、長人，白馬、白人以及長之、白之等幾個詞語或概念之取義不同而展開。於是我們應詳分下列三點，予以論析。

㈠依告子的意思，長與白、皆屬表述客觀事實的形容詞，長之、白之，即以客觀事實之是什麼就說它是什麼，故曰「彼長而我長之，非有長於我也，猶彼白而我白之，從其白於外也」。試以今語轉譯之，就是說，對方是長，我就認他是長，不是那長有在於我身；好像對象物是白，我就認它是白，是依那白之本在我身之外。此種言論，若只在對一現前事象作名理的推述，當然是很合邏輯的。但是我們也不能忘記，告子所以說此的目的，並非在於彰顯名理或邏輯本身之所是，而要在證成他所主張的「食色性也」的人性論，故其論旨的重心，畢竟落在義之爲「外也，非內也」的判斷。而一說到義的問題，則如我們前文所一再申言者，它不只是一現前的事象，乃根本爲一待實現的理體（雖然這也有事實可證），果欲昭顯此待實現的理體，便勢必從人與其他物類之不同處作分辨。孟子平時就是非常重視，並且堅持這個道理的，所以首先要將告子抽象地、靜態地說的「彼長」、「彼白」，轉引到具體的、動態的「長馬」與「長人」、「白馬」與「白人」來作對比的緣故了。

(二)依孟子的意思，白馬白人之白，確屬相同的客觀事實，也就是「白馬之白，無以異於白人之白」。此時無論你見得爲白（是白）、或認定爲白（白之），都於對象——馬、人——無任何意義上的影響。可是長馬長人之長，顯然就不如此單純了。因爲長之爲言，一方面固有客觀地是長而即見得爲長的事實；另方面卻在認許爲長或長之之同時，可以甚至是必然，將帶進一種稱理而生的親愛、尊敬、順從、禮讓等等的情感。前者孟子稱爲「謂長者」，後者孟子稱爲「長之者」。謂長者，可以通用於馬與人，長之者，則只能用於人，不能用於馬，至少用於人與用於馬之間，是有甚大差等的。這就充份透顯出在內而不在外的義的精意了。所以他在對於告子「彼長而我長之……猶彼白而我白之」的話提出其不贊同的意見——「異」，（「異」字斷句。義同一般所謂的「否」，亦如今語所謂的「不一樣」，乃孟子對告子以白喻長說不贊同的表示。通行本異皆屬下句讀，文意曲折不易解。嘗於孔孟學報第五期，讀到王禮卿先生「仁內義外說斠詮」一文，如上斷句，義甚曉暢，故從之。）及表明關於「白馬之白也，無以異於白人之白也」無所誤解之後，接著便反詰之曰：「不識長馬之長也，無以異於長人之長與？且謂長者義乎？長之者義乎」？到此爲止，我們應知，在名理方面，孟子是可以含容告子之見的。不過他還要於名理之上，簡別其不爲名理所囿，甚或是名理之得以形成的實質或內容，那就是：由本心本性所生發的「長之」（敬愛）之道德的情意，以充份證顯義之爲內而非外也。

㈢經過以上的反覆辨白，告子於長馬長人，不同於白馬白人之解，似有所悟，故下文不再就此申辯，但仍不知義之應由本心爲主而運作的深意，而復稱舉「長楚人之長，亦長吾之長，是以長爲悅者也，故謂之外也」的事例以自釋。然而這種論調，實際上不僅不足爲義外說證立若何的必然性；即反以觀其類比地爲仁內說所言的「吾弟則愛之，秦人之弟則不愛也，是以我爲悅者也，故謂之內也」，亦同樣是站不住腳跟的。何以言之？理由即在其中之「吾弟」與「秦人之弟」、「楚人之長」與「吾之長」、以及「我爲悅」與「長爲悅」等之名言或詞語，都是可以互相調換而致完全翻其判斷的。今試就其原來之句式改寫如次，便可分明見得：

A愛吾弟，亦愛秦人之弟，是以弟爲悅者也，故謂之外也。（仁外也）

B吾之長則長之，楚人之長則不長，是以我爲悅者也，故謂之內也。（義內也）

由是觀之，可知告子之思想，無論就名理或義理之任何一方說，都是一片混亂。從來論者，我雖不敢斷言他們對於這個中的義蘊，曾否完全理會得明白，但凡屬「是孟子而非告子」者，或總多少有其直覺上之眞實感觸在，尤其當落實於人性中有無仁義之思維時是如此。陳氏捨去其基本論旨——人性與仁義之相關問題於不取，而惟從字面上作同類、異類與價值、事實之區分，認爲「兩家主張的相反，不是意義上的相反」；把一個極爲明顯的義理之爭，轉化成純粹的名理之辨，而又斥責不同所見者爲「認識含混、疏於分析」，恐皆未免失之武斷吧！

㈢天道論之部

孟子：

「萬章問曰：『人有言，至於禹而德衰，不傳於賢，而傳於子。有諸』？孟子曰：『否、不然也！天與賢則與賢，天與子則與子……丹朱之不肖，舜之子亦不肖，舜之相堯，禹之相舜也，歷年多、施澤於民久；啓賢，能敬承繼禹之道，益之相禹也，歷年少，施澤於民未久。舜、禹、益，相去久遠，其子之賢不肖，皆天也，非人之所能爲也。莫之爲而爲者，天也；莫之致而至者、命也……』」

（萬章上）。

陳解：

「莫之爲而爲者、天也」，孟子此語，可說是在作用方面爲天字所下的定義。

> 「莫之爲」，意即不爲之，亦即不爲。故莫之爲而爲」，即是不爲而爲。此中……「莫之爲」的爲字……與下一爲字不同。其義如何，設想所及，有三種可能：一指爲的意志，二指爲的跡象，三指親自作爲。故「莫之爲而爲」的意義，有三種解釋的可能：一、雖有作爲，但無作爲的意志……。二、在作爲當時，不顯露作爲的跡象……。三、不親自直接作爲以收作爲的後果……。
>
> 上述三種可能的解釋……依照孟子思想加以抉擇，第一釋最不可採，因爲與孟子他處所說不無牴觸……。第二釋雖若可採，但非必適切，且其所標舉的，亦不足爲主要特徵……。第三釋最能與孟子言論相吻合，故最可採用……。（頁九三—九五）

按：上錄陳氏對於孟子：「莫之爲而爲者天也」之理解，就句意、字義及所衍引之證釋而言，頗見思考縝密，堪稱無懈可擊。但是即以此爲孟子「在作用方面爲天字所下的定義」，然後舉爲整個「天」之觀念的代表，以論一切相關之他事，則殊有所未是也。於是，我們應作以下三點比較深入的辨析：

㈠從本章孟子師生問答之整體的文旨看，其論說之重點，是在舜、禹、益、啓幾個歷史人物繼位不繼位的問題，因此，有關舜、禹、益、啓之爲人及遭遇之如何，才是全章立義之主體或主題之所在。他們間之或得繼位，或不得繼位，事實上，皆是由人民之「從」與「不從」所造成，孟子最初所以說個「天與賢，則與賢；天與子，則與子」的天，乃承上章所引泰誓「天視自我民視、天聽自我民聽」之語，逕將實具決定性之民意，推置於超越性之天意而說者。而後段所謂「……舜禹益相去久遠，其子之賢不肖，皆天也，非人之所能為也」，則是將人在現實遭遇中，無法自主，隱然受其左右之某種勢力之歸本於天則的表示。統體言之，即皆所以為舜、禹、益、啓之生平境況，作何以如此或如彼的辨白，本意並非在於論天。至於末了的總結語「莫之為而為者，天也；莫之致而至者，命也」，則係綜合前敘諸事而復作的理論的證驗，仍是以舜、禹、益、啓為主體，言其無心於繼位（莫之為、莫之致），而或則竟得繼位，或則竟不繼位（而為、而至）之境遇（者），皆有客觀的天則和命限在，是乃僅為明示人之遭際之有關乎天，並非以天為主所下之定義也。陳氏略去前後文義，單摘取「莫之為而為者天也」一語，視為孟子對天所下的「定義」，不能不說是完全會錯了意吧！

㈡推觀陳氏所以特取「莫之為而為」為孟子天之觀念的定義，乃由認定「孟子言天，有時用以指自然現象，如梁惠王上篇中『天油然作雲，沛然下雨』的天；有時用以指宇宙主宰，如萬章上篇中『天與賢，則與賢；天與子，則與子』的天」（頁九三）這種無關乎內容的純形式的辨識而來。因為天而只從純形式的方面去辨識，便必然會落在其動作云爲之態勢或功用如何處說話的，於是，不管「莫之爲而爲」一語，原所表述的主體是什麼，其下既有「天也」二字作結，即可以之爲天的定義。尤其句中的兩個「爲」字，也正好適合天之作爲功用如何的解釋。在此，我們如果暫時不問斷章取義之當否，而即就陳氏之所見以言，則其對「莫之爲」的三種設想，及由之而作成的三種解釋，與夫只以第三釋——「不親自直接作爲，而藉間接作爲以收作爲的效果」，爲「最能與孟子言論相吻合，故最可採用」的決定，亦確可稱得上審思明辨之致。然而可惜的是：除了所據文義沒來由之外，其更爲深鉅的問題，乃在徒依「自然現象」與「宇宙主宰」兩個形式概念論天，非但不足以盡孟子言天之切摯義，而且可能導致其整個精神方向的歧誤。何以言之？理由就在孟子對於或爲自然現象、或爲宇宙主宰之天之常表其頌贊崇敬者，固必有其所特感而值得頌贊崇敬之本質的肯定。陳氏於此，則視若無事，未嘗一言以及之，實見其不能克盡孟子睿智之眞，致使凡所滋生的疑竇，全不相應也。

㈢通觀孟子七篇之書，其用到或說到天字之處者，可謂多不勝舉；而爲對應各種現實情境之論說，自然也有種種不同方式的表達和形相的描述。大體言之，在採取物理常識的觀點以言時，則有自然現象義之天；而刻就卓絕神妙之力能以言時，則有宇宙主宰義之天。但是無論如何，總歸有個天之所以爲天之定然的本質。此在孟子、即其必須具備道德價值的內涵和超越普遍的特性；而所以彰著此內涵和特性者，則無所假於推理式的定義爲說，乃逕自天所生成的人之心性處求證顯。以是，下列各則的文獻，必須特別注意。

①告子上：「詩曰：『天生蒸民，有物有則，民之秉夷，好是懿德』。孔子曰：『爲此詩者，其知道乎』！故有物必有則，民之秉夷也，故好是懿德」。

②同　上：「心之官則思，思則得之，不思則不得也。此天之所與我者。先立乎其大者，則其小者不能奪也」。

③盡心上：「盡其心者，知其性也，知其性、則知天矣。存其心、養其性、所以事天也」。

以上三則文字，可說是孟子書中發明天人關係最爲親切綿密之論者，而統皆由人所固有、且可當下印證的道德心性爲中介以言之也——第①則，借大雅「天生蒸民」之詩、及孔子之讚其「知道」，以肯定人之有所「秉夷」（集註謂是「民所秉執之常性」）而好懿德。第②則，則直接點出心官則思、思而即得，爲「天之所與我者」。第③則，乃從人之盡心知性、存心養性之工夫處言「知天」「事天」之道者。這都是凡欲求知孟子天之實義必須正視、乃至據以爲論之章節。所以然者，即在於皆能從以揭示我們上文所說天之定然本質應具道德價值的內涵與超越普遍之特性必經之途轍也。

蓋孟子全幅思想之架構，本是以天人同體之理念爲極則，而所以洽合天人於同一不二者，則又唯純粹精神義之心性是賴也。何謂心性？依照公孫丑上篇與告子上篇兩處的論證，即是仁、義、禮、智或惻隱、羞惡、恭敬、是非四端的發露之所（此義已詳論於「前言——二」之專節中，請覆按）。人何以得有此心性？通常皆概視爲「與生俱來」，依上錄①②兩則孟子的說法，則是「天生而有」。這個意思，一般只注意到它爲人之所以爲人的心性覓致了根源，卻忽略了同時也是天之所以爲天的觀念之所由奠立。以是，許多討論孟子書中之天則或天意——無論爲宗教的或哲學的，贊同者或反對者，都有意無意地置定爲相對於人的客觀外在之對象。像陳氏所謂「宇宙主宰」或「自然現象」，乃至必須找個「莫之爲而爲」的理由，以成其直接間接行爲模式的定義；甚者且如「天的功能及其有無限度」一節所言：「自然現象爲天所造」，「天下的治亂，事出天意」；「國事的成敗，亦係天所決定」；「堯舜的傳賢與夏禹的傳子，其政治制度的興廢，亦出自天命」；「個人品德之有高下，亦出自天的調度」；「個人遭遇與窮達，出自天的安排」（一〇〇——一〇二頁）等等的揣測，正可說全是此種偏而未盡之見僵化下來所滋生的錯覺。其實我們若是轉個角度，從天所生之心性，亦是天之爲存在的必然逕路去看時，便立即見得天乃原係與人同體而不能推之於外的。因此，上錄第③則，孟子可據以說人能「盡心知性以知天，存心養性以事天」。

由是更進而言之，心性既爲仁義禮智之發露或興生的源頭活水，其爲本質，即是道德的；通貫於天，則天亦當然具備道德的本質。存有地說，也就是必爲形而上的「道德實體」——道德而云實體，即示其有一眞實不妄的自身；實體而冠以道德，即示其爲純粹善的存在，乃至有其必然如此不如彼的意志性。以是，故能永恆不滅而又生物不已（否則不得謂之爲道德），如易傳所謂「生生之易」，「天地之大德曰生」，以及中庸所謂「『維天之命、於穆不已』，蓋曰天之所以爲天也」者。這個基本的義路一經奠立，然後天爲超越在上與普遍在物的性格，遂因之而完全透顯無餘了。於是落實下來，以言世間事事物物之遷流變化，無一不可謂爲天道之運作或支配，而書中各處牽就事機所說天之或若宇宙主宰、或若自然現象，正是由雙具超越在上與普遍在物之性格所鑄成。人如不此之思，而惟斤斤於形式定義之是求，則鮮有不流於浮泛不切，見是見非之蔽者矣。

* * *

孟子：

「天下有道，小德役大德，小賢役大賢。天下無道，小役大，弱役強。斯二者，天也，順天者存，逆天者亡。齊景公曰：『既不能令，又不受命，是絕物也』，涕出而女於吳。今也小國師大國而恥受命焉，是猶弟子而恥受命於先師也。如恥之、莫若師文王，大國五年，小國七年，必爲政於天下矣。詩云：『商之孫子，其麗不億。上帝既命，侯于周服；侯服于周，天命靡常，殷士膚敏，祼將于京』。孔子曰：『仁不可爲眾也』。夫國君好仁，天下無敵。今也欲無敵於天下而不以仁，是猶執熱而不以濯也。詩云：『誰能執熱、逝不以濯』」（離婁上）。

陳疑：

「斯二者、天也」的「二者」、指「天下有道，小德役大德，小賢役大賢」與「天下無道，小役大、弱役強」二事而言，甚爲明顯。惟此二事，各自成前後二層：前一層所說，是天下的情勢，後一層所說，是德薄力小者所應爲。「天也」，意即天所造或天所命。於此有須研討者，僅僅後一層係天所命，抑連前一層亦爲天所造。詳言之，天僅指示德薄力小者如何服務，以適應天下之有道與無道，抑或天既造作天下的有道無道，又指示出德薄力小者如何擇取其應擇取的服務形態。不論採取何釋，都不免別有其困難。謂天兼造前後兩層，則無道之世亦爲天所造作。果如此、順天豈能必存，逆天何至必亡！謂天僅造一層，則無道之世，又何自而來（頁一〇〇）。

按：綜觀孟子本章文義之結構和宗趣，要在藉小（弱）國屈居大（強）國之下應持的相待之道，彰明以仁德爲政或治國的重要性。其首段分別標舉「天下有道、小德役大德，小賢役大賢」與「天下無道，小役大、弱役強」，是爲便於下文申論的兩個前提——前者是相應「若師文王之大德大賢，則小德小賢自來爲役」之論旨而預設；後者是相應「當世小弱之國，既只師大強之國，便應爲其所役」之論旨而預設。兩者雖有正反治亂之不同，而所顯示的自然不可違異之勢，則是一致的。「斯二者、天也，順天者存，逆天者亡」，此中三個「天」字，便是一種「自然之勢」的代稱。自然之勢而稱之曰天者，可依我們上文所說道德本質的天之普遍在物義、所以相對於人之爲有道、無道的天下而作的理有必至的表示。順其原文繹述之，也就是說，天下有道時，則小德役大德，小賢役大賢；天下無道時，則小役大、弱役強，皆屬客觀實在的自然之理；人（國君）能順從此自然之理則存，逆反此自然之理則亡，並即舉齊景公「涕出而女於吳」之順而不逆或存而不亡之實例作證。但是孟子並非以此爲定論，他眞正的用心，則要在藉之以帶起下面想說的感慨和正見：感慨者，就是見得當世一般小弱之國，其自求生存之方，仍是師法大強之國的無道或暴行，而又處處與之相抗，這便等於是「弟子而恥受命於先師」，其不足爲也，甚至自蹈滅亡，當屬必然不可避免之事。

由是乃逼至他素所堅執的正見，那就是：莫如師法文王之行仁政、以有道對無道，然後可以爲政於天下而無敵，收到如詩經所謂「商之孫子、侯服于周……殷士膚敏、裸將于京」的大效。陳氏放著下面大段之主題文字不管，單從作爲全章前提之首段的小結——「斯二者天也，順天者存，逆天者亡」的三個「天」字處著眼，遽視爲宇宙主宰的形式，而成其「『天也』、意即天所造或天所命」的聯想和論斷，以致滋生許多無謂的疑慮，則幾可說與孟子立言之本意，完全不相干了。尤其中間所謂「抑或天既造作天下的有道或無道，又指示德薄力小者如何擇取其應擇取的服務形態」這種問題，就孟子來講，根本是無法成立而絕不應該提出的。因爲依照孟子一貫的義路，「天下有道」或「天下無道」，基本上只能歸於人之所自爲，明白言之，即人（國君）而果能本乎道德的心性以爲善而行仁政，則天下必將是「有道」；反之、若背離道德的心性以爲惡而行虐政，則天下必將是「無道」。此皆人所操之在己的事，何嘗有個外在的天而徑故意造作天下之有道或無道呢？若果如是，則孔孟之周遊天下，終身奔走呼喚，勸人勉行仁義，豈不盡成枉費心思，徒勞無益之舉了嗎？賢者於此，竟不一加稍思之，實在令人不解！

* * *

孟子：「人之所以異於禽獸者幾希，庶民去之，君子存之」（離婁下）。

陳疑：人與禽獸，同爲天所造，其一點幾希的不同，當然亦爲天所造，而庶民去之。此「去之」，究竟是否出於天意？若謂出於天意，則天既造之，何故又令庶民去之？告子上篇云：「學問之道無他，求其放心而已矣」，則又以追回放心爲唯一最大的責任。此追回的責任，當亦爲天所賦。天既造之，而又毀之，既毀以後，又重造之。天之不憚煩、若果如此，頗令人不易理解。若謂「庶民去之」、非出於天意，而出於嗜慾之陷溺，依告子上篇所載，孟子設有小體與大體之別，嗜慾，固可謂爲小體的作用，不是大體的作用，但小體、當亦是天所造、是天的一部分，則嗜慾的陷溺，亦是天的所爲……。如此說來，天以右手造之，又以左手毀之，天的意志之不能統一，一至於此，亦令人難於理解。又若謂……。所以天的功能，究屬如何，筆者理解滯鈍，始終未能貫通。

按：孟子舉「幾希」爲人禽之異，並以「庶民去之、君子存之」，論證人之自爲之同不同於禽獸，義本圓明自足，可以不與天的觀念相涉。但陳氏由「人與禽獸，同爲天所造，其一點幾希的不同，當然亦爲天所造，而庶民去之，此『去之』、究竟是否出於天意」的功能處作推測，遂使它與天的觀念搭上了必然的關係，而且反覆致辨，提出了一連串左右皆非，糾結莫解的問題，如所謂「天既造之、何故又令庶民去之」，以及「天既造之，而又毀之，既毀以後，又重造之。天之不憚煩……頗令人不易理解」，「天以右手造之，又以左手毀之，天的意志之不能統一，一至於此，亦令人難於理解」等極一切推理之所能至者而紛陳並舉矣。

類似這樣的一些問題，我們當該先予了別的是：通常都屬一般世俗大衆或懷疑論者、認爲反駁宗教家所謂「上帝萬能」或「神力無邊」最好的論據。陳氏用之以對孟子意謂之「天」之功能的質難，可見其視孟子的天、與宗教家心目中格位化的神無二無別，亦適足證明我們前文所指的「視作客觀外在對象」之說爲不誤。當然，就用心上看，陳氏之說此，不必同於世俗大衆或懷疑論者之志在徒逞口舌以難人、而確是誠篤地發自一種實事求是的精神，此觀其末了所表示的「筆者理解滯鈍、始終未能貫通」的謙沖態度，即可知得。但是無論如何，眞要照著他這種質疑的方式展衍開來的話，則該問的、實不只是「天既造之、又何以去之」，「天既毀之、又何以重造之」、「天既右手造之、又何以左手毀之」等可以淺嘗即止的；而當是賡續追進地再問：「天既造人，又何以另造禽獸」，「天既造我，又何以複造他人」，乃至更徹底的「天既造其自己，又何以要造許多對其自己的他事和他物」，才算得完備而周延。果眞如此，那麼天之爲天，便只應是個獨一的枯寂冷寞的存在，絕無除他以外之任何別項物事可言，而我們素所眞切感受的宇宙或世界，包括天自身之存有不存有的事實，都將無由興起而統歸於零，完全不可思議了。然則此中癥結，究將如何解決？照我們的看法，根本是應從「一切由天造」的這種觀念中鬆動出來才行的。

蓋如我們前文所屢言，儒家孔孟「天人同體」之理念，是將天與人共相綰繫於生而即有的本然的心性。也就是說，由生而本然之心性，提舉上升，則見其至誠無僞以持載宇宙萬物而爲天；著實下斂，則見其承體起用以開發世間事務而爲人。就此以言，「天」雖與人一體，而其存在之形式及功能的表現，則畢竟不同於人：基本上祂是毫無雜染的純粹的理，是形而上的「善」或「道德本體」之自身；換個更切當的說法，也就是天之爲名，實即善或道德義之化身或具稱也。唯其如是，所以祂之特異處，乃在其爲「必然是善不是惡」的定數，不似人之需待抉擇「然後爲善不爲惡」，故當其具象化爲超越實體之存有時，亦便見一「絕對地向善不向惡」的意志性。而關聯著人生宇宙或世界以言之，祂就是基於這樣的一種意志在健動不息、創新不已，顯現如詩所謂的「維天之命，於穆不已」，而成中庸、易傳所謂之「生道」或「生德」者。於此，我們需要特別注意的是：所謂生道或生德之「生」，義應不同於「造」。徧觀古代儒家典籍，凡所以狀述天道、天德者，皆只言生而不言造——包括六經四子諸書，無一例外（後世儒者，或有與化字連言而云「造化」者，是則已合「造」與「化」二義成一專名，以爲天之代稱，非可比於單表功能義之造也。又：莊子大宗師篇屢稱「造物者」，大體亦同此義）。此其故之可得而說者，要在生之爲義、實蘊有承先啓後、繼往開來的契機和理趣；而造之爲言，則僅止於一件一件的成事或成物，無復事更造事、物更造物之可能。所以聖人之只謂天生物而不謂天造物，定是見得凡天之爲生，必然同時賦予所生者完整的生命、可以自主自爲地繼生繼長的。迨夫所生者之果秉此生命以繼生繼長，便反以證成天道天德之永生永長，如易傳所說的「生生之謂易」、中庸所說的「天地之道，博也、厚也、高也、明也、悠也、久也」，就正是緊握住這個大關節而流露的深識和睿見。今若變生而稱造，則一方面將使天成宰制一切的專斷獨裁之主，另方面又將使人生宇宙淪於全無生機生趣的一片死寂之地，此豈僅於絪縕大化、處處可見生意暢旺之自然理序不相應，恐亦更爲明具靈性之人之所不忍言者也！

然則「造物」之義，果不可言乎？曰、是亦不然，問題在於這個事實，不當歸之於天、而當責之於人也。須知如上所論，人之爲倫，既可秉天之命而生，亦可順天之理而造。唯其可生，故能族類相續，志意相承；唯其可造，故能事業繁張，貨財繁茂。

而眞論人之所以爲人，且正在其能不負天生而時自爲造。何謂造？即更新創造之謂，造物者、即更新創造一切庶事百業，以臻宇宙人生於日新又新之境。此則天所與人的責任而不可一息之或懈，同時也是天人之存在形式及功能表現所以異數而不可相混者也。說到這裡，若必關聯著孟子的意思以言，則其以「幾希」一點，作「庶民去之」、「君子存之」之分者，亦即謂「前者爲棄天之生而無所造，後者爲順天之生而有所造」，如是而已。陳氏不此之思，卻偏取「去之」一詞，旁推歧引至「天造一切的功能」以相疑，致使天不成天、人不成人、其分位界限、兩皆淆亂，幾乎教人不知從何說起了！

* * *

孟子：

孟子去齊，充虞路問曰：「夫子若有不豫色然。前日虞聞諸夫子曰『君子不怨天、不尤人』」。曰：「彼一時、此一時也。五百年必有王者興，其間必有名世者。由周而來，七百有餘歲矣，以其數則過矣，以其時考之則可矣。夫天未欲平治天下也！如欲平治天下，當今之世，舍我其誰也，吾何爲不豫哉」（公孫丑下）。

又：

公孫丑問曰：「高子曰『小弁、小人之詩也』。」孟子曰：「何以言之」？曰：

「怨」。曰：「固哉！高叟之爲詩也。有人於此，越人關(同彎)弓而射之，則己談笑而道之，無他，疏之也；其兄關弓而射之，則己垂涕泣而道之，無他，戚之也。小弁之怨，親親也。固已夫！高叟之爲詩也」。曰：「凱風何以不怨」？曰：「凱風親之過小者也，小弁親之過大者也。親之過大而不怨，是愈疏也；親之過小而怨，是不可磯也。愈疏、不孝也；不可磯、亦不孝也。孔子曰：『大孝終身慕父母』」(告子下)。

陳解：

筆者……以爲孟子固不主張一味怨天，但亦不以怨天爲絕對不可。其論據則在於本章的「彼一時、此一時也」及「夫天未欲平治天下也」，又在於告子下篇的「親之過大而不怨、是愈疏也……愈疏不孝也」。……離婁下篇云「事孰爲大，事親爲大……孰不爲事，事親，事之本也」。事親是最大的事，是諸事之本。親有大過，尚且不可不怨。由此推之，則其他犯有大過者，自亦當在可怨當怨之列。「天未欲平治天下」，是大過，不是小過。親有大過而不怨，則成不孝，天有大過而不怨，定成不敬。此則類推所必至，無所用其顧忌。故依孟子理論而言，不必諱言怨天」(頁一〇五—一〇七)。

按：陳氏據前章充虞懷疑孟子怨天之問，而孟子有「彼一時、此一時也」之答及「夫天未欲平治天下」之句，遂舉後章「親之過大而不怨，是愈疏也……愈疏，不孝也」爲證，推至「天有大過而不怨，定成不敬」的結論，以致肯定「依孟子的理論而言，不必諱言怨天」。論證堪稱周至。而「不必諱言怨天」的斷語，也不是甚關重要，非値爭議不可的問題。要者在兩章所說的「怨」字，究竟是何意態？可作何種解釋？關此，陳氏並無明文特作交代。推觀其意，蓋是採取以己對他之不滿情緒——「怨恨」或「抱怨」義作解。這便仍有原於對宗教中上帝之常感不公平、欠正義之觀念意識存乎其間。然而我們細察孟子前後兩章明白說到的「怨」字，用義並不相同。前章充虞所提聞諸夫子的「不怨天」，是與「不尤人」對舉並言的，則這「怨」字當爲「怨恨」或「抱怨」的意思，可以無疑。孟子既說「君子不怨天」，便見其確是主張「不怨天」。但此所謂的「不怨」，乃意在自己之「不去怨」，屬於主觀修養的工夫；不在客觀理序上的「不可怨」。人之爲生，畢竟不能跳脫現實的世界，總難免許多不如意的事故或遭遇，此時若不知反求諸己，而一味怨天尤人，當然便不應該。可是「不應怨天」，只宜說「不應加怨於天」，非必如宗教意義的「天之不可怨」，所以無所謂諱言不諱言。

次復須知，怨之爲言，並不限於「己對他」之怨恨和抱怨，有時人在某種惡劣環境和勢力之錮蔽下，或致骨肉親情、不得融洽；或使意志理想，不得抒展。因而引起內心之愴痛感傷、發出無可奈何的浩嘆，如舜之爲「父母之不我愛」而「號泣于旻天」，屈原之以「邪曲害公，方正不容」而「憂愁幽思以作離騷」，是亦皆可稱之爲怨的。故前者、孟子嘉之爲「怨慕」（萬章上），後者，太史公評之爲「蓋自怨生」（史記屈原列傳）。不過，這樣的怨，實質上是原於道德本心之爲民胞物與、飢溺猶己的無限關懷，所以眞正說來，根本就是一種超越私己利害的宇宙悲思或天情之自怨。孟子生當「世衰道微、邪說暴行大作」的戰國時代、「不遠千里而見（齊宣）王」，意本在於欲有所爲以「平治天下」，然終以「不遇故去」（同見公孫丑下篇），其未免愴傷而有「不豫色然」，固屬人情之常。充虞不解，遂以「爲仕途失意而生『對他』之怨天」的假想疑之，這當然是絕大的誤會。但孟子並未十分在意他的誤會，只用非正式的解釋方式：「彼一時、此一時也」，先遮撥了「怨天」的問題——大意當是說：彼時所講的不怨天，與此時所處的情境而有怨，是不可同條一貫而論的。接著便表述其最所關心的道統文化傳承之大事：照往例說是「五百年必有王者興，其間必有名世者」，然「由周而來、七百有餘歲矣，以其數則過矣，以其時考之則可矣」，而竟無任何跡象顯示其將有可能，乃不得不說「夫天未欲平治天下也」。這是一個深懷感嘆的語句。

所謂「天」、實是指的一種在道德秩序失調後所演變而成的「自然之勢」；「未欲平治天下」之意，中間的「欲」字，只不過爲擬人化的設詞，根本不可以作外在對象之客觀動向看，又何怨恨或抱怨之足言乎？最後說到「如欲平治天下，當今之世，舍我其誰也，吾何爲不豫哉」，則是針對充虞之以「不豫」爲「失意」，而特復自道其坦蕩之心跡者。「何爲不豫」，並非否認有因愴傷而流露的「不豫色」這個事實，乃意在申明自己之既已承繼先聖道統，可以平治天下，則自有所安所立，絕不同於充虞之所見耳。有關此種的用心和襟懷，若以與列在全書終端——盡心末章的一段話：「……由孔子而來，至於今百有餘歲矣，去聖人之世，若是其未遠也；近聖人之居，若是其甚也。然而無有乎爾、則亦無有乎爾」配合著去參詳，當是可以更加分明見得的，爲免文繁，此處恕不贅論。

陳氏誤將「夫天未欲平治天下」之「天」，視作客觀外在的對象，又以「未欲平治天下」爲天之「大過」，於是援引後章「親之過大而不怨……是不孝也」的實例，比對出「天之過大而不怨、定成不敬」、以成其「不諱言怨天」的論斷，乍看亦頗似持之有據，言而有力。然以全章通義考之，則益見其不知孟子所謂「怨」者爲何事。當然，不可否認的是最先高子解「小弁」爲「小人之詩」，其所稱的「怨」字，確與陳氏一貫地認定怨爲「己對他」的怨恨或抱怨義，可無殊異。但是，這個意見，已爲孟子「固哉高叟之爲詩也」所明白否定。「固」、即不通之謂。何以不通？接著、孟子舉了兩個頗富辯證意義的事例來說明：「有人於此，越人關（同彎）弓而射之、則己談笑而道之，無他、疏之也；其兄關弓而射之，則己垂涕泣而道之，無他、戚之也」。此中對稱「疏之」與「戚之」者，是關於該怨不該怨的問題，而「己談笑而道之」與「己垂涕泣而道之」、則是屬於怨之內容形式的問題。「談笑而道之」，在文理上只是一種陪襯的題材，是否有怨的意義，可以不去管它。至於「垂涕泣而道之」，則顯然是對反於高子而提出的、孟子自己所謂怨的眞情實景，是內心中一種惶然無奈之感之充份流露（朱子則解爲「哀痛迫切之情」）。套在小弁之詩義上說，不但不是怨恨或抱怨的小人之作，而且正爲「親親、仁也」的具體表現。理由如何？就在「親之過大而不怨」，便成漠不關心的「疏」，便是「不孝」。高子不明此理，所以孟子鄭重地再度責之曰：「固已夫，高叟之爲詩也」。

總之，由上來諸端的說明，我們應知孟子並無主張「對他式」的怨天的事實。陳氏認其「固不主張一味怨天，但亦不以怨天爲絕對不可」，語意雖甚含蓄，留有相當緩衝的餘地，然以對「天之本質」與「怨的意涵」兩皆失義，遂使整個臆解，盡成無關宏旨的空議論。我們之不憚詞費，詳加剖析，則要期於孟子眞義之不致失墜也。

㈣出處議論之部

孟子：「陳代曰：不見諸侯，宜若小然。今一見之，大則以王、小則以霸，且志曰：『枉尺而直尋』，宜若可爲也」。

孟子曰：昔齊景公田，招虞人以旌，不至，將殺之。志士不忘在溝壑，勇士不忘喪其元。孔子奚取焉？取非其招不往也。如不待其招而往何哉？夫枉尺直尋者，以利言也。如以利，則枉尋直尺而利，亦可爲與。昔者趙簡子使王良與嬖奚乘，終日而不獲一禽。嬖奚反命曰，天下之賤工也。或以告王良。良曰，請復之，強而後可，一朝而獲十禽。嬖奚反命曰，天下之良工也。簡子曰，我使掌與女乘。謂王良，良不可。曰：吾爲之範我馳驅，終日不獲一；爲之詭遇，一朝而獲十。詩云：不失其馳，舍矢如破。我不貫與小人乘，請辭。御者且羞與射者比，比而得禽獸、雖若丘陵，弗爲也；如枉道而從彼何也。且子過矣，枉己者、未有能直人者也」（滕文公下）。

陳疑：偏就本章而論，枉尺直尋的可否，確已不復有研討的必要，但一經想到孟子有關他事的主張，則深深覺得枉尺直尋的可否，尚多推敲的餘地。

1.孟子對於陳代的反詰……其中「枉尋直尺而利」一語，甚屬難解。依常情而論，以小失易大得，方屬有利可圖，以大失易小得，只會有損，不會有利。故「枉尋直尺」與「利」，勢難連成一語，縱使勉強連結，僅屬虛擬之辭，不可能實有其事，不足以充有力的論據。孟子作此語，可能是智者千慮的一失。（頁八五—八六）。

按：本章陳代稱引志書「枉尺直尋」語中之「尺」與「尋」，雖然同爲物用之名，揆其論旨，則隱含著兩種類性不同的事體，前者即德義爲尊的人品，後者即功利爲尚的事業。在陳代看來，兩者似可通一以論，並認爲「人品」事小，「事業」事大，故於前者則視之若尺，後者則視之若尋，以至於「枉尺直尋」而「宜若可爲也」。但在孟子看來，則適相反；而是人品與事業，各有其所爲存在之理據——前者依於義，後者依於利；不僅不可一概而談，抑且必是義先於利的。觀夫其對陳代之答語，雖是環繞著兩個地位並不顯赫的人物——「虞人」與「王良」之出處進退爲論，而要旨所存，則正在顯示其素所重視的義利之辨。蓋孟子一貫之主張是「義，人之正路也」（離婁上），「居惡在，仁是也；路惡在，義是也」（盡心上），甚者是「生，我所欲也，義，亦我所欲也，二者不可得兼，舍生而取義者也」（告子上）。原其本意，即謂義乃人所必須循持的正道，位據人生存在之先天的準則。總括言之，亦即義是屬於生命中超越層境的原理，凡生命所發動的任何行止，無論其關連於事業之大小如何，皆得由此超越的原理爲指導或規範。否則，縱使危及生命，以至於「在溝壑」、「喪其元」，亦當在所不惜。此乃本章基本旨趣之所在，應爲我們探討其中枝節事項必須先行了別的問題。

「枉尺直尋」，就其不至扭曲義理的純粹事實或事功的層面說，正如陳氏所謂的「以小失易大得」，誠然是可以的。但若用來推證人之必依義理以爲出處進退的是非，就顯然是比類不倫。所以一經孟子轉個方向，將之引到「枉道而從彼」、「枉己者，未有能直人者」之理路以言時，便見其完全差謬，不成意義了。當然，孟子也知道，志書之言「枉尺而直尋」，原是「以利言也」。以利言者，即依純粹之事功大小得失而言也。關此，孟子除了遮撥陳代用作「不見諸侯」之比喻不當外，並無必然表示反對之意，所以緊接著便說「如以利，則枉尋直尺而利，亦可爲與！」此句最後之「與」字，乃以表感歎性的語尾詞，與論語中「子在陳曰：歸與！歸與」（公冶長）！「求，無乃爾是過與」（季氏）之「與」字同其義用，亦即有如今世語體文所慣用之「啊」字。整句的意思，就是說「如果以純功利的觀點作前提，那麼即使枉尋直尺而有利，也是可爲的啊」！（按：「枉尋直尺」，不可逕作「以大失易小得」解，下當詳辨。又按：集注「與」當疑問詞看，遂使整句成反詰式的「則雖枉多伸少而有利，亦將爲之邪」？似乎不能順通有「如以利」爲前提之文義，以充份表達孟子的原意）。就中我們須要特別注意的是，孟子於發語之初，既用了「如以利」三字，即表示孟子對於以功利爲指標或內涵的「枉尺直尋」之本義的肯定和了別，甚至還充量地極言「枉尋直尺而利亦可爲」。不過，依全幅之思想理念說，他並不能止足於此，而尙有其更深一層的意涵，那就是求爲功利之先之必有義理的規範，故下文復詳舉「王良與（爲）嬖奚乘」的故事，顯出「範我馳驅」的重要性，因而斷言「御者且羞與射者比，比而得禽獸，雖若丘陵，弗爲也」，以證「枉道而從彼」之必不可爲——亦即「枉己直人」之必不可能也。

至於「枉尋直尺」與「利」，陳氏以爲「勢難連成一語」，理由就在「以大失易小得，只會有損，不會有利」。這正是以純粹單一之事實爲基點，而又固執褊見所推至的結論。其實「枉尋直尺」，就利用的觀點說，並不能定解爲「以大失易小得」。例如：或有將一無所適用的尋丈之木，分割而爲尺（長）寸（廣）之材以成可用的器物，豈不亦得謂之「枉尋而直尺」，然又何嘗有「大失小得」而必不利之可言？況且孟子原意本不在於求事上之眞假，而惟在證理上之是非，整句只是順志書之意，作「充類至義之盡」的演引，在一義下，亦確可謂爲「虛擬之辭」。陳氏既知得是虛擬之辭，而又判爲「智者千慮之失」，足見其心態之粘著於平面事實的分析，全不能進於立體的義理之透視，以致凡所滋生的異解，皆若無關任何痛癢了。

2.枉尺直尋，分析言之，枉尺，是手段；直尋，是目的。故在孟子之意，目的固當正大，手段亦不可隨便，不得僅求目的之正大而姑置手段的正大於不問。……不可枉尺直尋的理論，適用於道德，則成不可犧牲小德以成全大德，子夏所說的「大德不踰閑，小德出入可也」，亦當爲孟子所不能贊同。（頁八六—八七）。

按：世所謂目的、手段云者，分析言之，皆當屬於事法層中之事；而就事論事，認定孟子爲目的與手段並重者，亦可是一恰當相應的說法。因爲孟子本亦主張行仁政、王天下，豈有不擇手段，而能成其仁政之行、天下之王之目的者？但此畢竟爲次等的問題。而依孟子理念之所鍾，則要在目的如何立？手段如何用？以至在道德實踐之過程中，目的之立與手段之用，還有難於截然分劃之勢。明白言之，即其平時所力行或所道說的凡百事體，往往各有獨立自存之特性，因而既可謂之是手段，也可謂之是目的；不能嚴限彼爲此之目的，此爲彼之手段的。類此的情境，推源究本，便當然需有個超越的理體，也就是相對地需有個更高的理法層爲所依歸，始得語於圓成的。（離婁上篇〉云：「居下位，不獲於上，民不可得而治也。獲於上有道，不信於友，弗獲於上矣；信於友有道，事親弗悅，弗信於友矣；悅親有道，反身不誠，不悅於親矣；誠身有道，不明乎善，不誠其身矣」。關於這段推理式的敘論，順一般的情形看去，當然是目的與手段交相運作的顯例，也正是孟子同時重視二者最好的明證。然而義有不能僅止於此者，是即從道德實踐之徑路以觀，其中之任一事體，幾都可說兼具目的和手段之雙重身份。何以知得？理由就在它們一方面既爲前事之終（終即目的），另方面卻又適成後事之始（始即手段）。始以成終，終而復始，壹是以道德心體爲主，而或隨理想之無窮，可以永恒緜延；或由行止之粹美，可以各自圓足。如是，則孰爲目的？孰爲手段？乃至何時是目的？何時是手段？便遠非僵固的邏輯理則所能強行分派的了。尤其值得注意的是：作爲最後底據而純屬一己內心修養的「誠身」和「明善」之二事，固已顯然進於渾淪自在的境界，完全脫出所謂目的、手段之羈絆矣。所以終復總結之曰：「是故誠者，天之道也；思誠者，人之道也。至誠而不動者、未之有也；不誠、未有能動者也」。看這裡並舉天道與人道，而以一「誠」字作綰合之機，即可知誠爲天、人相與之共體。若以中庸申論「至誠」之精義詮之，也就顯見得上則有個「自誠明，謂之性」的理法層，下則有個「自明誠、謂之教」的事法層。而一般所斤斤介意的目的、手段之論，在此上下二分之情境中，實在只可行於事法層，而不可施於理法層；蓋因理法層乃屬本體的範疇，是一切事物得以成爲事物之形上的根源，有如易傳所謂「乾元大始」以及「元者善之長也」之「元」義者。他如如常在，而自生生不息；常在即誠，生生即動；誠則必善，動則必宜，根本用不上目的、手段等名言的套括了。我們的這番分疏，並非對於目的手段說者之故存卑視，自然更不能執以爲孟子行事不講目的手段之藉口；只是要將其生命中如實存有的深層義理、略事彰顯，不致爲淺濫的俗情習見所淹沒已耳。

又按：陳氏依於一種制式化的道德觀念，以爲孟子既不許枉尺直尋，則對「子夏所說「大德不踰閑、小德出入可也」，亦當爲其所不能贊同」。關此、理亦未必全然。問題在子夏這裡所認定的「德」，其實際的涵義是什麼？照我們的看法，德、可有「德性」與「德行」兩種不同的意蘊。以本末終始的觀點衡之，前者是德的「本始」，正好屬於上文所說「理法層」的領域；後者是德的「末終」，正好屬於上文所說「事法層」的領域。在理法層上的德性，只是獨一——所謂「吾道一以貫之」（孔子語）；沒有二三——所謂「多學而識之者、非也」（同上）。只可以說是非——如是仁或非仁；不可以分彼此——如彼仁或此仁。它可以說大，也可以說小，所以中庸謂「君子之道，費而隱……語大，天下莫能載焉；語小，天下莫能破焉」（十二章），而孟子也嘗一方面則說「仁覆天下」、「仁不可爲衆」（離婁上），一方面又說「人之所以異於禽獸者幾希」、「大人者、不失其赤子之心者也」（離婁下），但無論說小或說大，總指的是一個整全的仁心或德性，絕不至構成相對的兩造。在這裡、當然不能作「枉尺直尋」之論，因爲一枉，便是自己德性有虧損，生命成歪曲；自己德性虧了，生命歪了，又如何能教他人存其德性、正其生命？以是，孟子斷然肯定「枉己者、未有能直人者也」，誠爲千古不磨之至言和快語！

至於事法層上的德行，則可以是多，而且可以多至無窮。既爲多，便有對，於是復有大小可比。如舜之「不娶無後」事大、「不告而娶」事小；「男女授受不親」事小、「嫂溺援之以手」事大。前者類乎「蹈過」，後者同爲「踐德」。若機遇中二過不能並免，則當蹈小以避大；二德不能兼行，則當踐大而舍小。這也是由理法層所決定下來的事法層上之必然。子夏大德、小德的對比，顯係特就事法層之必然所開立，而「不踰閑」與「出入可也」，也正是過則蹈小，德則踐大之理論的表述。以孟子曾亦肯定「不告而娶」、「嫂溺當援以手」之態度言，又何至於子夏之說不能表其贊同乎！

* * *

孟子：

「齊飢、陳臻曰：『國人皆以夫子將復爲發棠，殆不可復』。孟子曰：『是爲馮婦也。晉人有馮婦者，善搏虎，卒爲善士。則之野，有衆逐虎。虎負嵎、莫之敢攖。望見馮婦，趨而迎之。馮婦攘臂下車，衆皆悅之，其爲士者笑之』」（盡心下）。

陳疑：

此章義理、殊屬難解，其難解的核心，在於馮婦何故不當爲。孟子借馮婦之不當爲，以喻自己之不當復請賑濟，按諸孟子平素所懷的理想，頗有不易融洽之嫌，試分析述之。

1.「善搏虎，卒爲善士」，謂馮婦懷有搏虎的本領，後來不再搏虎而成爲善士……，於此成問題而應當加以探討的，搏虎是否不善。

2.「馮婦攘臂下車，衆皆悅之，其爲士者笑之」……衆人之所悅，悅其害獸之得以消除……。爲士者之所笑，笑馮婦故態復萌而覆轍重蹈。……由孟子平素主張推之，似應以「衆皆悅之」爲是，以「爲士者笑之」爲非。事實卻不然，「是爲馮婦也」，直接表示了馮婦之不當爲，間接亦表示了「爲士者笑之」爲是，因爲不當搏而搏，自可斥爲可笑。孟子懷有如此的意見……甚屬難解，其以搏虎爲非善，實爲其難解的總因。

3.勸請國君開倉賑濟，是一件爲民請命的事情。爲民請命，是誘導國君施行仁政的開端，亦是孟子所引以爲自己應盡的義務……今乃借譬馮婦以示其不當復爲民請命，其故如何，殊不可解。

按：陳氏此條疑難，論證清晰明白，言之頗爲有理。但詳察其所據以推言之內容，則亦皆是此淺顯平常之見，任何粗解文字、稍具思辨能力者，都將可能提出或達至的。而素以精於義理、長於論辯之孟子，何以竟不之知？此則於陳氏疑難之外所當更有之疑難也。爲了解決這個疑難，我們以爲必須信取萬章上篇孟子自己所說「不以文害辭、不以辭害志，以意逆志、是爲得之」的話，暫時放下習慣上的以文解義方式，轉從孟子既以「復爲發棠不可」及「虎不可搏」、「馮婦不可爲」之本意，逆以探求爲何不可發棠及不可搏虎、不可爲馮婦的理由，當是比較適切可行的途徑。

於是，我們須先作一總持的設想：即其整個事體，必別有某種現實境況上之特殊的情節，原爲孟子、陳臻所共認知或感受，以致行文之有所省略、未加詳敘。然其幾，則固已於陳臻所說：「國人皆以夫子將復爲發棠」之後，又補以「殆不可復」一句既似主觀，也似客觀之判語中充份顯露矣。蓋陳臻若是同情國人希冀的立場，並以發棠之事爲應當時，便將趁機進勸孟子助成其事，何得反而先說「殆不可復」？由之，即可見中間確實存有某種不甚適宜的情境，其所以提出討論，則要在爲明辨是非之眞象也。下文孟子謂「是爲馮婦也」，且實舉其搏虎之事例，固顯非答問之語氣，而正是呼應陳臻之見所作進一步意義的解說。在這進一步之解說中、最易引起一般性疑慮的，也就是陳氏所認爲構成「難解之總因」的「馮婦善搏虎，卒爲善士」一主題。根據這個主題，我們可以說孟子確是不能贊同「搏虎」的，理由應該與《論語述而篇》孔子所說：「暴虎馮河、死而無悔者，吾不與也；必也臨事而懼，好謀而成者也」的意旨完全相同。可是不贊同搏虎，並非意味著虎不當搏、或搏虎爲道德上的不善。句中的兩個「善」字，前者是表示「擅長」的意思，後者是相對於搏虎方式的不妥（不好）而言「妥善」（妥當完好）的意思。云何「妥善」？此則需要落實到「搏虎者」和「善士」的人格行爲之不同來作分析。大體言之，依傳統儒家的觀念，人之但憑血肉之軀，直接與虎相搏，縱使能勝其任，也總會視爲行險儌倖的匹夫之勇而不取；反之，若許之爲士，則必見其有設計周詳，謀定而動的智略。大概是馮婦原爲剛猛之勇者，初時遇虎即自恃軀體強力以往鬥，其間或亦難免偶有閃失，後來經過反省或接受他人之勸喻，乃改採了以智取的獵虎方法。這自然是較以前之力搏爲妥善，所以孟子稱其「卒爲善士」。既爲善士，便有善士之該行的軌轍，竟又忽爲取悅於衆，逞快一時而忘其所以

——看他那「攘臂下車」的模樣，顯然就是回復了逞兇鬥狠的原始面目。如是，又焉得不召來「其爲士者」之所笑。

上面的解析，如爲不誤，則孟子之借爲「不可復爲發棠」之喻例，雖其實際的過節不得而知，而其義則固已昭昭明甚，任何人均可「以意逆志」而得之於心者。從來注家之所以無用致疑，當亦是有見於此而然，絕非冥頑不靈之愚信盲從也。今若不此之思，而到處拾取些本不相干的對反詞語或表態，羅織成說，以相詰責，則縱不謂之爲「好事」，亦實未免「多餘之慮」矣。

* * *

孟子：

「莊暴見孟子曰：『暴見於王，王語暴以好樂，暴未有以對也，曰（按：此「曰」字爲莊暴「請問」之詞）好樂何如』？孟子曰：『王之好樂甚，則齊其庶幾乎！』他日見於王曰：『王嘗語莊子以好樂，有諸』？王變乎色曰：『寡人非能先王之樂也，直好世俗之耳』！曰：『王之好樂甚，則齊其庶幾乎！今之樂、猶古之樂也』。曰：『可得聞與』？曰：『獨樂樂，與人樂樂，孰樂』？曰：『不若與人』。曰：『與少樂樂，與眾樂樂，孰樂』？曰：『不若與眾』。（曰）『臣請爲王言樂……』」（梁惠王下）。

陳疑：

齊王以所好爲世俗之樂而非先王之樂，不免自慚形穢。孟子則安慰之，謂今樂與古樂相同。於是齊王進而說：「可得聞與」，這是一句問語，問古樂今樂如何相同，同在何處。答者於此，應就古今的音樂原理、表演技巧，或其他方面、舉示概要，以見其相同，……但按其內容，僅僅舉示了「獨樂樂」、「與人樂樂」、「與眾樂樂」，三種不同程度的歡樂，以見其價值的高下……所問爲古樂今樂的同處，所答則爲歡樂的程度，能不令人疑其所答未能切中所問……。

（頁一九七—一九九）

按：陳氏對上列孟子一章的疑難，完全置於「答問是否切中」的範疇作處理，是乃純屬論辯之方法形式適當不適當的問題。順其所言，縱使毫無瑕疵，或孟子當時果如陳氏之要求以答齊王，恐亦只成得個邏輯理則的清明，絕無關於意向內容之昭顯。然而我們通觀孟子本章之義旨，則正在其有一關乎治國理民之要道爲宗綱，初由莊暴所請問的「好樂何如」所帶起。此一問語的重心，應該在「好」而不在「樂」，孟子就是根據對樂之「好」的合理不合理這個主意，往見齊王陳述己見的。及見齊王而提出有無「好樂」之問時，不料齊王竟自慚形穢而以「非能好先王之樂也，直好世俗之樂耳」作搪塞，這是齊王直覺「好樂」不好而企圖逃避追問的尷尬場面。孟子當然了解他的這種掩飾心理，所以不再逼問「好樂」的實情如何，而立刻提出自己原在答覆莊暴時即已決定的主見「王之好樂甚，則齊其庶幾乎」，以解除王的畏愧之情，然後好進行下面要說的「與民同樂」的大道理。至於「今之樂，猶古之樂也」，則不過為臨時起意，以適度安慰齊王慚愧心理的了別語（意即是說，今樂也好，古樂也好，都沒什麼關係），無所當於必須討論之實旨。由乎這近於情理的對應措施，所以使得齊王心情放鬆，再度提起了興趣，而有「可得聞與」之問。此問顯然是針對何以「好樂甚，則齊其庶幾乎」之價值意涵而發。惟其如是，故孟子可以依序地從「獨樂樂、與人樂樂」、「與少樂樂、與眾樂樂」等問題，逐步推至人民之或則「疾首蹙頞」、或則「欣然色喜」地互相告語，全在乎是否「與民同樂」，最後且總結於「今王與百姓同樂，則王矣」之一語，以為「好樂甚，則齊其庶幾乎」之理念之具體解答。然則整章至此，無論從行文、思致、論理、言事之任何一方面去察究，都可說得是圓明順暢，無懈可擊。陳氏之誤，就誤在單將中間的「可得聞與」之問，定在本屬臨時起意而實與大旨不相干的「今之樂、猶古之樂」上，因此，便以孟子「所答未能切中所問」相疑；且為達成這項疑點，不惜故意忽略前面大段之來意，甚至在所錄列之原文中，特別刪節了「王之好樂甚，則齊其庶幾乎」一句（請查一九七頁倒數第二行），此種公然「斷章取義」

之迹，實在令人百思莫解。等而下之，其尤不堪設想者是：假若眞依陳氏所議，不顧前後的義旨和思路，突然轉到古今「音樂原理」或「表演技巧」的異同之談，則不僅孟子有違心之難；即齊王亦恐有無法入聽之苦，而全篇文字，將更不知如何貫通以讀了。

* * *

孟子：「滕文公爲世子，將之楚，過宋而見孟子。孟子道性善，言必稱堯舜」（滕文公上）。

「人皆有不忍人之心……今人乍見孺子，將入於井，皆有怵惕惻隱之心，非所以內交於孺子之父母也，非所以要譽於鄉黨朋友也，非惡其聲而然也」（公孫丑下）。「惻隱之心、人皆有之……仁義禮智，非由外鑠我也，我固有之也」（告子上）。

陳疑：孟子爲了增強其主張的力量，令人除信從外，不能作其他反應，往往將理想說成事實，甚且抑眞從善，以合於理想爲事實……「孟子道性善」，欲使人堅信人性之本善，既在公孫丑上篇說：「人皆有不忍之心」，又在告子上篇說：「惻隱之心，人皆有之……我固有之也」。謂之爲有，猶嫌不夠堅定，加說「固有」，以示其爲事實上所本有，非僅理想上所應有而已。但縱觀世間，不少惡人，有暴君如桀紂，有頑父如瞽瞍，其秉性不善之事實，非任何人所能否認……。惻隱等心，爲人人所應有，卻非人人所實有，今謂「人皆有之」，明明將理想說成事實，透露其抑眞從善的態度，逕認善者爲其眞，不於眞僞上作客觀的研討……（頁三三〇—三三二）。

按：關於「孟子道性善」、及「人皆有不忍人之心……」、「惻隱之心、人皆有之……仁義禮智……我固有之」諸語之基本義蘊，本文以前各節，多已分別詳加辨析，這裡不用復事理論的申釋，惟就陳氏之又從「言論得失」觀點，認其「理想與事實混同」，並且肯定爲「抑眞從善」的這個意思，以且疑且解的方式，將幾個重要的關節透顯出來，既以待善讀者的深思，亦聊以當全文意理之總結也。

於是，我們且先問：說人「有」或「固有」惻隱之心，是「不眞」的嗎？如果不眞，那又怎能肯定爲「應有」？既稱應有，那麼「應」的立腳點又何在？人既無有眞正地善或惻隱……之心，我們卻要他去行仁義、講道德，豈不是違反人的本性，戕害人的生命嗎？

你——先生說孟子是「將理想說成事實」，是「抑眞從善」，究竟有沒有弄清楚理想與事實，眞與善之間的各種分際呢？須知「理想」一詞，通常是人皆喜說或用以自詡的口頭語，論其實際，則亦有它的是、非、對、錯，例如：狂人之思藉權勢巧詐以宰制天下、掠奪財富，即屬非的、錯的理想；聖賢之思憑德性踐履以安治天下、積聚財富，即屬是的、對的理想。於此，若再加深入的批判：當然，非的、錯的理想，根本只是一種虛幻的妄想，完全不可以理想之名相稱；而是的、對的理想，則必定是合理之想，也必然爲事實上之眞及應（該）的理念之所從出——見孺子入井的怵惕惻隱、亟思往救，豈不正是人人皆有的事實之眞，與理念上之所以得而言應（該）的嗎？你——先生現在將「事實」這個詞語的涵義，偏限在一件件既成事務的層面以言，竟不知人有惻隱……等等之心亦是事實，就斷言孟子「將理想說成事實」是「抑眞從善」，這也未免太不用思了吧！

依你——先生這善非眞、理想非事實，兩者絕對分離，以及不滿於孟子的說法，顯然認爲「眞與事實」、遠比「善與理想」更重要，那麼桀紂之暴，瞽瞍之頑，既是絕對眞確的事實，我們又憑什麼理由去斥責他們不好呢？爲了避免這言說不通、情理不容的難題，我們採取善既是「善」，卻亦是「眞」、是「事實」，三者原本和合的全備之道以觀，那麼對治桀紂之暴、瞽瞍之頑，就正是以全備的善而眞的事實，去克服那偏蔽的惡而似眞的虛幻的事實，孟子即從這裡斷言「仁者無敵」、「仁人無敵於天下」，又有何不可？

如果你——先生一定只承認落於事務上的事實之眞的一層，那麼善行與惡行，便亦各皆是眞而爲平行相對的事務，人又何必要崇善而去惡？又如果你——先生說惡人會妨害善人的生存，所以應當崇善去惡；那麼反過來，善人要去除惡人，豈不也是善人妨害了惡人的生存，惡人也可說應當崇惡去善嗎？又如果你——先生要再說惡的事務，會攪亂社會秩序破壞人類安寧。那麼惡人也更可說我的性好，本就惟恐天下不亂，對於社會沒秩序，人類不安寧，正有一份自我的沉醉和快感。試問你——先生又將如何以對？當然，這在一般的直覺中，實已極乎不經之談了。但也正是照你——先生之重眞輕善、而且明白主張：惡人是眞而必有的事實，善人只是理想而非必有的事實，以至肯定「人性原本無善」的理論——世間將只有惡人而無善人，至少也可說惡人必多於善人的情勢下，所必然要出現的問題。你——先生可曾認眞想過這些問題嗎？

玖、略論朱子的學思和人品

本文初係應香港新亞研究所之邀，參與「宋明儒學術研討會」，臨時在旅舍中所寫與牟老師同台發表引言之講稿，所以議論不及依據原始文獻作陳述。今既重刊，理當爲之交代出處，乃特撰長註數條，以補不足，並供查對。

一、原始儒家圓極教旨下的兩個學派

在中國思想史上，朱子，通常皆視爲宋明理學集大成的人物，屬於儒家發展第二期的大師或巨擘之一。❶我們今天來探討他的學思和人品，不能不以正宗學統之基本義蘊及架構作必要之規範。關此，我想依據佛家天台宗言圓教的進路而論，先秦孔孟建立的仁義之教，當然更是「圓教」。現在我們再把這圓教的內涵具體化、形象化，

❶ 依牟宗三先生《心體與性體》書之判定，儒學發展概分三期：初期即先秦以孔孟爲宗師的原始儒學，然後是宋明儒對應佛老而興起的理學爲第二期；當代之融會傳統思想與西方哲學爲第三期。

又借古今亟稱「太極」之名義爲例，應該可以命之曰「圓極」——此或初不免於類比擬似之譏，而實則正有其浹洽妥貼之本質義。

所謂「圓極」的內容，自當包括形上、形下之兩境：形上之境，爲無聲無臭、絕對至善之理體；形下之境，乃理體發爲生生之德，沉落而成之現實世界。爲著下文之論說方便計，前者可簡稱曰「上界」，後者可簡稱曰「下界」——其實，就主、從或先、後之價值位格以言，亦儘可有此上、下區分之必要。我們日常之耳目所接，軀體所觸，乃至知解所對，憂慮所及之物事，統皆不出形下的現實之境。就中，人之爲生，固亦屬於凡物之一分，但有不爲所限而特出秀異者，即其獨具心性靈智之存在。最明顯的例證，是他不僅可以生發思維以知解憂慮加乎外物，且可自覺地反而知解憂慮其所以知解憂慮之自身。由之，人乃可上承理體而軌範生命，玉成價值；下接現世而開物成務，揚善去惡。此則「圓極」之理念架構及其動靜生息之大略形態也。❷

依於這個圓極的架構形態，以論朱子其人之學術與人品，自然應有存在層級或高低分位之可言：蓋就孔子以下儒學開展之大勢看來，顯然存有兩個大的流派：

---

❷ 作者於本書先頭，已撰有〈儒家圓極教旨之體段抒義〉一文，並增製了一個「圓極」的圖式，論之頗詳，請覆按。

一是傾力於內修的理性主義的流派，以完成超越的道德理想人格爲主斷。

一是傾力於外用的經驗主義的流派，以追求現實的正理平治之事功爲主斷。

用我們上來所說「圓極」之思想架構作印證，前者重在超越的上界，代表性的人物是孟子；後者重在現實的下界，代表性的人物是荀子。兩派的形成，初亦只是各依自性體會而宣其所見、行其所是的自然趨勢所造達，並非於孔子創教之原義，有何嚴重的歧見或衝突——因爲在於孔子整體之意念中，本是上則極力推重「仁」爲融貫超越內在之實理，下則肯定「禮」爲敷治家國天下之實務的；則人之各順所長，能近取譬，以至於自創己說，分明成派，固亦勢之所宜有也。問題是：發展下來，卻往往不免執其所見所是而非議甚至詆斥對方以自高。此在以理性爲主軸、去達成道德理想的孟子，尚無其弊（蔽）：這一則是孟子去聖人之世未遠，確實掌握了孔子的原創精神，並能深入地作具體而微的發揮；再則是理性主義者之要求道德人格之完成，本不能斥修齊治平之事功而外之，否則難以充理性之實而言完足，而道德人格亦必然有缺陷。

首先執著一己之所見所是而非斥理性主義者是荀子。從「圓極」之爲形式的觀點來看，他惟是正視現實經驗以致事功的下界，卻不承認尚有理性之爲主體的上界。因此，即以經驗中所見可能爲惡之欲望爲性而謂「性惡」，否定子思、孟子「天命之謂性」與「仁義禮智根於心」的「性善」之論，視爲「僻違無類，幽隱無說，閉約無解」，

不合先王統類之言而罪之。❸

二、朱子思想基本進路之上同於荀子

順著上面的線索以思，我覺得朱子大體的進路，是同於荀子，系屬經驗主義之流派；依「圓極」之架構，論其存在的層級，則當定位於形下的現實境。此之爲說，情節實極繁複而曲折，殊非本短文之所能盡予推述❹，玆僅切就朱子主觀心態，概舉兩點性向方面的理由，略申其意。

㈠朱子平生看重、乃至終身勤苦以赴的工作是教育。由於他面對經驗所及的現實界，看出其中永無休止的雜沓擾攘、穢污渾濁，而又似乎不認爲通常人可本天生之自性，跳脫環境的羈絆而成德，卻只有依靠教育的他力來琢磨陶鑄，始可見效。如其

❸ 事見《荀子》〈性惡〉及〈非十二子篇〉。拙著《荀子思想研究》（文津出版社印行）有詳析。

❹ 牟先生分判宋明儒學爲三系，一是由濂溪、橫渠、明道、五峰至劉蕺山，爲本論語、孟子、中庸、易傳以言性命天道或一本之理學系；一是陸象山至王陽明、爲較重孟子思想、力主「心即理」者之心學系；一是伊川至朱子，爲據大學而強調「即物窮理」之別子爲宗。先生爲此著《心體與性體》三巨冊，而以佔三分之一份量之第三冊，縷陳朱子獨家之問題，可見其內容之紛繁而多曲折。讀者最宜詳參。

《大學章句序》之所言，教育分小學、大學兩個階段：小學的功能，全在匡直輔翼，作育正德行爲，藉由洒掃、應對、進退以至禮樂、射御、書數之習練，培成非禮勿視、聽、言、動的端正美好的品質；及至大學，始開發其先天性認知的本能，教以辨識心性之理和實行仁義之道。這是朱子整個生命精力之所注，當然也是其偉大成就之所在。不過觀念上則實有未盡透徹，達致人生價值充極的顯露。

(二)正爲上述過份擔心現實世界負面的擾攘和渾濁，因而刻意推重德化的知識教育之故，朱子對於理性主義派素主心、性、理、氣相互貫串流通的傳統，有一基於自見的異說，那就是：將「性、理」與「心、氣」，分成兩個並無內在實質關聯的層面——理是客觀超越、不動不靜或僅自動自靜地如如存在的物事，不爲任何他物所實具而得以爲主於中者；氣、即一理外之他物，似乎另有來源。人則全體是氣質，但有個氣之靈的心；由心則見性，性通乎理，所謂「性即理」。其在於心的意義，亦猶理之在於氣，只爲懸繫之目標，不起任何生發導引的作用。人若欲合於理，盡其性，則惟賴氣之靈的心，以一一知物窮理，而後得爲湊泊式的豁然貫通。至於知、窮之能耐，情、意之發抒，自然更屬心、氣活動之所生。❺以是，故王陽明覺其「析心與理爲二」而不能相契；❻牟師宗三先生則謂其性理之「只存有而不活動」，乃自成「別子爲宗」也。❼

❺ 朱子心、性、理、氣之論，《語類》第四、五、六各卷，載錄頗詳。但是繹其實旨，則並不一致。

有時似相貫通，如〈卷二．性理二〉載言：「問：『天與命、性與理四者之別，天則就其自然者言之；命則就其流行而賦於物者言之；性則就其全體而萬物所得以爲生者言之；理則就其事事物物各有其則者言之。到得合而言之，則天即理也，命即性也，性即理也。是如此否？』曰：『然』」。又載：「在天爲命，稟於人爲性，既發爲情。此其脈理甚實，仍更分明易曉。唯心乃虛明洞徹，統前後而爲言耳。據性上說『寂然不動』處是心，亦得；據情上說『感而遂通』處是心，亦得。故孟子說『盡其心者，知其性也』，文義可見。」是也。

有時卻明顯分作不同之層級以說。如曰：「性便是心所有之理，心便是理所會之地」，「性是理，心是包含該載、敷施發用底」，「動處是心，動底是性」，「性才發，便是情。情有善惡，性則全善。心又是一個包總性底。大抵言性，便須見得元是受命於天，其所稟賦自有本根，非若心可一概而論也。」

兩說參差互出，每使人莫知其究竟義旨之所是。此則正如牟先生《心體與性體》〈朱子之部〉之所論析：朱子曾於中和說有先後浸潤及舊說、新說等翻覆不同的期別之分。此處心、性、理、氣（情）之時或如此、時或如彼說，可能正爲前、後期之不定說或定說。編者僅以論題類同爲組合，不及依時序以爲別異也。然則何者是未定之說當先？何者是既定之說當後？吾意若以《大學》〈格物補傳〉、及《中庸》〈已發未發說〉（牟先生斷爲〈中和新說〉，見《心體與性體》第三冊頁一三一）爲定論作判準，便可分明見得：

前者以「格物致知」爲主斷，進行人依心靈以知物理之推論，而曰：「天下之物，莫不有理，惟於理有未窮，故其知有不盡。」又曰：「即凡天下之物，莫不因其已知之理而益窮之，以求至乎其極。至於用力之久，而一旦豁然貫通焉，則眾物之表裡精粗無不到，而吾心之全體大用無不明矣。」此中之以心知與物理相對，必待工夫上窮極物理，積成豐厚的知識，然後心之全體大用得無不明。是其析心、理爲二也，至爲顯然。

後者謂「據此諸說，（按：即先引《二程文集》，《二程遺書》各條。）皆以思慮未萌，事物未至之時，爲喜怒哀樂之未發。當此之時，即是心體流行，寂然不動之處，而天命之性體段具焉。以其無過不及，不偏不倚，故謂之中。然此已是就心體流行處見，故直謂之性則不可。……未發之中，本體自然，不須窮索。但當此之時，敬以持之，使此象氣常存而不失，則自此而發者其必中節矣。此日用之際本領工夫。……」朱子此說，綜觀牟先生前後文之評述，吾人可得如下之理解：是即朱子在〈中和舊說〉中，只有平看的實然之心已發未發（氣化不息之迹）之一層面，根本尚無超越之性之可言。及至〈中和新說〉（即此已發未發說）時，乃始自覺地將其前所言「已發者人心，而未發者皆其性也」之全部內容，皆視爲已發之心一層面之事，亦即所謂之「此心流行之體也」。然後另立一「只存有不活動」之「但理」以謂性，將之安頓從來儒者所稱「性」之名者，使不至從我獨缺也。

❻ 見《傳習錄》中〈答顧東橋書〉。又：陽明另有《朱子晚年定論》之採集，嘗於〈答羅整菴少宰書〉中言：「平生於朱子之說，如神明蓍龜。一旦與之背馳，心誠有所未忍，故不得已而爲此。知我者，謂我心憂；不知我者，謂我何求。蓋不忍牴牾朱子者，其本心也；不得已而爲之者，不直則道不見也。」（同見《傳習錄》中）因爲不忍牴牾朱子，乃取朱說之凡與己意相似或相通之答問爲之，實則並非眞皆朱子之定論。此亦牟先生於前述書之第二章論之甚詳者。

❼ 同上註❹。

三、朱子學思得謂集理學大成之故

朱子既爲經驗主義之心態，而在其所有之議論或著作文獻中，卻又太多討論理性方面的問題，而且表露濃烈眞摯的興趣和用心，使人有覺其融會了兩個流派而集理學大成的深刻印象，是爲何故？關此，可就學術風尙與論理過程再作兩點分解。

一是：朱子所處的時代，正當北宋以來盛言天人、理氣、性命、德義與道學風隆之際，且有廉溪、橫渠、明道、伊川諸大師之高論及典範足式。以朱子醉心人文、關懷社會本願之熱切，自不能漠視此種德教方面之大業，以至積極投入，繼志述事。這只要一讀其《近思錄》所輯諸家懿言之內容，便可知得。

二是：凡屬肯認道德價值之意義者，無論其思想進路是否通暢，本質上正必是依道德理性以爲行動的人，而在論理過程中，且終必立個象徵超越至上的物事，來證明或維繫其自身確有道德標誌之爲所向往或歸趨。這種形式的需要，即使經驗派之原創者如荀子，亦不例外。——荀子重禮，以先王制作之儀式法則，名物度數爲實體，此明是經驗主義的進路；可是終必將禮推舉至於超越地爲萬事萬物賴以生存顯發之境，而曰「禮者，本末相順，終始相應」；肯定「凡禮，始乎棁，成乎文，終乎悅校……以天地以合，日月以明，四時以序，星辰以行，萬物以昌，好惡以節，喜怒以當」，以至徑命爲「禮義之統」。❽至於漢儒，重心多在解經，基本精神，也是承續荀子思路而爲經驗的：大師如董仲舒者，一方面以現實上的「事之末善，不得謂善」之說，批評孟子稱理而言的「性善」；另方面卻又極端尊「天」，舉爲「群物之祖」、「萬物之本」、乃至「道之大原」所自出。❾惟二家之理念，即就各自獨有之體系以觀，亦並未完全密合，是即天人關係之皆無由通貫、而仍成隔絕也。蓋荀子的禮，雖若超越而爲天地萬物、本末終始之所依，但卻著實在形式化的禮儀法則，視之爲先王或聖人獨特的創作，通常人則因性惡，而只有循軌遵行的份；董子的天，雖曰遍生萬物而爲之元，然而在經過生成之一環節，天元的本質精神，即已打住，並未往下流通貫注，萬物（包括人）並不得有與天元同體之榮，而只能在現實的下界，隨陰陽五行的氣化之功，時時作「取仁於天而仁」的活動。❿此種意態，粗看似無甚要緊——一般堅持純粹經驗之論者，更會整個視如贅瘤而不屑一顧。惟深細思之，則所關義理亦至鉅，因爲它實際劃開了本文開首所稱「圓極」之上下界，仍足使人道失其所繫而流於無根。

---

❽ 荀子禮論，拙著《荀子思想研究》第參章有詳申。文津出版社印行。

❾ 董仲舒天、人關係之論，已詳拙著《儒學探源》第五篇各章。鵝湖出版社印行。

❿ 同上註❽、❾。

現在我們即以這個模式，應合朱子而言，他推置性、理於純粹客觀超越之域，而無與於心、氣功能之運作；人惟有憑藉虛靈之心，衝動之氣，傳出認知的本能，往而攀附之，則便與荀子、董生之見，如出一轍——縱然曲調各異、宗旨有別，而致天、人於異位隔絕之勢，固無有不同。是所以總歸於經驗主義之流派，而委居「圓極」下界之半明殘缺狀態，應無可疑也。

四、朱子之自為道德本質的人品

以上，我們切就朱子思理之辨析，旨在對於儒家向所謂道統或學統之曲直通塞，作一客觀眞實、如理合義之釐清；雖在進行中，語意上不能完全免於軒輊和低昂，但於終生秉持思理以爲誠篤踐履之主體人物——朱子——本身宏偉的道德成就與品格，則絕無絲毫之輕蔑或貶抑。我們深知，人之爲生，及其求爲歷史文化巨流中價値的存在，總不外乎「思」與「行」之兩途。然而二者相較，則無疑是行貴乎思。蓋思之淺深疏密，多有賴於天縱之資質明敏；而行之峻厲篤實，則操於個己之堅毅勇決。我們可以說：朱子其人是：凡思之所及，志即向之；志之所向，行則如之。終其一生，最所關懷甚至擔憂的，是如何推極人類社會於光明合理之境。然而在他的經驗世界裡，所見的却盡是紛歧擾攘，荒誕邪僻；其爲事實，類皆由於大多人之愚昧無知，狂想妄爲所肇致，而特別有待於教化。朱子直接用心於教育的，是釐訂小學、大學的教育程式——小學自七歲至十五歲之間，重點在於涵養；大學自十五歲起以至於成人，重點在於察識。涵養則必匡正人品，故須自幼行之；察識在於增進知能，必待智力成長始可。這也就是他終身服膺伊川、及其兩句名言：「涵養須用敬，進學則在致知」的緣故。爲了此兩階段教學目標的達致，他不辭辛勞地寫定《小學書》和《儀禮經傳通解》等巨細靡遺，最具規範性的著作。此外，又復輾轉著力於社會士庶人之啓迪指引而議論、講學、撰文、注書，更是孳孳矻矻，無一息之暫停；並且留下浩瀚無涯之典籍文獻，供人吸取思索，以致臨終時猶不免深深自歎「艱苦」。又嘗言：「天地生萬物，聖人應萬事，直而已矣」，以昭露其一己生命質實的理想。凡此，皆可見朱子在道德踐履方面、特著的超邁偉岸之功夫與實蹟爲何如。於是，我們或且當將前舉思先行後之見，翻轉過來，說他的思之所及，倒是由於志之所向、行之所如所促成。由是以觀，然則其一時之思理未暢，於人品又何傷乎？⓫

＊　＊　＊

⓫ 荀子、董仲舒亦當作如觀。

別記：下文係為友人蔡仁厚先生發表〈荀子與朱子〉論文之講評，內容與本文頗有關聯，特附載於此，以俾義理更臻完密。

蔡先生《荀子與朱子》的論文，共分三大節，就內容意義上看，可說節節都甚關緊要，容不得任何偏愛而有畸輕畸重的分別；何況蔡先生的申論，又處處顯其嚴謹精切、充實允當，很難有我置喙的餘地。不過，依主題「荀子與朱子」之基調以言，重點畢竟是在第一節〈荀、朱心性論的比較〉。因為時間關係，我們既不便作全部的介紹，姑且就這第一節先簡括地歸納一下蔡先生的本旨，然後再作點我個人意見的補充。

在這一節裡，蔡先生指出：荀、朱二家所謂的「心」，同是認知心。所謂的「性」，則荀子是就情欲說，故主性惡；朱子則視之為理，故說性即理、性無不善。表面看來，好像兩家說性，是南轅北轍，差別很大。其實若就他們思想的本質途向去分析，卻正是非常接近、甚或完全一致的；只不過在用名說理、或表意的方式上，略顯繁簡曲直的不同罷了。

大體說來，荀子比較簡直。以認知義說心，故徑謂「心虛」；以情欲說性，故徑謂「性惡」。人要成善，只須以認知心去認知先王或聖人所制作的禮義以化性起偽就行了。朱子則比較繁複迂曲（當然也是他思想內容較為豐富的緣故），大概覺得自孔孟以來倡言的「性善論」，不能推翻，仍得保持。但他基本上認定人是一個氣性的存在。氣性的便是情欲的，情欲的便是惡的，又如何能安頓「性善」這個概念？於是本於伊川分解的思路，把「性」推舉爲純客觀義的超越的天理，而在當下這氣質存在的人之身上，則見出一種能思想、能認知各種事物的靈氣，就叫做「心」。這樣的心，本與荀子所說心的意義完全相同，惟朱子對之卻更有一番特殊的體會，那就是：將心之認知萬事萬物，常轉而謂之包具或攝具萬事萬物。如此，便不僅將荀子以認知義說心、以情欲說性的內容，全部概括在裡面了；同時也使自己推舉爲超越存在的性理，亦以此方式而具現於心。這種體會，在於朱子本人來說，當然顯得非常圓備周至，但終究使得性理成爲純粹外在、與人之自己並無內在關聯的物事，以致在道德方面，儘是攀援外附的他律型態，而無異於荀子。

由於上述蔡先生的指引，自然使我想起另一個夾在荀子與朱子中間的人物，那就是號稱西漢一代大儒的董仲舒。——董氏在《春秋繁露》〈名號篇〉和〈實性篇〉，都有正式討論人性的問題。在那裡他運用許多名言概念，以表達相當繁複的思理，一時間很難詳論。我現在只能描摹其大致的輪廓，來爲蔡先生的論證，做點蛇足式的野人獻曝。

董氏之從氣化材質的層面講性，可說是上與荀子乃至告子完全一致的。例如：董氏說「生之所以然者謂之性，性者質也」，正與告子的「生之謂性」，荀子的「如其生之自然之質謂之性」、「性者、本始材樸也」如出一轍。至於講心，雖不如荀子般有明確認知意義的肯定，但他說「衽衆惡於內，勿使得發於外者，心也」，則除了足證心性爲惡之外，同時也隱含心對善惡之事，有一定的認知作用。

最爲特別的是：董氏另有個絕對尊嚴、神聖至極的天或天道，在超越地生成萬事萬物。如說：「天者，群物之祖」，「天地者，萬物之本」，甚至明言「道之大原出於天，天不變，道亦不變」。照這樣講，本可講出如：

中庸所謂「天命之性，率性之道，修道之教」

孟子所謂「盡心、知性、知天」

一類直貫順成的大道理來，可是由於對天的位格，推尊太過，認爲被生之人（物），根本不可以與始生之天相提並論，而只能自既生之後之有形氣的生處往下說。因此，人的一切，包括心性及其所有之活動，便都是氣化物質任運而轉的存在。人要向善或成善，一定得效法乎天，所以說「仁之實者在於天；天，仁也。人受命於天，取仁於天而仁也」。這就可以看出董氏把天與人的關係，打成了兩截，然後自有生以後說心性，也就自然成爲氣化流變的物實的心性了。

由這個意思轉到朱子的思路來看：朱子析心、性爲二，視心爲氣之靈，是統括性情，包舉一切物事的大包袱。這便綜合攝收了歷史上一切就氣質方面言性者的理念，然後將它（性）推置到一個「只存有而不活動」的超越境，則正好和董仲舒的天的觀念極相似。不過，董氏之天，頗有宗教中位格神的姿態；而朱子之性，則爲形而上的純粹的理性耳。

說到這裡，我們似可更依思想史的觀點，作一考察：是即中國傳統之心性論，大致可分「以義理言性」與「以氣質言性」的兩大系絡。前者、乃孔孟之所開示，下及宋明大部份理學家，如周濂溪、張橫渠、程明道、陸象山、王陽明、胡五峰、劉蕺山等之說皆屬之；後者、則包括自告子、荀子以下至董仲舒、楊雄、王充、韓愈和朱子之屬俱是。前一系絡，人皆稱爲性論之正宗，當無疑義。至於後一系絡，我則以爲從告子的「性無善，無不善」、荀子的「性惡」、董氏的「善惡兩在」，以至朱子的「心包性情」，再加上董氏之另立超越之天道，與朱子之轉天道爲性理，似乎也有個一貫地逐步發展的線索可尋。明白言之，即由告子之簡單地說個「生之謂性」的雛型，開展爲朱子的「致知格物，窮極萬理」之龐大的架構或模式，實是一個脈絡下來的必然趨勢，很值得我們加以注意探討的大題目，所以不揣謭陋，藉這機會提出來供大家作個參考，並就正於蔡先生。

拾、孟、荀德性思想主導下知識概念之展衍

本文於民國七十五年作成，謹以爲牟師宗三先生八秩上壽誌慶（曾呈先生過目，文集迄未發行）

一、概論——儒家知的概念之起源與向度

自古至今，人類生命精神之活動，大抵都依循著兩個必然的途轍以進行：一即內求己身之安養調護；一即外順自然之識別利用。而蘊育或存在於學術理念之中者，則實有所謂主體（亦曰主觀）與客體（亦曰客觀）之相對的分野。中國歷來之思想家，包括至今仍極昌盛之儒、道、釋，乃至先秦曾有的名、墨、法、農、陰陽各系，莫不可據此兩相對峙之分限而歸類。明白言之，也就是無論各家思想之體系或形態如何，總不能脫出對於「主體」與「客體」兩個範限之推述或印持。雖然其間頗有畸輕畸重、或隱或顯之異數，亦無礙基本意念之終必有在於是也。

從內容上看，堪稱正宗而極成完備學統的儒家，其於主體、客體之分劃，是由

「心」與「物」兩個相異之領域作判釋的。最初孔子奠立仁教，雖然未曾明白標示心，物異稱之概念，但就論語全書所昭顯之意理而言，「仁」既以表人之精神人格之所是，則自必有其存於心而發爲志之定然的持守，因而亦必相對地有關於心志以外之物事之確然的肯認。所以下逮孟子，爲仁教作理論之展示時，便正式提出了心、物對等之說，如曰：「權，然後知輕重；度，然後知長短。物皆然，心爲甚。」(梁惠王上) 又曰：「耳目之官，不思而蔽於物，物交物，則引之而已矣；心之官則思，思則得之，不思則不得也。」(告子上) 這已顯然可見心、物各有其自存之領域或世界。不過，有關它們所以自存之意義和地位、等級的問題，孟子是認定心高於物的，因此，他繼上文復說：「此(心)天之所與我者。先立其大者，則其小者不能奪也。」又說：「人人有貴於己者，弗思耳矣。」又說：「指不若人，則知惡之；心不若人，則不知惡。此之謂不知類。」(均見告子上) 甚者，且以爲心可馭物，物統於心，而曰：「萬物皆備於我矣，反身而誠，樂莫大焉。」(盡心上)

孟子對於心、物二境之開示，在一義上說，亦可能是由於世間事象之實際情態所引發。然而於中，他卻特尊心的地位與價值，則固當有所以爲心之體性意義的肯定，那就是落在人生理想上，求爲修身處世或內聖外王之工夫活動時，必須賴一超越而具統合力能的「知」之爲運使操持的條件。於此，我們單就所謂「知」之一義而觀其示現之方，最初或只是切就自家思想理會與術業問學之需要通彼此、徹內外，而自然藉之以爲過渡的一個公通的概念，並未內容地正視或凸顯它的獨特的存在性。如實言之，也就是知之爲知，在先期之儒家學術中，甚至無分於孔、孟、荀，都是屬於心下的一種作用——即心爲主宰，以應對萬事萬物，所自然透顯的一種格局或形勢而已。但是，由此推進一步看，知既屬於心爲主宰下之作用的物事，而因孔、孟、荀之對於心所信持或體現的內容有不同，則其所以爲知的向度，亦自必隨之而大異，並且影響及於後來之儒家學術理念者，極爲深鉅也。世之論者，往往於孟、荀之間爭是非，卻又大多不能徹盡其實意——尊孟則無當於孟義之所是，貶荀則莫辨乎荀義之所非；關鍵所在，正由不明二家言「心」之本義，與所引援而至的「知」之際限何如耳。本文的微旨，即在就孟、荀二子有關這方面的論說，切實作一對較，藉以證解後世儒家學派中，凡所涉及的知性或知識之學，其開發流衍之形態，盡皆已見其先肇於是矣。

二、孟子知為主體義之三型

孟子是中國歷史上首創「性善論」的儒家大師或先知。他之有此肯斷，如前所言，乃由承續孔子仁教之義路而來。孔子爲實現人文教化之理想，嘗就人之當然而可能的方面，提示過「爲仁由己」（論語顏淵篇），「我欲仁，斯仁至矣」（述而篇），「有能一日用其力於仁矣乎？我未見力不足者」（里仁篇）。這在基本上是認定仁爲人之內心所必具，故於稱讚顏淵之成就，可徑謂「其心三月不違仁」（雍也篇）。孟子就是正對著這樣一個「心」，以建立所謂「性善論」的。其引伸或推述的過程，初是將孔子論仁所示現的一切美善之根源，統歸之於人所固有的「本心」。然後分從「惻隱、羞惡、辭讓、是非」之四端，而見其能爲「仁、義、禮、智」之四德（具見公孫丑與告子上篇）。德，顯發於外則爲行、爲事，蘊育在內則爲性、爲理，無論外顯或內蘊，本質上是至善無惡的，是故命之曰「性善」。

四德中最與本文主旨相關者，就是所謂「智」。此一德目──智，通常是有相對於愚魯而特稱的聰慧之意，孔子嘗言「上智與下愚不移」（陽貨篇），即其明徵。但一般亦涵了解事物而可以「知」爲言說者。古經籍中，此例尤多，最著者，如論語之言：「知及之，仁不能守之」（衛靈公），「知者利仁」（里仁），「知者不惑」（子罕、憲問），「知者樂水……知者動」（雍也）；又如中庸之言：「好學近乎知」（二十章），「唯天下至聖，爲能聰明睿知」（三十一章）；易傳之言：「知者見之謂之知」，「知周乎萬物而道濟天下」（繫辭上）；即皆以了解事物之「知」表述聰慧之「智」。而孟子盡心上篇中，且謂「知者無不知」，則更是於同一文句之結構下，雙表「聰慧」與「解事」

兩義而通用一「知」字者。凡此，可見與仁、義、禮並稱的「智」，基本上是不外解事知物義而獨行的，故論其動發之「端」，可徑以「是非之心」爲據，因爲一涉是非，則必有個認得爲是，認得爲非之知的活動在先。由是而相對於仁、義、禮之爲性言，自亦可別有個「知性」的意義。不過，這樣的知性，其爲本質，仍是依從於仁的；切實言之，亦即以愛人利物之仁心爲主體之光輝獨照也。基於是理，乃可就孟子書中所示，略分三義以明之。

㈠作爲交通物我的認知義

所謂「認知義」，就是我們前文所說知的最先示現之方，乃隨人類之初有精神活動而必然具在的，孟子當然亦不例外。書中在論說一般事務而自然涉及的關於此類的知之認許或顯現，可從以下諸例見之：

「權、然後知輕重；度、然後知長短。」（梁惠王上）

「百姓皆以王爲愛也，臣固知王之不忍也。」（同上）

「王無異於百姓之以王爲愛也。以小易大，彼惡知之。」（同上）

「不知足而爲屨，我知其必不爲蕢也。」（告子上）

「人有雞犬放，則知求之；有放心而不知求。」（同上）

「指不若人，則知惡之；心不若人，則不知惡。此之謂不知類。」（同上）

「拱把之桐梓，人苟欲生之，皆知所以養之者，至於身而不知所以養之者，豈愛身不若桐梓哉？弗思甚也。」（同上）

「養其一指而失其肩背，而不知也，則爲狼疾人矣。」（同上）

「人知之，亦囂囂；人不知，亦囂囂。」（盡心上）

「若禹、皐陶，則見而知之；若湯，則聞而知之。……若伊尹、萊朱，則見而知之；若文王，則聞而知之。……若太公望，散宜生，則見而知之；若孔子，則聞而知之。」（盡心下）

凡此諸例中所用的「知」字，無論爲正面的肯定——「知之」、或反面的否定——「不知」，莫不是立基於物我交通所必然無可避免之認知狀態者。在此，人們如果要：即以「認知」這個事體本身爲對象，客觀地探討、分析其所以然之諸般情實或理則（存有或存在之本義），當然是可以別有一番盛大學問的天地和境界❶，然而孟子並沒

❶ 整個西方傳統之學術文化，正可說是由此開端的；在中國，則先秦名家和墨辯的作者，也確曾表露過這種的傾向。

有採取這樣的態度——或者根本沒有這樣去想它，只是順著與物相交之主觀生命流程的需要，藉以表其實然的意態而已。他（孟子）所愼取或鄭重的，蓋是具有無限意義的超越而多能的心體，知則僅可謂之爲超越心體下的一種現實的作用。不過，由此推衍而上之，即：以後世所謂「即體即用」或「體用不二」之理念去照察，則原本只居交通物我之實然地位的知，自亦可以提升或轉化爲獨體，而更有如我們後文所說之情境的。

(二)實與心體同一的覺知義

關於「覺知義」，在上節所舉各條原文中，本亦皆可推引而得之，然不免有行文或論說上紆曲難明之弊；茲且另取較爲顯豁昭著之三則議論作徑直之理解爲宜。請先看萬章上篇之說：

「天之生此民也，使先知覺後知，使先覺覺後覺。予，天民之先覺者也；予將以斯道覺斯民也，非予覺之而誰也。」

此則說辭，雖似爲繹述前賢伊尹之言，其實亦可說是孟子本人之自道❷。其間

❷ 試觀公孫丑下篇孟子爲答充虞路問所說「五百年必有王者興，其間必有名世者。……夫天未欲平治天下也，如欲平治天下，當今之世，舍我其誰也？吾何爲不豫哉」？意理正與此同。

就人而特稱的「先知」「後知」「先覺」「後覺」，以及依任道之重而言覺後知，覺後覺、覺斯民等語彙中，用爲動詞的各個單（先）行的「覺」字，無不清楚地顯露出一種與生命同在的活潑透明，銳敏強毅的心覺。人果順此明睿之心覺以自覺覺他，實在即是心體之無分內外之朗現朗照。所以當其著落於交通物我之實境的「知」上爲說時，便可徑視爲表情達意，成事制宜之體性，而曰：

「我知言。……詖辭知其所蔽，淫辭知其所陷，邪辭知其所離，遁辭知其所窮。」（公孫丑上）

也可據以爲照徹內外，融貫天人之資具，而曰：

「盡其心者，知其性也；知其性，則知天矣。」（盡心上）

類此「知」的觀念之運作，顯然不能再限於一般所謂的「認知義」，而是其本身已成爲實體性的原理原則。易言之，即直以知繫於心，而又依心之覺義表而出之者。後來程明道（顥）之主心爲本體，而以「誠敬存之」言「識仁」之方❸，義即有本於

❸ 明道識仁篇言「學者須先識仁。仁者，渾然與物同體，義、禮、智、信皆仁也。識得此理，以誠敬存之而已。」宋元學案卷十三，明道學案上。

此也。蓋明道所言識仁之「識」，正可通於孟子原義之知之覺也。遺書中所記兩條語錄可證：

1.「醫家以不識痛癢，謂之不仁。人以不知覺，不認義理，爲不仁。譬最近。」

2.「醫書言手足痿痺爲不仁，此言最善名狀。仁者，以天地萬物爲一體，莫非己也。認得爲己，何所不至？若不有諸己，自與己不相干。如手足不仁，氣已不貫，皆不屬己。故博施濟眾，乃聖人之功用。」❹

此兩則文中所稱之「人」、「己」及「仁者」之諸名，依明道一貫之思理而言，當皆是實有心爲主體者，故雖不言心，而心義自在其中。心爲至仁，即全心在仁，全仁在心；心之覺知，即仁之覺知。如是，故可衍而爲謝上蔡（良佐）之正式「以覺訓仁」❺，並且進而構成一種（逆覺體證的工夫入路），而有李延平（侗）之「超越的逆覺體證」與胡五峰（宏）之「內在的逆覺體證」兩個具體實踐形態之展露❻。這是孟子以心爲主

---

❹ 二程全書，遺書第二上，二先生語上。引見牟先生「心體與性體」分論二、第一章，第六節。

❺ 證見宋元學案卷四十二，上蔡學案，五峰家學項下、廣仲問答「『心有所覺謂之仁』，此謝先生救拔千餘年陷溺固滯之病，豈可輕議哉」？又：伯逢問答「『心有知覺之謂仁』，此上蔡傳道端的之語，恐不可謂有病」。

❻ 以上三引號（「」）中之語義，請參閱牟先生「心體與性體」第三部，第六章，第二節。

體言覺知，所開啓或完成的正宗儒學系絡之一型。

㈢特具道德本質的良知義

上節所言心體與覺知同一，原本在於透顯「知」的存在或實有之狀態，是屬於形式的意義；但當引至程明道之以「識仁」爲覺，與謝上蔡之「以覺訓仁」，則固已內容地含具良知之知矣，只是未曾作相應之點明和論證耳！

須知「識仁」爲覺與「以覺訓仁」，即可見覺之必依於仁，並且進而想到「仁，人心也」（告子上），「惻隱之心，仁之端也」（公孫丑上）之諸義。人依惻隱之仁心，而行不忍人之政，而怵惕惻隱於孺子之匍匐將入井，其中正有一種超越任何利害而自然感應之覺知在。此種自然感應之覺知，既然表現爲不忍人之政，不忍見孺子之匍匐入井，便可顯見其爲與生俱來，且有一定之向度或顏色，是即孟子所以特別強調人性本善，而落實於知上則極稱爲「良知」之故也。〈盡心上篇〉載：

「孟子曰：人之所不學而能者，其良能也；所不慮而知者，其良知也。孩提之童，無不知愛其親也；及其長也，無不知敬其兄也。親親，仁也；敬長，義也。無他，達之天下也」。

此章先是「良能」「良知」並稱，乍看似兩個不同層面的活動，其實，就心之動發之始爲覺知處理會，良能是涵括在良知之中而不能見外的。所以下文舉孩提之愛親，敬長，便只說個「無不知」，而不另說「無不能」矣。良者、善也。知之特狀曰「良」，即表示一種道德地善的特質。如實言之，就是固具仁義禮智之本心的一種別稱。請看〈告子上篇〉之說：

「雖存乎人者，豈無仁義之心哉？其所以放其良心者，亦猶斧斤之於木也，旦旦而伐之，可以爲美乎？」

此處是以「仁義之心」與「良心」交相爲言。試且配合著前則的「知親親」爲仁，「知敬長」爲義兩個即「知」便盡了「仁、義」之意態而通觀之，自可見出「良知」與「良心」「本心」，實爲同義之語詞矣。若問其何以要有此不同之名號？則可說：良知是較顯其動態之運作義；良心、本心則較顯其靜態之主體義。如此而已。

良知即本心之發用，而表現於實事上的，又只是極順常情的親親，敬長之行，宋儒陸象山(九淵)，便是扣緊這個意思，倡言「易簡工夫」的。〈語錄記〉曰：

「先生居象山，多告學者云：『汝耳自聰，目自明，事父自能孝，事兄自能弟，本無欠缺，不必他求。在自立而已』。（象山全集卷三十四）」

又：

「伯敏云：『如何是盡心？性、才、心、情如何分別』？先生云：『如吾友此言，又是枝葉。雖然，此非吾友之過，蓋舉世之弊。今之學者讀書，只是解字，更不求血脈。且如情、性、心、才，都只是一般物事，言偶不同耳……聖賢急於教人，故以情、以性、以心，以才說與人，如何泥得……』？」（同上卷三十五）

原夫象山之學，本是得力於孟子，故凡所議論，每多獨稱孟子，正因順良知或本心以事親、敬長之工夫，特為易簡耳❼。其最後之所以約歸於「心即理」之一語，並且實感「萬物森然於方寸之間，滿心而發，充塞宇宙，無非斯理」之深意者，蓋亦有由也。

❼ 象山嘗言：其學是「因讀孟子而自得之於心」。又：其和兄復齋（九齡）「孩提知愛長知欽」之詩曰「易簡工夫終久大」，以及對他人之議其「除了先立其大者一句，全無伎倆」而曰「誠然」可證。均見《象山全集》卷三十四、五，語錄。

理念之展衍至於王陽明（守仁），則更是直揭「良知」而立教。雖在其創發之過程中，爲對反朱子格物窮理之見，亦仍取大學「致知」之詞語爲說；然其實意，則根本是承諸孟子，而與象山途轍相同的。他順「心即理」之義，極言天下無心外之事，心外之理，乃至無心外之物者❽，正是見得心知或天理之無所不在也。心知或天理，是絕對超越之本體，但直命曰「良知」，則在其具有自能「知是知非、好善惡惡」之道德的判斷和行動，是故《傳習錄》曰：

「良知只是箇是非之心；是非只是箇好惡。只是非就盡了好惡；只是非就盡了萬事萬變。是非兩字，是箇大規矩，巧處則存乎其人」（卷三）。

良知之名義既立，進一步的問題，就是如何使之得爲眞實人生理想的呈現了。此其工夫入路，便在於一個「行」字。

---

❽《傳習錄》卷一：「（徐）愛問：「至善只求諸心，恐於天下事理，有不能盡」？先生曰：「心即理也。天下又有心外之事，心外之理乎」」？

同上卷二，答顧東橋書云：「夫物理不外於吾心，外吾心而求物理，無物理矣」。

同上卷三：「先生遊南鎮。一友指岩中花樹問曰：「天下無心外之物。如此花樹，在深山中自開自落，於我心亦何相干」？先生曰：「你未看此花時，此花與汝心同歸於寂；你來看此花時，則此花色一時明白起現。便知此花不在你的心外」」。

同上答徐愛「知行合一」之問曰：

「未有知而不行者。知而不行，只是未知。聖賢教人知行，正是要復那本體。……某嘗說，知是行的主意；行是知的功夫。知是行之始；行是知之成。若會得時，只說一箇知，已自有行在；只說一箇行，已自有知在。」（卷一、頁三）

同上答〈顧東橋書〉又曰：

「知之眞切篤實處，即是行；行之明覺精察處，即是知。知行工夫，本不可離。」（卷二、頁三五二）

此兩則論旨，原意雖在解說「知行一體」之義，亦即「教人……要復那本體」，然於稱引時既必知、行並舉，而且斷言「行是知之成」，則亦可見「行」之關於人生理想實現之重矣。行，轉而順大學之意言，便是所謂誠意的「誠」和致知的「致」。尤其是後者。

同上〈答顧東橋〉書論「致知之功」說：

「鄙人之見，則謂意欲溫凊，意欲奉養者，所謂意也，而未可謂之誠意；必實行其溫凊奉養之意，務求自慊而無自欺，然後謂之誠意。知如何而爲溫凊之節，知如何而爲奉養之宜者，所謂知也；而未可謂之致知。必致其知如何爲溫清之節者之知，而實之以溫清；致其知如何爲奉養之宜者之知，而實之以奉養，然後謂之致知。」（卷二、頁四〇）

同上又答〈聶文蔚書〉（二）論孟子「必有事焉」之說曰：

「夫必有事焉，只是集義，集義只是致良知。說集義，則一時未見頭腦；說致知，則當下便有實地可用工。故區區專說致良知。隨時就事上致其良知，便是格物；著實去致良知，便是誠意；著實致其良知，而無一毫之意必固我，便是正心。著實致良知，則自無忘之病；無一毫意必固我，則自無助之病。故說格致誠正，則不必更說箇忘助。孟子說忘、助，亦就告子得病處立方。」（卷二、頁六八）

綜而言之，則歸結於天泉證道所立之四句教：

「無善無惡心之體，有善有惡意之動，知善知惡是良知，爲善去惡是格物。」❾

❾ 天泉證道語，乃陽明爲王畿、錢德洪說破良知教最高宗旨之所在，事詳《傳習錄》卷三，及卷六〈年譜〉九月壬午發越中條下。

凡此所敘錄，皆可見得陽明思想之承續孟子而無所歧異。反過來看，當然也可說是孟子由道德本心處，肯定良知義之至陸、王，而更得充盈光大矣。牟師宗三先生每言陸王學是孟子學——一部《從陸象山到劉蕺山》的巨著❿，大都即是發明箇中之深義，信可徵也。

以上關於孟子知的三義之闡述——由自然顯現的「認知」，到關於心體的「覺知」乃至結聚為道德實體的「良知」，似有一理序上之逐步提升與貞定，而為從來儒者共識之所歸；極其至也，即號為光大儒家義理傳統的宋明理學各系，且莫不可溯其淵源於此。撲其整全之精神旨趣，則張橫渠(載)與程伊川(頤)所宣稱的「德性之知」，堪謂的當妥切而無誤：那是一種代表高位格的詞語，是相對或不契於低位格的「聞見之知」而提出的。

橫渠說：

「大其心，則能體天下之物，物有未體，則心為有外。世人之心，止於聞見之狹；聖人盡性，不以聞見梏其心，其視天下，無一物之非我。孟子謂盡心則知

❿ 台灣學生書局六十八年八月初版。

性知天，以此。天大無外，故有外之心，不足以合天心。見聞之知，乃物交而知，非德性所知。德性所知，不萌於見聞。」（正蒙大心篇）

「誠明所知，乃天德良知，非見小知而已。天人異用，不足以言誠；天人異知，不足以盡明。所謂誠者，性與天道，不見乎大小之別也。」（同上）

伊川說：

「聞見之知，非德性之知。物交物，則知之非內也，今之所謂博學多能者是也。德性之知，不假見聞。」（《二程全書》遺書第二十五、伊川先生語十一）

詳察張、程二子的這種（「德性之知」與「聞見之知」）的分判，無論從用詞或思理上看，都可說是上有所承於孟子，或則根本應視爲孟子思想理念「充類至義之盡」之演繹，乃中國傳統重德精神的凝聚之論，而亦永爲世界人類建體立極，明善誠身之理想實現所必需。

雖然，此亦不免另有一問題，是即：在今日言之，尤其是，在與他支但求利用器物，以滿足現實生活爲重心的異勢文化對照下，我們先哲之純依道德本體或心性，所爲之高自位格的期許，顯然猶有不容忽視的缺失，那就是太過輕鬆了人生最初階段的

「認知義」。以是，不僅有礙於社會性的備物致用的大業之發展，且亦未能竭盡人類心性本然的知能活動之眞。關於這樣的一個問題，若得有心消解，本亦是說易不易，說難也非甚難的——諱言則似頗幽隱，顯言則實極淺明。然而在我們的歷史上，尤其是思想史的方面，卻因未曾自覺地作確如其分之定位的肯定和審察處理，以致常常泛起波瀾，形成種種針鋒相對，而又立場互混的異見。先秦時期，諸子百家的紛爭，姑置不論；即使是後世同宗孔子的儒家內部，亦往往各自爲說、義難通解。最爲人所熟知的顯例則有：相對於孟子「仁義內在」之說，而主「禮義爲先王所制作以外加於人」的荀子。以及相對於陸象山之「心即理」、「宇宙即是吾心」而言「心是氣之靈」、「須窮盡天下萬物之理，而後能豁然貫通」；相對於胡五峰（宏）之「心以成性」、「盡心以立天下之大本」而言「心統性情」、「心以性爲體、心將性做餡子模樣」之朱子⑪。類此紛紛之說，從正宗儒學系統之理念以言，誠難免於歧出支蔓之弊；但就其爲歷史中之已然事實作觀察，則亦未必不可說是：人類生命中，原本不容蔑視的「認知性」之暗潮澎湃，所自然導致的激越情態之流露也。惟甚可惜者，是在這些存在事實之當事人，也始終未曾確切省悟到其所依循的獨義（認知性），卻仍處處附麗或摻拌著「德性之知」爲說，乃反而造成某種糾結混擾，怪迂不整之形相，而難望眞正之解人從事承繼發抒矣。下文且就荀子有關的問題，試爲論之。

三、荀子的認知心與認知性

在荀子，心與性的問題，順其各有定然的本質處作思索，似當以分別論說爲宜⓬；而若就其統合或總持之功能作用觀之，則亦實與孟子同樣，可視爲人之一切活動所由生起的泉源之地，只是並無足爲人生主體或本體之超越意義可言。此中之糾結，乃緣於荀子心目中之當下存在的人生，純粹是個「現實欲望的組合」所導致。然則何謂

⓫ ①《宋元學案》卷四十二、五峰學案附載朱子「知言疑義」，對五峰原言「心也者知天地、宰萬物，以成性者也；六君子（按：指堯、舜、禹、湯、文王、孔子），盡心者也，故能立天下之大本……」與張南軒書評之曰：「『以成性者也』，此句可疑。欲作『而統性情也』何如）？復舉程子釋孟子盡心之意而論之曰：「程子之意，亦指夫始條理者而爲言，非便以盡心二字就功用上說，今觀此書（按：指胡子知言）之言盡心，大抵皆就功用上說，又便以爲聖人之事，竊疑未安！」

②「心以性爲體，心將性做餡子模樣」，語見「朱子語類」卷第五，文津版八九頁。

⓬ 拙著「儒學探原」第四篇，及「荀子思想研究第貳章，嘗就荀子之「心術觀」與「性惡論」同時詳加辨析，可供參閱。前書鵝湖出版社印行，後書文津出版社印行。

「欲望」？或欲望所依恃的背景若何？通概而言之，自亦不能外乎一般所泛稱的心性而他求。惟荀子對於此種範限之「心性」，特取其游移多變之態勢而轉名曰「情性」。這便顯然是偏傾於人在現實生活中種種對外希求或攫捉的表述；且因視之爲全部人生結構之所是，順其所至，將「必出於犯分亂禮而歸於暴」，於是極斷曰：「人之性惡」（論在性惡篇）。人要對治本惡之性，也就是克服所謂的「欲望」，則惟有賴於先王制作的禮義來匡範。他嘗辨析禮義之起原說：

「禮起於何也？曰：人生而有欲。欲而不得，則不能無求；求而無度量分界，則不能無爭。爭則亂，亂則窮。先王惡其亂也，故制禮義以分之，以養人之欲，給人之求，使欲不必窮乎物，物不必屈於欲。兩者相持而長，是亂之所起也。」（禮論篇）

「今人之性，生而有好利焉，順是，故爭奪生而辭讓亡焉；生而有疾惡焉，順是，故殘賊生而忠信亡焉；生而有耳目之欲，有好聲色焉，順是，故淫亂生而禮義文理亡焉。……古者聖王以人之性惡，以爲偏險而不正，悖亂而不治，是以爲之起禮義，制法度，以矯飾人之情性而正之，以擾化人之情性而導之也，始皆出於治、合於道者也。」（性惡篇）

「古者聖王以人之性惡，以爲偏險而不正，悖亂而不治，故爲之立君上之埶以臨之，明禮義以化之，起法正以治之，重刑罰以禁之，使天下皆出於治，合於善也。是聖王之治，禮義之化也。」（同上）

從以上三議則論中，我們除了足以明晰欲望與情性，並無概念內容之分外，其尤關緊要者，則在可得兩點具體的知見：一即如上所說，荀子解決性惡的辦法，完全依賴於先王或聖人的制作禮義來矯飾導正。另一則爲所謂的禮義，原只是一些已經制作好了的現成物事，對於任何性惡的個人來說，俱屬非所固有的客觀外在的東西。由此二重關係拖帶出來的問題，則是：人要藉著禮義來矯飾導正自己的生活行止，首先便得採行吸取或攝受的手段，明白言之，也就是必須通過與「惡性」異質的純白無記的「心術」之爲照明⑬，構成一種認知或辨識的活動。這樣做的目的，就荀子說，最初當然是在於明道去蔽，化性起僞以成就美善之人生的。試看解蔽篇的一段論說：

「夫道者，體常而盡變（按：在荀子，「道」當通解爲「禮義」），一隅不足以舉之：……聖人知心術之患，見蔽塞之禍（按：前文指諸子之偏蔽，就心言，則謂心之未保其純

⑬ 同註⑫。

白無記也。下文即詳述此意。）故無欲，無惡，無始、無終，無近、無遠，無博、無淺，無古、無今，兼陳萬物，而中縣衡焉（按：凡此所云「無」者，皆見聖人之心之純白無記也，夫然，故能「兼陳萬物而中縣衡焉」）。何謂衡？曰道。故心不可以不知道。心不知道，則不可道而可非道。……心知道，然後可道；可道，然後能守道以禁非道。」

詳察此則文中最後所強調的必經「知道」，以至「可道」、「守道」或「禁非道」的意圖，基本上是求所以去除心術之患，而免蔽塞之禍，自可謂之為美善人生的道德的活動。雖就正宗儒學的立場看，其為道既非人之所固具，而有待於「知然後能」，則顯與告子義外之說同科，未能達於天人同體之極。但是，失於此者，未必不可得於彼，那就是荀子在心與道之間，特別見得了一個「知」字的重要性，所以把人之「可道不可道」與能否「守道以禁非道」，完全交付心的「知道不知道」來負責。這便使得「知」成人生宇宙中之第一大事件，而提升了它的地位。在此，我們姑不問其道德本源上之價值意義如何，而惟就事論事，乃可謂荀子根本擺脫了孟子的「覺知」、「良知」，以及橫渠、伊川等後設的「德性之知」的羈伴；而徑取「認知」或「聞見之知」為說，從而開闢一個知所獨行的境域，透出一個唯知是尚的觀念矣。於是，我們當復就其相關之議論詳申之。

㈠知原於心之狀態與歷程

前面我們既迭番指出：荀子是認得知的本源在於心，所以，凡言知處，總是關連心義而申說的。此在繼本節上所錄解蔽篇文後，荀子復有自行設問，並加申釋的一大段文字，尤可分明見得。就中，我們除了足證前說之不誤外，甚且可進而謂：整個荀子的「心義」，根本只是個空洞而一無所有的作用；其著力處，乃全在於由此達彼，然後吸彼以成此的知的活動或過程而已。至於論理的架勢，則惟是環繞著「虛、壹、靜」三字之內涵或概念，作高卓妙善之意態的展示。文可概分三則以論。

1.「人何以知道？曰：心。心何以知？曰：虛壹而靜。心未嘗不臧也，然而有所謂虛；心未嘗不滿也（楊註謂：「滿」當為「兩」），然而有所謂一；心未嘗不動也，然而有所謂靜。人生而有知，知而有志；志也者，臧也。然而有所謂虛；不以所已臧害所將受，謂之虛。心生而有知，知而有異；異也者，同時兼知之，兩也。然而有所謂一：不以夫一害此一、謂之壹。心臥則夢，偷則自行，使之則謀。故心未嘗不動也，然而有所謂靜：不以夢劇亂知，謂之靜。」

此第一則：首先，以一般個體的「人」爲論謂之起點，提出「何以知道？曰：心；心何以知？曰：虛壹而靜」兩個且問且答的課題，很明顯地是糾合「心」與「知」於一個脈絡上說話的；直觀之，亦不妨謂之「即心在知，即知在心」的。平情而論，兩個串連式的問答，乍看亦差似完足，實則並不盡如理：前說「知道」在「心」，誠屬通一切人而莫能例外的必然，是可以教人無疑的；後說「心知」在「虛壹而靜」，則大嫌義未充盡。因爲所謂之虛、壹、靜，僅是對於心之存在相狀之描摹，並無關於心之本質能量的彰顯。前此，我們之不能不感其「空無內容」者，即以是故而云然。不過，這是另一層面的問題，屬於形而上的道德生活如何可能的根源方面之事。荀子則意不在此，亦思不及此。他的目的只在說「知」，只是要將吸彼外在事物，以豐富人生的知的過節或形勢透顯出來。乃於其中別開生面地，看出了心之三種的大用——「未嘗不臧、未嘗不兩、未嘗不動」。這幾句話的意思，雖然在於對照「虛壹而靜」之本眞的相狀，但以實嘗有「臧」、有「兩」、有「動」，作相關的點撥，便自然烘托了一個知的活動，及其所成之歷程與態勢。且由事實上之確有臧、兩、動之主觀地知的具體活動歷程和態勢，亦便必然有個相對而被知能所投注的客觀物事之世界。迨將此客觀物事或世界之爲存在之一切，吸收攝受而臧於虛、壹、靜之心中時，人便有了知識⓮，所以接著的補充說明是：「人生而有知，知而有志」，「心生而有知，知而有異」。知而有志、知而有異兩句上面的「知」字，是分承前句人生而有，心生而有之主觀內發的「認知」本能以言者。下面的「志」字，楊注謂「在心爲志」，義嫌疏略。然就「在心」一詞，引伸而謂收攝所知之物事，而銘記於心，如禮運大同章所載「孔子曰：大道之行也，三代之英，丘未之逮也，而有『志』焉」之意作解，則志亦可謂爲心所蓄積的「知識」。「知而有志」一整句，就是說由與生的認知本能之活動而有了知識。不過荀子當時，尚無「知識」這個詞語之流通，而其意又切切於心之存在狀態之推述，乃徑宣稱曰「志也者、臧也」。臧、據楊注「苞藏」的解釋，即爲心所包容含藏之知識也。至於「知而有異」的「異」，則是指所知事物之有分歧，刻就銘記或含藏於心之知識言，亦即謂其可實有無限之多樣性。而這多樣性的知識，初是由一件件之累積包舉，無所不受而達致的，故曰：「異也者，同時兼知之，兩也」。兩，即相對於一而爲之多稱也。

然則其就心而謂之「虛」、謂之「壹」、謂之「靜」者又如何？照荀子自己明白的論釋：虛，是「不以所已臧害所將受」，壹，是「不以夫一害此一」，靜，是「不以夢劇亂知」，則所謂心之實際的意義，亦只是在「所已臧」與「所將受」、「夫一」

---

⑭ 在荀子，知識的內涵，主要在先王制作的「禮義」。

與「此一」，以及「夢劇亂知」之間，起個調適（不相妨害或鎮定）的作用而已，並無其自身獨具之內容可言，人亦難以任何他項內容冒充或替代而竟使之若為一實體，如孔孟所謂的仁義之心可為成己成物之基源者。荀子惟是特別正視這個調適的作用，所以反覆言之而不覺其為贅。當然，其最後專就「靜」處所說「心臥則夢，偷則自行，使之則謀」，也似可謂有某種意義的實體性，但此正如近人之基於生理而言之心理現象，其本身根本只是中性的。荀子所以要作這樣的陳述，乃由別具一種更高之道德意志⑮，對之深懷戒懼所逼至者，實則並未內容地肯定心之必然如何也。「心未嘗不動也，然而有所謂靜，不以夢劇亂知謂之靜」，是足以明白分解出這個意思的。

2.「未得道而求道者，謂之虛壹而靜。作之，則將須道者之虛則（而）入，將事道者之壹則（而）盡，盡（衍文，當刪）將思道者靜則（而）察（按：以上原文三「則」字，通改為「而」，語意較順，俟後文詳解）。知道察，知道行，體道者也。」

此第二則，初是將只見虛、壹、靜之客觀相狀的心，藉著倒敘的語法，轉化為

---

⑮ 這所謂另具或更高之道德意志，荀子之生命流程中，是絕對眞實的存在，而且隨處可見的。惟其所持之觀念理論，則未自覺及之而已。

「未得道而求道」之主觀要求的體式；然後就人之「須道、事道、思道」的各種情態，應合著「虛、壹、靜」之本能，以達致「入、盡、察」的效果，而成眞實的「體道」之人。

原文「作之」及其以下之三句——「則將須道者之虛則入，將事道者之壹則盡，將思道者靜則察」，楊注謂「或恐脫誤」是實。其下舉或曰之解，與夫後來王引之改詮，皆欠妥恰。吾意「作之」二字，乃在承上文「未得道而求道者，謂之虛壹而靜」之原則性的提示，而正式付諸行動或實踐之謂也——「作」如振作興發，「之」則爲上文二句整個含義之代稱詞。下文三個「將」字，爲未然而將然之詞語，具有如今人所謂「幾近」或「順著」或「隨從」諸含義⑯。「須道者，事道者，思道者」，乃謂環繞「道」而表露著不同行爲程式的「個體人」；句末之「入、盡、察」三字，正是相應道而顯現或達至的實功。整則的意思，只須將各句中間的虛詞——「則」改爲「而」，便可順通而得理解矣。試爲語譯之，當是：「人若振作起（或掌握住）未得道而求道的虛壹而靜之心（作之），心便會隨順著人須道之情，顯其虛之用而入道；

⑯ 「將」字，古有幾近義：如孟子滕文公上「今滕絕長補短，將五十里」。又有順、隨義：如莊子庚桑楚「備物以將形」，釋文「將、順也」；漢書，禮樂志「九夷賓將」，師古曰「將、猶從也。」

隨順著人事道之情，顯其壹之用而盡道；隨順著人思道之（原文此句脫一「之」字）情，顯其靜之用而察道」。這是充份透出，人在求道或知道（須道、事道、思道）之過程中，心所發之精密作用者，是故終復承此而斷之曰：「知道察，知道行，體道者也」，意即：知道而達至於靜察之功，乃至於能夠付諸踐行，便可算是體現道的人了。

3.「虛壹而靜，謂之大清明：萬物莫形而不見，莫見而不論，莫論而失位。坐於室而論四海；處於今而論久遠；疏觀萬物而知其情；參稽治亂而通其度；經緯天地而材官萬物，制割大理而宇宙裡矣。恢恢廣廣，孰知其極！睪睪廣廣（楊注：睪讀爲皋。顧千里：廣讀爲曠），孰知其德！涫涫紛紛，孰知其形！明參日月，大滿八極。夫是之謂大人，夫惡有蔽矣哉！」

此第三則，是就「虛壹而靜」之心，再進而作個透澈朗現，晶瑩光潔的描述和論釋，這就是所謂的「大清明」。唯其大清明，然後能「萬物莫形而不見，莫見而不論，莫論而失位」，是乃治「心」與「知」於一爐而見之實效也。其所開展的架構形勢，則包羅萬象、無物不備、無所不至——大可以極乎空間性的「坐於室而論四海」；深可以極乎時間性的「處於今而論久遠」；乃至就繁複劇變的人事過程而言，又可以精切到「疏觀萬物而知其情，參稽治亂而通其度」。積習既久，智能愈豐，終且可成其

「經緯天地而材(裁)官萬物，制割大理而宇宙裡矣」之全功。何以謂之「宇宙裡」？蓋即綜觀上來一切功能之所及，正似整個宇宙之全在吾人生或心知之內之中而不見外也⑰。到得此境，則荀子以心爲主斷的「認知義」，雖其運作層面之永限於現實經驗之世界，而其自身之爲存有的意義，固已進乎超經驗之高自位格，幾與孔孟以來正宗儒家之主仁義內在，所推重的「道德心」同其體性矣⑱。以是，故不得不致其「恢恢廣廣，孰知其德！涫涫紛紛，孰知其形」之盛大的讚嘆，肯定爲「明參天地，大滿八極」之大人而無蔽者也。

(二)知極於性之運作與成就

荀子以欲爲性而有「性惡」之論，以知說心而有「心術」之名⑲，獨無「知」與「性」相連而命意之詞語。這大概有兩層的緣由可說。首先是：中國傳統思想中，原

⑰ 裡，楊注謂「當爲理」，若然，則於同句中的「制割大理」，義涉重複。其實，裡依原爲形容裡層之義，引伸或徑作內、中之實義解，亦無不可。

⑱ 從來學者，論孟、荀間之是非，多只及於性善、性惡之異，卻不知於道德心與認知心處致辨者，是其淺也。

⑲ 同註⑪。

只有本於道德理想而爲性善、性惡之辨者；並未曾以實質或本能爲概念而分析此是何性，彼是何性的問題，以是，不但無須所謂「知性」的稱號，即依近世相對於西學而見其初爲「仁性」之專名，亦付闕如。其次是：荀子本人，既已謂性爲惡，又復肯定知存於心，在理論上，便很難再標一具見獨蘊異義的「知性」爲說也。然而無論如何，依我們上文之所論析，荀子強調「心知」而視爲人生因應一切物事的大用之所在，則歸本地說，亦自顯然有一外於通常所謂道德主體，而足見獨特異義的知識主體。這就是我們不得不結集於此而命曰「知性」、並將申言其運作與成就之故。事實上，荀子爲了簡別相對的人、物間之分際，也曾爲此作過相當明確妥實的交代。如曰：

> 「凡以知，人之性也；可以知，物之理也。以可以知（之）人之性，求可以知（之）物之理，而無所疑止，則沒世窮年不能徧也。」（解蔽篇）

此則文字的前兩句，照楊倞注義讀解，當爲以「能認知人之性」一事爲根據，便推而「可以認知物之理」了。其意蓋僅在凸顯一個「知」的情態，而於下面的「人之性」、「物之理」，乃一併投置爲知以外之所對物，則實與荀子所以論知的概念本身不相合。因爲人要以「知人之性」之事項作基準，去推而「知物之理」，是沒有任何理由或必然的邏輯法則可說的。今如採行我們上所敘錄的讀法，於每句的知字下加一逗——「，」號⑳，便成「凡所以知者，是人之性；可以知者，是物之理」，足以顯出主體之人性與客體之物理，兩兩相對的「能」「所」之關係。這是任何思欲涉獵知識，或進而據爲論說者所必然需要釐清的問題。以荀子生平，凡事執著於經驗論證、且兢兢地用知的態度而言，自更不能例外。惟其如是，故復有下文的「以可以知（之）人之性，求可以知（之）物之理」之說㉑。夫「可以知的人之性」，本是天生而無限的，但因受生理條件的制約，不可能徧知天下一切的「可以知的物之理」，所以在「求取」的過程中，如須有所「疑止」（凝定），也就是當該順乎人生的需要而有所選擇，有所凝聚、定著㉒，否則「無所疑止」，便將「沒世窮年不能徧」。何謂「不能徧」？即雖有求徧之意欲而實無能爲力也。此對「能知」與「所知」的釐清，亦即藉著相對於

---

⑳ 如此斷句，作者是得之於唐君毅先生者。見其「哲學概論」第二部知識論第一章第二節之說。頁二一四。

㉑ 此上兩句「知」字下，應有如括注所添加的「之」字作介詞，意始明順。

㉒ 荀子意謂之「疑止」（凝定），乃就道德方面言人所當爲之事也。此觀後文「學也者，固學止之也。惡乎止之？曰：止諸至足。曷謂至足？曰：聖也」之論可知。由此推引而言之，亦足見荀子是混「德性之知」與「聞見之知」爲一事，而統歸於「知性」之所映照或攏抱。惟非本節主要論旨之所在，故只暫存其意，以待後之詳申也。

客體之物理，而顯其主體式的知性之義路，固已表露得至爲清楚了。以是，故荀子可以分別爲「知」與「知識」，各著定義而曰：

「所以知之在人者，謂之知；知有所合，謂之智。」（正名篇）

此則上句是說：在於人所本有而時常用以知物的，便叫作「知」，顯然係指發自生命內部，以與外界交接的那個精神性的物事而言者——前「知」字見活動之態勢，後「知」字爲有一定規範或內容的名詞，也就是定義詞。下句是承上句說：人以本然地發自生命的動態的知，去知各種相對的外物而「有所合」，也就是以「能知」知「所知」而相融無間，便叫作「智」。智，亦爲定義詞。是象徵能投於所，所攝於能而無扞格不順的凝歛之謂，著落於實存之物事以言，亦即各種具體之「知識」也。由此「知」與「知識」、「主體」與「客體」之畛域清澈，界劃分明，然後荀子生平乃有其特爲突出的知性之運作與成就——試觀書中任何一篇文字之結撰，蓋無不可見此一基調之抒張、展露。茲僅依其明確之意識所至，綜述兩種具體之模態於下。

1. 知性之功能——塗之人可以為禹

榮辱篇曰：

「材性知能，君子小人一也：好榮惡辱、好利惡害，是君子小人之所同也。若其所以求之之道，則異矣。……君子者……窮則不隱，通則大明，身死而名彌白；小人莫不延頸舉踵而願曰『知慮材性，固有以賢人矣』。夫不知其與已無以異也，則君子注錯之當，而小人注錯之過也。故孰(熟)察人之知能，足以知其有餘，可以爲君子之所爲也。譬之越人安越，楚人安楚，君子安雅，是非知能材性然也，是注錯習俗之節異也」。

按：此則議論，主旨固在指出君子、小人之所以不同，乃由「注錯習俗之異節也」使然；用意則在強調人當從日常之生活行事中，力爲「注錯之當」而養成君子，莫因「注錯之過」而墮爲小人也。但其間卻有一基本的肯定，那就是開首所提示的「材性知能」，本爲君子小人所同具，並且經過「孰(熟)察」，是「足以知其有餘，可以爲君子之所爲」的。

何謂「材性知能」？就荀子一貫之思理而通觀之，應是由「本始材朴之以知爲能」一句義㉓所縮稱或簡稱之名號：內涵上，顯然具有素樸的「生之所以然者謂之性」

㉓ 「性者，本始材朴也」，語見禮論篇。

（正名篇），與「凡以知，人之性也」（解蔽篇）之雙重的意義。以是，我們正可再進而簡稱之曰「知性」。至其最後點到的「能」字，則只是隨知性之御物解物而自然衍生的一種作用，亦即以「知」爲背景，申表其可以達成諸多事項或目標之「本能」也。總之而言，「材性知能」，是人人生而同具的東西，故曰：「君子小人一也」；落實於整個人生之依德義而求「爲君子之所爲」，乃復決然判定「足以知其有餘」。此則尤可見知性之爲正面而積極之功能矣。可惜的是：人在「好榮惡辱，好利惡害」之關鍵處，竟隨「注錯習俗」之自然趨勢，而異其「所以求之之道」——「君子注錯之當，小人注錯之過」，以致實成君子、小人之別，於是終復舉譬而斷之曰：「越人安越，楚人安楚，君子安雅㉔，是（此）非知能材性然也，是注錯習俗之節異也」。蓋以越人之安越行，楚人之安楚行，例示小人，而別於君子之安雅行，非由生而即有的材性知能所使然，乃在注錯習俗異節之故也。此其所以反襯的意思，實在透顯了材性知能本有可使爲君子的功能，只爲注錯習俗之異節，而竟未能成其爲君子罷了。這個理念之轉而作正面的、積極的表示，則除了本文前曾引舉過解蔽篇的「心知道，然後可道；可道，然後能守道以禁非道」之說外，更有性惡篇所記「塗之人可以爲禹」的一段文字，甚見其辨析之具體而分明。

㉔ 集解舉王引之曰：「雅讀爲夏，謂中國也」。

「塗之人可以爲禹，曷謂也？曰，凡禹之所以爲禹者，以其爲仁義法正也。然則仁義法正，有可知可能之理。然而塗之人也，皆有可以知仁義法正之質，皆有可以能仁義法正之具，然則其可以爲禹明矣。今以仁義法正爲固無可知可能之理邪？然則唯（雖）禹不知仁義法正，不能仁義法正也。將使塗之人固無可以知仁義法正之質，而固無可以能仁義法正之具邪？然則塗之人也，且內不可以知父子之義，外不可以知君臣之正。不然。今塗之人者，皆內可以知父子之義，外可以知君臣之正，然則其可以知之質，可以能之具，其在塗之人明矣。今使塗之人者，以其可以知之質，可以能之具，本夫仁義之可知之理，可能之具，然則其可以爲禹明矣。今使塗之人伏術爲學，專心一志，思索孰（熟）察，加日縣久，積善而不息，則通於神明，參於天地矣。故聖人者，人之所積而致矣。」

此大段議論，拙著「荀子思想研究」書中，曾依荀子之將「積善成聖，偏繫於認知性」的意念及事實，評其爲「道德實踐之所託非宜」㉕。茲爲徹盡材性知能之在人生過程中如份的功績，亦可轉從知性自身與物相對的態勢而論其存在之實義。蓋就整

㉕ 詳義存該書第參章之第六節，文津書局出版。

則文字及前後相關之意理看來，荀子的用心，顯是要為人們解除先天之困境，開闢一條通達聖域之道路者。因為他基本上既已認定「人之性惡」，而惡又不可任其恣肆自由，而復有「其善者僞（為）也」之主張，則推極其思，勢亦不能不有「塗之人可以為禹」之肯定。若問「塗之人可以為禹」之理據如何？那便自然要舉可以知物的特性（簡稱知性）來作答覆了。可以知物之特性，是主觀一己方面的事，在相對於我之客觀的外物方面，固亦必有所為客觀物之自身與存在之理之可被知。落在人事的調處上說，就是這裡所謂的「禹之為禹」，與夫反覆申言的「仁義法正有可知可能之理」；並且由以對顯人「皆有可以知仁義法正之質，皆有可以能仁義法正之具」一連串的論旨。如是之說，能否眞令「塗之人」達成其「為禹」之目的或實感，自可有各種不同層面的理會。文勢所限，姑不詳申。惟其分明強調「仁義法正之理之可知、可能」、以及「人的質、具之可以知、可以能」，卻也充份凸顯了知性之有其協合物我的「功能」。雖然這種功能，只足以作成人之利用的價值，可是在荀子經驗主義心態之要求下，這樣也就夠了。換言之，即人能藉著知性以連通仁義法正之理與質具之自身，而形式地，摩擬地為禹之所為，也就算得功圓果滿了。當然，這也並非一件簡單容易的事，而是需要「伏術為學、專心一志、思索孰（熟）察，加日縣久」之勤勉工夫一步一步完成的。果能「積善而不息，則通於神明，參於天地」，雖聖人亦可積而至矣。充極言之，蓋皆不能外乎知性之功能而他求也。

2.知性之表徵——批判與界說

以荀子實爲經驗主義心態之生命格範而論，本可說全幅是知性主體之表現。書中之確切地依持知性或揭舉爲命題而行批判或論謂者，要以如下各篇所陳之主斷，最爲明著。

〈非十二子篇〉：見得

「假今之世，飾邪說，文姦言，以梟亂天下，矞宇嵬瑣，使天下混然不知是非治亂之所存」。於是明白非斥：它囂，魏牟之「縱情性、安恣睢，禽獸行，不足以合文通治」；陳仲、史鰌之「忍情性、綦谿利跂，苟以分異人爲高，不足以合大眾，明大分」；墨翟，宋鈃之「不知建天下之權稱，上功用，大儉約而慢差等，曾不足以容辨異，縣君臣」；愼到、田駢之「上則聽於上，下則取聽於俗，終日言成文典，反紃（循）察之，則倜然無所歸宿，不可以經國定分」；以及子思、孟子之「略法先王而不知其統，猶然而材劇志大，聞見雜博，案往舊造說，謂之五行。其僻違而無類，幽隱而無說，閉約而無解。」

〈正論篇〉：分就世俗諸說之謬，而逐一立義辯破之；如以「主者民之唱，上者下之儀……」，辯破「主道利周」說之不然；以「天下者至重……至大……至眾也……，非聖人莫之能盡，故非聖人莫之能王……」，辯破「桀紂有天下，湯武篡而奪之」說之不然；以「……凡人之本，禁暴惡惡，且徵其未（將來）也，殺人者不死，傷人者不刑，是謂惠暴而寬賊也，非惡惡也……」，辯破「治古無肉刑，而有象刑」說之不然；以「天子者，埶位至尊……道德純備，智惠甚明，南面而聽，天下生民之屬，莫不振動從服以化順之」之客觀莊重性，不受個人主觀的生、死、老衰之限制，辯破「堯舜擅（禪）讓」說之不然㉖。

〈解蔽篇〉：設定「欲爲蔽、惡爲蔽，始爲蔽、終爲蔽，遠爲蔽、近爲蔽，博爲蔽、淺爲蔽，古

㉖ 此外尚有對「湯武不能禁令」、「堯舜不能教化」、「太古薄葬」，以及直揭子宋子之「見侮不辱」、「人之情欲寡」等諸說而詳予辨破者，文甚冗長，未便盡舉。

爲蔽、今爲蔽，凡萬物相爲蔽，此心術之公患也」。然後反就人君順舉：桀紂之蔽，在「惑其心而亂其行」；反舉：湯武之不蔽，在「主其心而愼治」。就人臣順舉：唐鞅、奚齊之蔽，在「欲權而逐載子，欲國而逐申生」；反舉：鮑叔、甯戚、隰朋之「仁知且不蔽、故能持管仲，而名利福祿與管仲齊」；召公、呂望之「仁知且不蔽，故能持周公，而名利福祿與周公齊」。此外又就學術界順舉：墨子、宋子、愼子、申子、惠子、莊子等，皆爲「曲知之人，觀於道之一隅，而未之能識也，故……內以自亂，外以惑人，上以蔽下，下以蔽上」；反舉：孔子之「仁知且不蔽，故學亂(治)術足以爲先王者也，一家得周道，舉而用之，不蔽於成積也，故德與周公齊，名與三王並」。

〈正名篇〉：

依名之既已「成名」的事實，言「刑名從商，爵名從周，文名從禮，散名之加於萬物者，則從諸夏之成俗，曲期遠方異俗之鄉則因之而爲通」；又言古先「王者之制名，名定而實辨，道行而志通，則愼率民而一焉」。於是斷定後世「有王者起，必將有循於舊名，有作於新名」，而推見「所爲有名，所緣以同異，與制名之樞要」等三大制名之原則，並且據以對治「用名以亂名」、「用實以亂名」及「用名以亂實」等三型之異說。

詳察以上之所臚列，皆可見荀子自爲知性主體，及其對於世間物事分辨解析之多方而完密，足令一般好爲智思者之衷心折服。然而實際內容，則尚不能僅止於此，是即：從其他任何獨義之申說，乃至文理結撰的形式方面看去，亦無不有其知性之爲主觀的運作和批判精神之流露。最常見的義例，就在於極名理之能事的各種「界說」（或說是「定義」亦可）。範疇之廣，抒義之豐，蓋凡人情，事理、物實之有關政教修治者，幾無所不包備，且是偏全書而俯拾即是的。顯例則可概分三類以言之。

（甲）以人格生命爲重心，先舉個人之成德或成名，然後一一爲之界說定義者，如：〈不苟篇〉之論

「有通士者，有公士者，有直士者，有愨士者，有小人者。……」（如何界說、原書皆有載明，文繁恕不具引。下同。）

〈榮辱篇〉之論：

「有狗彘之勇者，有賈盜之勇者，有小人之勇者，有士君子之勇者。……」

〈非十二子篇〉之論：

「古之所謂士仕者……今之所謂士仕者……古之所謂處士者……今之所謂處士者……」。

〈儒效篇〉之稱：

「……可謂勁士，……可謂篤厚君子，……可謂聖人矣」。又論「有俗人者，有儒者，有雅儒者，有大儒者……」。

（乙）以行事爲重心而言其客觀之得失意義者，則

〈修身篇〉有：

「以善先人者謂之教；以善和人者謂之順。以不善先人者謂之諂；以不善和人者謂之諛。是是非非謂之知；非是是非謂之愚。傷良曰殘，害良曰賊。是謂是，非謂非曰直。竊貨曰盜，匿行曰詐，易言曰誕。趣舍無定，謂之無常。保利棄義，謂之至賊。多聞曰博，少聞曰淺。多見曰閑，少見曰陋。難進曰偍（弛緩），易忘曰陋。少而理曰治，多而亂曰秏」。

〈不苟篇〉有：

「君子小人之反也：君子大心則天而道；小心則畏而節。知則明通而類；愚則端慤而法。見由（用）則恭而止；見閉則敬而齊。喜則和而治（原文「治」爲「理」，依劉台拱讀改）；憂則靜而理。通則文而明；窮則純而詳。小人則不然：大心則慢而暴；小心則淫而傾。知則攫盗而漸；愚則毒賊而亂。見由（用）則兌（銳）而倨；見閉則怨而險。喜則輕而翾（急）；憂則挫而懾。通則驕而偏；窮則棄而儑」。

（丙）以名物爲重心而言其各自特具之質性者，則〈天論篇〉有：

「不爲而成、不求而得，夫是之謂天職。……萬物各得其和以生，各得其養以成，不見其事而見其功，夫是之謂神。……天職既立，天功既成，形具而神生，好惡喜怒哀樂臧焉，夫是之謂天情。耳目口鼻形能（態）各有接而不相能，夫是謂天官。心居中虛以治五官，夫是之謂天君。財（裁）非其類以養其類，夫是之謂天養。順其類者謂之福，逆其類者謂之禍，夫是之謂天政……」。

〈正名篇〉有：

「生之所以然者，謂之性；性之和所生，精合感應，不事而自然，謂之性；性之好惡喜怒哀樂，謂之情；情然而心爲之擇，謂之慮；心慮而能爲之動，謂之僞；慮積焉，能習焉而後成，謂之僞；正利而爲，謂之事；正義而爲，謂之行；所以知之在人者，謂之知；知有所合，謂之智；智（衍文）所以能之在人者，謂之能；能有所合，謂之能；性傷謂之病；節遇謂之命」。

諸如此類的論斷，姑且不問義理上之是非深淺如何，但就其精於名理，充份運用語法上之主謂句式以表知見，而極有合乎邏輯妥實性者而觀之，實在可說：不是一個深具或沈潛於「知性」修養，且復倚之爲主體，據以爲心術的人之所能爲或願爲者。若問其爲現實進程中之憑藉或條件何是？則〈正名篇〉亦已作過兩點例示性質的釐清：一即，其所正視的「耳、目、口、鼻、形、心」之本能——「然則何緣而以同異？曰：緣天官。……形體色理以目異，聲音清濁調竽奇聲以耳異，甘苦鹹淡辛酸奇味以口異，芬鬱腥臊洒酸奇臭以鼻異，疾癢凔熱滑鈹輕重以形體異，說故喜怒哀樂愛惡欲以心異。心有徵知，則緣耳而知聲可也，緣目而知色可也。然而徵知必將待天（五）官之當簿其類，然後可也。五官簿之而不知，心徵知而無說，則人莫不然謂之不知。此所緣而以同異也」。

另一是，其所強調的「期、命、辨、說」之大用——「今聖王沒，天下亂，姦言起，君子無埶以臨之，無刑以禁之，故辨說也。實不喻然後命，命不喻然後期，期不喻然後說，說不喻然後辨。故期命辨說也者，用之大文也，而王業之始也」㉗。兩說，前者為工具意義的，後者為方法意義的。二者交相運作以處事應物，大概就是荀子知性主體之所以賴藉而伸展也。綜觀其種種之過節，在整個儒學大統中，雖未可語於極盡天人合一，物我同體之至理，然其終生以知為尚，因而在「知識之學」或「學之為學」的方面，開闢了一個新穎而特異的途轍，則不能不說為荀子獨造之功。後世儒者，從最高明或最精微處著眼，往往於荀子無所稱可；但當落實於思解歷程中，從事思解之活動，尋繹思解之本源時，卻正可說多是深受其影響。兩漢經生，以及刻意推尊漢學而自命樸學的清代學術家，固可不論，即有宋一代通謂集理學大成之朱子，

㉗ 〈非相篇〉亦數言辨（辯）說之功用，與此正相呼應。①「人之所以為人者，……以其有辨也。……故人道莫不有辨……」。②「法先王、順禮義、黨學者，然而不好言，不樂言，則必非誠士也，故君子之於言，好之，行安之，樂言之，故君子必辯」。③「談說之術，矜莊以莅之，端誠以處之，堅彊以持之，分別以喻之，譬稱以明之，欣驩芬薌以送之，寶之珍之，貴之神之。如是，則說常無不受……」。④「君子必辯，凡人莫不好言其所善，而君子為甚焉。……故君子必辯。小辯不如見端，見端不如本分。小辯而察，見端而明，本分而理，聖人士君子之分具矣」。

在基源形態上，亦常可發現其迤邐而同途的軌跡。這或許眞是：中國文化行程中當該具備的一個環節；亦即正宗儒家，初因特重人之主觀的修持，未加正視所留下的一個缺失，而有待於吾人之徹底反省澄清，以補苴罅漏者。惟所關義理，至爲繁複㉘，猶待未來之繼續研發。本文姑止於此。㉙

㉘ 牟先生多年致力於中西思想之匯通，先後撰成「認識心之批判」、「智的直覺與中國哲學」、「現象與物自身」等巨著。最近數年間，且復孳孳焉從事「康德哲學」的繹述，皆屬此種精切義理之闡發，允值吾輩深思和體念。

㉙ 其後，凡關孟、荀思想之議題，大都於本書前所序列各章有論及，終遂不復另撰專文矣。

附篇甲：讀中國論壇「新儒家與現代化」專號之我見

民國七十二（一九八三）年鵝湖月刊九十三期刊出

一、前言

最近十餘年間，我們社會的知識大眾及學術界，似正顯露著一種新興蓬勃的精神趨勢，那就是普遍地推許「新儒家學派的發展」和從事「現代化觀念的導向」。照定義的講法，這本是兩個性質各異的事體，可以互不相涉；但是由於綰繫在當前的同一時空之中，而又皆有其昇舉文化理念之共識作背境，便自然會促使兩者成相攝相受的必要關聯。明白言之，是即新儒家需要具備現代化的風格，現代化也需要接納新儒家的主意。七十二年八月「中國論壇」半月刊，為此舉辦了一次規模盛大的座談會——「新儒家與中國的現代化」，並於十月份（一六九期）以全部篇幅刊出所有參與人士的談話和一些專論，該說是站在時代潮流尖端搶先的反應。讜言高論，勢若洪濤，是很可以風動人的。

不過，我於詳讀之後，雖然非常佩服幾位主講先生的識見通達，議論平正，但就一個渴望求知事物眞相或眞理的讀者立場來看，則總覺得猶有霧裡觀花，莫辨妍媸的模糊之感。坦率地說，實即我們不能從中正確地知得究竟什麼叫新儒家？什麼叫現代化？新儒家爲何要講現代化？現代化又爲何要來個新儒家？尤其當我們讀完原是擬訂題綱兼會談主持人韋政通先生的專論——「當代新儒家的心態」一文後，更不免令人懷疑到該刊執事者的這項設計和安排，曾否具有開放的心情和眞誠的意願？因爲據韋文整個的意理看來，儒家或新儒家，根本就不能現代化；現代化實際上是必本於西化，完全用不到儒家或新儒家的這一套。縱使他在有些地方也對新儒家人物略表稱揚，基本上則是與其所欲推重的現代化（西化）不相干而可說可不說的。至於明顯利用某些座談主講人析理未盡之言語，蓄意篡取或援引之以爲其純粹否定精神之依傍，自又每下愈況，不堪聞問了。有關韋文的這種心態，我想該留待後文專節逐條討論，茲且先就座談紀錄中或隱或顯地觸及的幾個頗具關鍵性的問題，試作一大體的探索。

二、幾個關鍵性問題的探討

(一)、新儒家之中堅人物與核心觀念

首先，我們當知所謂「新儒家」，固必有其特定的範限和意義。這可以從「中堅人物」和「觀念形態」兩方面來說。人物方面：一般是概括熊十力、梁漱溟、張君勱、錢穆、唐君毅、牟宗三、徐復觀諸先生而通觀並論的。不過，我覺得眞正在思想上探幽發微、建體立極，奠定新儒家充實而光輝之美大形象者，則畢竟當以有明確義理師承之熊十力、唐君毅、牟宗三等三位先生最爲中心。落實而言之，自國府播遷以來之三十多年中，因爲深感家國喪亂之痛，乃深自反省文化、鍼砭時病，廣泛影響社會各階層，終致新儒家之學風志事，稍得由隱之顯，自潛而彰，則唐、牟而外，錢穆、徐復觀二先生，亦各是卓然與有大力者之一。至於觀念方面，新儒家當然不能脫出從來儒家的基本軌則，否則即根本是外在於儒家的他家了，何復新舊儒家之分的必要呢？如今，大家既然感受到有個新儒家學系之興起或存在的事實，並且企求把它關聯到現代化的問題上來講話，則理亦應知它所必須循持的那個基本軌則爲何如才行的。關此，若要作學院式的學術性探討鋪陳，即使千言萬語，偏引群經諸史，亦未必能盡其蘊，所以我想姑借陸象山的一句話來作個簡單便捷的引伸和表示。象山曰：「我雖不讀一

書，不識一字，也要還我堂堂正正地做個人。」此中所謂的「堂堂正正做個人」，就是每個個人要成其爲人的一個從本至末，原始要終，不可須臾捨離的鐵則；而由個人之要成爲一個人，又必與他人之共成爲人相關連，於是展衍開來，縱則成歷史文化之盛業，橫則成家國天下之大務；潛則需有德性之載運，表則需有器物之享用。總括而言之，即宇宙間物事，皆當是起始於人道，亦皆得終歸於人道，因而處處要求「人要像個人，人間世界，要像個人的世界」。這個概念，看起來很淺顯，好像人人都可懂得，實則它所蘊含的道理卻無窮無盡，至少是整個中國數千年來學術文化所由形成的根源或動力之所在。我看上舉座談會中的濟濟多士，除劉述先、金耀基兩先生言談微中之外，就很難見出他們能夠眞正地掌握到。當然，也許你要說：今天的尖端學術，業已進至上窮太空下地心，力控風雲奪天工的境地，固不屑再爲此類膚淺而近乎自我陶醉的奇想。對於這樣的一個態度，我們且不問內容上是孫悟空的觔斗，能否逃得出如來佛的手掌心；但仍要依論理學的立場特別提醒：你們原先之講新儒家與現代化，正是在承認新儒家之爲存在的事實下進行的，今若捨此新儒家所必持以自存的基本軌則而不取，豈不等於完全抹煞新儒家的本來性格，取消它的存在意義了嗎？如是，則你儘可徑自主張你所謂是的現代化就行了，又何必要在新儒家與現代化之間強作調人，枉費工夫呢？

(二)現代化名言之內涵與範限

如前所言，「現代化」這個詞語，在我們的社會是最近十數年間才廣泛流行起來的。從各種報章雜誌有關的論著來看，大有把它當作專題研究，而蔚成所謂現代化專家學者群的趨勢。我個人每當遇到這樣顯眼的題目或文章，也總是很用心的去研讀，希望了解現代化的內涵究竟是什麼？讀過之後，往往是一方面覺得很失望，一方面又覺得頗有收穫。失望的是從那些標榜討論現代化的專題中，並不能使我獲得一個純屬現代化內容的特定知識；收穫的，倒是經過反覆思忖，體會到了「現代化」一詞，本來就不是個具有實體性的物事，而只是有待於人們之從心靈上去認許或存想的觀念而已。現在許多講現代化的人，就是因爲沒有弄清楚這個界限，便把需要由各種實體性物事來充當內容的現代化觀念本身講成了實體性物事，因此，反而教人不知道眞正的現代化是什麼意思了。推究其所以致此之由，基本上是緣於有個鄙夷甚至對抗「傳統」的潛意識在作梗；而在論列的程式上，則採取了魔術師挪移障眼的手法，那就是將「傳統」與「現代化」兩個本屬相同位序的觀念性物事，作了截然不同的運用或表現。他們無愛於傳統而深喜現代化，這是非常明顯的事實。但爲兩者作相關之討論時，則徑以具實體性的新儒家表傳統、來與僅具觀念形式的現代化相對比，而順著他們所加於傳統的一面倒的批判——把歷史上一切的不是全歸於傳統——就很可能引致人們生起一錯覺，即以爲一講新儒家，就是在固執傳統、就不能現代化。於是現代化就成了他們這一邊的專利。現在且不管傳統觀念是否與現代化觀念必然相衝突，卻先要弄明白新儒家是否必然不能現代化？基於這個前提，我們所要追問的是現代化的內涵，亦即上文所說足以代表現代化的實體性物事是什麼？根據我個人所讀過的此類文字的實感來說，固然大多是歐風美雨地鋪陳一大堆（間亦有僅是憧憬現代化的美景而空兜圈子的），特別顯其聞見之博雅或究心之細密，但歸結起來，實仍不出民初以來即爲大家所熟知的「民主」與「科學」兩大主題的範圍。果眞如此，則我們可以試著一問：新儒家自熊十力先生以下，究竟有誰不是隨順時代需要而贊同民主、推許科學的？當然，民主科學，亦有所爲民主科學的本質眞理，不能認知或彰著其爲本質的眞理之所是，而只是隨現實之流以贊同或推許，固仍不足語於現代化。但事實上新儒家如唐、牟、徐等幾位先生，蓋早已滲透了這種種的意思，並在各種論著中作了深切著明的表示和大力提倡，你能仍然說他們不懂現代化嗎？其實，不用說別的，單就儒家而特著曰「新」的這個名義上看，即證其本當是屬於現代化，乃至是應隨每一個現階段之來臨而日新不已的。惟新而仍必以儒家爲主體，又適見其尚有所以能新之本之根，如果講現代化——新而不契於儒家、無所感於自我充實的需要，則試問你們將從何處立根基？豈不正與五四以來新文化運動者之「全盤西化」同聲同調，沒有兩樣了嗎？

㈢民主、科學與道德理性的關係

也許有人還可這樣說：民主科學，既有所爲民主科學之自性，便須絕無保留地充盡其自性；儒家或新儒家基本上不能脫離道德思想之羈絆，便亦注定不能充盡民主科學之自性。關此，我們的答覆是：道德、民主、科學，雖然各自有其特性，卻絕不至於彼此對立排斥。民主是根據人權本賦、自由不容侵奪的觀念，而在政治上必須「民自爲主」以立義的；科學是依於人之生而有求知事物眞理的本能，乃開展爲對各種事物之解剖分析，形成條理清明的學之爲學的知識架構。這些道理，新儒家無不懂得（我們甚至可以說，由於彼等之反覆推明，目前幾已成爲大家都能理解的普通常識了）。不過，他們並不認爲即與道德思想必然衝突或矛盾，反而正是互爲依持，相得益彰的——道德思想由民主科學而得其實踐之方；民主科學由道德思想而得其動力之源，假如你說一定要放下儒家的道德思想，才能成就民主科學，那就等於置定民主科學不僅是非道德的，而且根本是反道德了。民主科學本無所謂反道德，但當你有意的把它置於反道德之列，那便將會造成怎樣的結果？我想除了方便一些野心家、貪婪者之惟權是奪、惟利是圖之外，恐怕是別無任何收穫可言的。現在世界許多在民主科學方面號稱先進的國家，它們固然沒有如我們所謂的儒家思想，卻也絕對少不了有個類似儒家功能的宗教。試想如果抽掉他們社會文化中的宗教一成份，或者像若干正式聲稱拋棄道德宗教之集團或地區，而仍然打著民主科學的旗幟，到處鼓動人民放縱恣肆地「造反革命」，其毒害天下之事實，豈不有目共覩。記得為世界公認確具先知條件的反共作家索忍尼辛，於一九七八年六月八日在哈佛大學畢業典禮中演說，公開指責西方（尤其是美國）社會及新聞界之沉迷於軟性的自由民主，喪失道德勇氣，任令共產黨殘賊人類，以及年前前來我國評析中共與俄共同是一丘之貉，贊許我們反共不存幻想的堅定立場，痛斥美、韓等國不顧道義，妄圖討好中共之非是。這本係發自同氣相求、同聲相應的共鳴和呼喚，對我們這正處孤危的國家情勢來說，不啻是項最具價值意義的精神支援。正當大家深受鼓舞，並加惕厲的時候，而我們的一些醉心現代化的所謂專家學者，卻似乎沒有什麼積極的受用，倒是立刻生起了另一種的敏感：認為索氏「對『自由』兩字的發揮嫌不足」。甚至只是從意識型態上聯想到俄共極權政治之形成，乃「與其該社會的傳統文化有關」：把索氏本人強調人性尊嚴，道德尊嚴的用心，也看成是「有某種程度的文化偏見與拘束」（參閱七十一年十二月二十四日聯合報第二版座談紀錄第四號）。這種言論，就其對索氏演講的精神來說，可說是牛頭馬嘴，全不相應，如果出自明白宣稱不認中國文化本土之根，而主張台灣獨立者之口，倒也不足為奇，沒有什麼好說的。而今竟然發自一個頂著專家學者頭銜，並且擺出一付對新儒家評長論短的高姿態者之意見，究又意味著怎樣的一種意識型態，就難免令人大費猜疑，悚慄不安了。

㈣新儒家表現並貢獻於現代化之途徑

在所有參與座談的學者當中，無論是對新儒家採同情或鄙薄的態度，似乎一致地存有下面兩個性質相近而期願不同的問題：即「新儒家應當如何落實表現現代化」、及其「對現代化已有的貢獻是什麼」？不過同情者是基於探索求證的實心，而鄙薄者則流露懷疑否定的意態罷了。但無論探索求證也好，懷疑否定也好，究竟要是怎樣才算得表現現代化，才算得有貢獻，卻又似皆訂不出個一致的規格或標準來。而且弔詭的是這個問題，不只在對付新儒家的一方是如此，即使用來反問實以現代化名義自許者的一方，也同樣有效。（你總不能說別人既稱新儒家，就一定是非現代化的；你標榜現代化，到處呼喊著現代化，就算是實質的現代化了吧！）然則此中的癥結何在？我以爲根本是由於大家對「理」與「事」的界限弄不明白。切實言之，也就是對於「思想論證」和「行爲踐履」的工作性質沒有弄清楚，因而在評鑑上，時則據人之論說或倡議而評其有無見地，時則據人之行事或實績而論其有無效驗，再加上是己非彼乃至好同惡異之私意的夾雜其間，便必然要造成糾結難解的困局。就拿象徵現代化的民主、科學來說：從思想論證方面作努力，（就其與中國文化之關聯說，亦可謂之「接筍」）與從行爲踐履方面求實績，明是屬於性質甚至層次不同的兩個領域。在這兩者之間，我們不能只取一方說是現代化，另一方則不是。此義如獲認可，則新儒家一向所作的有關民主科學理論的發明及其主張，便正是其進於現代化的一步落實的表現，也恰好盡了一個思想家份內的責任。若不此之思，而惟實際政治業績或物理實驗、機械操作等事實之是問，則豈僅新儒家不得與於現代化之列，即你們把現代化三字喊得那麼響亮的人士，又何嘗眞的現代化了（眞的現代化，只有直接從事政治興革，科學研究的政治家、科學家才夠格，你們是嗎？）以己之不能是，而責人以必是，「所求於人者重，而所以自任者輕」，便難怪訂不出一個合理的規格或標準來，而只好找些世界各地現代人所說的一些有關現代問題的話語或名詞，來自我粉飾，相互標榜了事啦！

當然，從事於民主科學之疏釋導引，也可有當理、不當理之兩極的認定。明白言之，即你以爲當理的，彼亦可以認爲不如是，而至於相持不下，爭論不已。此時便須徑就內容上，看其所從言的層次如何來作辨析了。例如：「牟宗三先生：『中國有「治道的民主」，沒有「政道的民主」』」（林毓生先生引舉。見該刊二十二頁下欄。其實牟先生原只說「中國有治道而無政道」，著眼點是放在較高而屬於原理層的「道」上，非落在較低而屬於實務層的「民主」上說話的。不過，我們現在也可以假定有此一說，以便進行下面的推論）。你若但取今人所謂民主的定義去理解，就自然覺得難以爲說了，因爲依今之民主的定義，是只能從政道上講，不能從治道上講的。可是若轉而從立言之本意，原在稱表更深層的理之多樣性去看，則上述兩語，既然前面分別置定了「治道」與「政道」兩個主詞，則下面由之而衍生的兩個「民主」的詞語（假定牟先生是這樣說了），便顯然有其內容意義上的不同了——概括地說：前者乃指一般高據上位者之開明地「以民爲主」，後者則指人皆自覺爲政治存在之「民自爲主」，雖然兩者皆可簡化爲「民主」的字樣，而實義則各有所當，全不相類——（拙作「道德理性與歷史文化」一文，嘗本先生此義，有簡略的申論，存《牟宗三先生的哲學與著作》一書，學生書局出版）。你在這裡，如果不加簡別，一統而拖，則顯見其是不解立言的分際，攪混了義理的層序，因而所提的責難，也就無當於理了。

至於說到對現代社會曾有或將有之貢獻如何，我覺得要遮撥的是：原不該從這種角度去看新儒家，或用來作爲評價他們的準則。因爲如前所舉幾位新儒家最爲中心的人物，他們一開始，就是被時代社會冷落甚至壓迫的一群。他們既抱有最高的道德理想，便當然有求用世或濟世的心懷。但是正當大家熱衷於唯物是崇，唯利是趨，唯權是奪，種種邪說暴行，風起雲湧的時候，誰也不屑對他們加以理睬。所以他們眞要獨握天樞，自保孤明，猶且不易，還有什麼對社會貢獻之可言？不過，話又說回來，也許眞是魔不敵道、邪不勝正吧！也許正因唯物、唯利、唯權之終落得共產黨毒害整個大陸吧！三十餘年來，唐、牟、錢、徐諸先生之發自眞心的道德呼喚和文化運動，亦實已獲得了普遍的迴響。試看其影響所及的台、港及海外各地，社會上不再是一面倒的自我菲薄，當事者積極推動文化復興，尤其許多青年學者對傳統的道德精神、文化大義之認同、了解，並且是盍興乎來地蔚然成風，足使人感到有個新儒家力量之不可忽視，能不說是他們苦心孤詣的成果和對當前時代的特殊貢獻？如果你不此之思，而唯民主科學之獨義（政治主體與認知主體）是許，乃至仍然蒙昧地因襲民初以來那種物化自賤的風習，唯個人自由之放縱，物質生活之享受是求，便自然不會正視到他們的這份成就，甚至也不會感受到有什麼貢獻和意義，而只會如某君所覺得的，全是「藕斷絲連的溫存」和「過份執著的鄉愁」了（見該刊三十六頁）。是呀！非呀！任意胡說。眞正關心現代化的人，在這種時候，碰上這樣的對手，那還有什麼好說的呢！

(五)儒家理想與現實政治

次復爲大家一致關心的一個問題，就是儒家理想與現實政治之間的糾葛。關此，我不知論者是否意有所特指？一般地看來，好像多數都是對儒家人物之參與現實政治，擔有幾分憂慮，甚者且流露出深重的厭惡之情。這種心理，可有從來政客多喜假借儒家名義以行奪權專政的歷史事實作背景；但是假借者畢竟不是眞儒家，我們不應據爲論定眞儒家必然不能從政的理由。以是，上述「擔憂」或「厭惡」之表態本身，也就可能有對有不對。在通常的情勢下，我們對於人之與現實政治接頭這事實，一方面要看其人本身所存動機之是否純正，一方面又要看現實政治所據法理之是否應然，兩者皆可有正反順逆之不同的評價。明白言之，即人之從政的動機與現實政治所據之法理，既已純正而應然，那我們便當表其贊同；反之，則必施予嚴厲的抨擊。這本是中國傳統知識份子論評時政的常態，所以歷史上對于凡是從政而能秉持公心，匡濟時艱，乃至投注整個生命精神的人，無論其最後之成敗如何，總是致以無限的敬佩和稱頌；而一些旨在獵取富貴，以至於攬權擅勢，假公濟私之徒，則無一能逃嚴於斧鉞的輿論之誅。當然，箇中情形，甚爲複雜；大義小節，往往各有所當，其爲是爲非，在作爲一個評論者的本心中，亦未必能各如其份，揑得很準，是所以從來之史議物論，尚有未能盡歸一致之故也。但這裡畢竟有個大家共許的原則，那就是「政治」這個物事，基本上是肯定必需、乃至根本不可避免的，它落在現實上成個什麼格局，值不值得我們竭力去維護，是客觀上的事，主觀上則不能說我們完全不該接觸政治，或一接觸現實政治，便是罪過，便是非理性。就儒家之人生理想言，誠意、正心、修身的工夫，本是帶著齊家、治國、平天下之大業而一起跟進的，你能說這完全與政治無關嗎？孔、孟一生栖栖皇皇，周遊天下，思遇明君而得行其道，固不待言；後世的儒家之徒，因致力於政治以匡濟時艱，振興國運者，亦所在多有。如今大家講現代化，講利弊興革，那末從政治上爭取民主自由，即是其中一大宗。你若根本否定接觸政治的意義，則民主自由的理想，又將如何得其落實的表現？也許照你目前的感受說，所謂現實政治，乃專指現前當政或當權者的行政系統而言；爭取民主自由，則是由散置的人民自發地向那當權的行政系統之一種抗爭活動，不得謂之參與現實政治。這說法，姑不論其定義之是否有偏頗，即以爭得民主自由而後之政體之建立言，亦仍必賴一組織或架構來推動維持，到時候豈不又成了所謂的現實政治？於是無論你經由選舉之或爲民意代表，或爲政府官吏，豈不又與現實政治結爲一體了？難道你認爲爭取民主自由，永遠只能由一些無意參政之個人之爲反對而反對不成？儒家人物，無論古今，就是要在這裡辨得分明，所以對於從政的原則，是只論政策的仁暴、法統的正反；仁而正者則就之，暴而反者則去之，不說現實政治之必不可爲（若果如此說，則天下便成無人管事之局，而要求民主自由之如理實現，乃爲不可想像之事了）。誠然，如前所說、歷史上確有許多不肖之徒，假行道濟世之名，以遂其干祿奪權之實的，但那只是個人之狂舉妄爲，應由每個當事者自身去負責（事實上，也無一能免於歷史公論之誅），不足爲儒家思以政治調護天下之整個理想的疵議。若謂從來儒者，皆未曾一日眞正掌握過政權，終只成得個爲專制帝王利用的工具。此則根本是在歷史條件制限所成家天下之格局中難免的曲折之相。不過，我們也不要忘記：先秦儒家如孟、荀二賢，固嘗有明白宣稱革命移轉政權的主張，漢唐以下，尤其是宋明諸儒，則嚴守君師異道的分際，亦常予當權者以道義的制衡，不但使其不至完全肆無忌憚，而且正好突顯道統之在社會上的權威和功能。所以要說是帝王利用儒家鞏固了基業，也未嘗不可對反地說儒家利用帝王彰著了明德親民的政治理念。這是中國文化歷數千年不衰的一大緣由所在，也是其傳統政治尚未進入民主運作階程之惟一可循的途轍。時至今日，大家既已感受民主政治體制的必需，則正應在義理充足的條件下，各就性之所近、才之所宜的徑路，投身其中，促其如理的實現。若仍以懼爲利用的觀念作藉口而裹足不前，致使素所殷切期望的現代化，在此最具基礎意義的首要一關上，便先自我否決了，試問又還有什麼別的事情值得去作呢？

三、論「當代新儒家的心態」論者的心態

上節中我們概略表示的新儒家與現代化相關的各點意見，大體說來，除全無理念而習於流言的一、二「出席」者，可能難於見容之外，本與談會中各「主講」先生之高論，並無不可相悅而解的必然衝突，或者還可說：在萬流競奔，總歸江海的大勢中，類此紛紛之議，實在未免多餘。但終有令人深感遺憾者，乃是最初擬訂座談題綱，並

為首席主持人的韋政通君，卻在全部紀錄刊出之後，接著發表了一篇「當代新儒家心態」的文章（以下簡稱韋文）看來很像是有意對座談內容特別撰寫的一個總評；而其所言，則完全否定新儒家與現代化的接頭為可能，這便使我覺察到，該一座談會之邀集，一開始即是在主事者之偏見，或者更嚴重點說，根本是欲藉以毀損新儒家之形象的私意下誘導進行的，因此有了我前文不得不說的理由，而且要再就韋君個人表現於該文的種種心態，作點更深密的分析了。不過，為了便於讀者的通觀達見，這裡稍微交代一下韋君其人的大略，也是有其必要的。

首先，我得承認一事實，韋君其人，確實很會寫文章，也特別喜愛寫文章。這些年來，他似乎看過不少的書籍、蒐記了許多雜沓繽紛的材料、藉著「不知作文艱苦」的方便，隨意鋪張成篇，甚至積累成冊，頗能眩惑一般淺學者的眼目而小致聲稱，然若切實就其所言內容而尋繹其所為思理之主體時，則可說完全是個架空過漏的假象。你不要看他有時也儼然說長道短，論是評非，很像個什麼……家的樣子，實則都是些沒有衷氣的場面話；他惟一的能耐，就是善於襲取別人的論旨或□□、巧妙地組合成表示自己意見的文字。也正因他自我陶醉於這種獨有的「長處」（別人實不屑為），便常急功近利，見風轉舵地到處□□，以致時而東倒，時而西歪，整個的心路歷程，幾若不倒翁之永遠搖擺不定——早年是附麗於「人生」，大談中國文化；中間則作百八十度的轉向，成爲有名的「西化義士」，如今卻又打進了現代化學者的陣營，公然數落起西化派巨擘胡適先生的不是來。像這種翻雲覆雨般的往事，掀開來講，實在不中人聽，不說也罷。下面即請進入正題的分解。

㈠關於「導言」的部分

在開首一般類似導言的文字中，韋君即運用慣常地襲取、杜撰兼施的手法，作了三點足以炫耀他本身見識的處理：

(1)是對於新儒家梁漱溟、張君勱、熊十力、錢穆、牟宗三、唐君毅、徐復觀諸先生各自之思想學問，作了概要的介紹。(2)是在「新儒家」的共名下，列舉了上述各先生的心態上七個共同的特徵。(3)是爲新儒家與西化派之心態、觀念，作了九點格調相同的歸併。（中國論壇一六九期四四頁—四五下欄）

表面看來，上列這種排場，是甚爲壯觀而大似言之有物的。不知個中妙法的人，很可能一下子被唬住，而眞以爲他對新儒家、對西化派，乃至對古今中外的學術思想、文化傳統有何深切透徹的理解。究其實際，則不過是拾取時下正反各派在各種論述中常見的片言隻語，經過一番拼湊排比，便徑據爲己有的，所以其似乎言之有物者，實皆屬於毫無根柢的常識層面之遊談。尤其姿態上之指東畫西，左搖右擺，更充份顯露其中無定主，而隨處留些餘地，以便日後幡然再變時有個轉圜或可資依附的兩棲心理。然而韋君並不自知其非，竟欲即以這點能耐去盡欺天下人，乃狂肆地發出了「不僅要超越『五四』！同時也要超越新儒家」的讕言。

㈡關於「歷史文化觀」的部份

韋君之論新儒家的「歷史文化觀」一節，大概是依於下面四個意思而構成：

A首將新儒家的歷史文化觀，約化為三個要點：⑴乃仁心之充量表現，⑵是聖賢豪傑精神之表現或所貫注。⑶乃中國民族之客觀精神生命之表現。總歸是中國歷史文化乃精神實體的展現。韋君認為這「完全出於眞誠」。然後借卡萊爾的「英雄與英雄崇拜」、凱特布的「現代人論烏托邦」二書之所言，來顯示新儒家的這種文化觀，實只是所謂的「英雄史觀」和「烏托邦式的希望」而已。

（參閱頁四五下欄）

按：這開頭所列新儒家歷史文化觀的三要點，就大體之形式而言，是不錯的。但韋君即以此形式之所是作觀念之起點而論斷之，則大不是。蓋新儒家既以歷史文化為

「仁心」之表現……爲「精神實體」之展現，則此中所當先行究問的是「仁心」或「精神實體」之內涵果如何？它們是否可以作爲表現歷史文化的動力或根源？關此，新儒家，尤其唐、牟兩先生在許多論著中，皆有極爲精詳的解析和體認。其大致的義路是：肯定宇宙間必先有人類之動作云爲，然後始有人類之歷史文化；而人之主宰其動作云爲者，則唯在一心。心而使動作云爲歸於有價值、有意義之表現，於其自身言之便是仁；於其所表現者言之，便是歷史文化；簡括地說，即所謂「精神實體之展現」。這本是個從根本上解決人類存活有無價值意義的問題。韋君卻完全丟開不談（或許他的心思有限，根本不能談及此層吧），而只取其外顯之形式，作語意層面的理解，且忽遽地斷爲與卡萊爾、凱特布等分析描繪一般社會心理或樣相的「英雄史觀」和「可能是一種騙局的烏托邦」同其品第。其用心分明在貶低新儒家理念的位次，好任意加以作賤，那有半點「超越」意義之可言。縱使亦嘗許之爲「眞誠」，也不過爲鄙夷「愚不可及的」的揶揄辭令，或藉以博取人之稱其「態度開明客觀」的假象罷了。機變之巧，有目皆覩，豈足爲識者欺乎！

B 認爲新儒家的歷史文化觀，不僅無助於對歷史文化眞相的了解，且將妨礙對歷史文化從事客觀的認知。理由就在新儒家主張對歷史文化要抱「同情」，要存

有「敬意」。這是把「研究」或「了解」這個相當複雜的問題過份簡化了，很容易引起嚴重誤解的緣故。（參閱頁四八上下欄）

按：在這裡，我們需要知道的是「歷史的眞相」究如何？又怎樣才得算是「對歷史文化從事客觀的認知」？可惜韋君並沒有作任何實質的說明，僅僅表示他有個自信甚是的獨特的格套，絕非新儒家之以「同情」「敬意」所能比擬的罷了。而順著他批評「新儒家……曾堅決反對用客觀冷靜的態度以及科學方法去研究……」的一段意思以觀時，或許眞如我們上文所指出的，必須丟開上層的根源義不談，只要著力於現實可見的一件件事物與文化現象之挖掘引繹、鋪陳轉述，便算是了解「歷史的眞相」，便算是「對歷史文化從事客觀的認知」了。若果如此，恐怕正會是自墮於沒頭沒腦、無理無義的主觀偏執，怎好意思拿來當作批判別人的標準呢？其實新儒家之主張對歷史文化要抱「同情」，要存有「敬意」，正是說歷史文化之自無而有，自始至終，即含容全體人類之生命精神於中，而有其莊嚴的客觀存在性，要人不可因自己之研究而忘掉或抹煞那客觀的歷史文化的莊嚴性，甚至當自知其研究活動之本身，即是一參與乃至增長歷史文化之交相融貫的活動。此時的「同情」，是要以己之情，度古人之情；「敬意」是要藉古人之意，以伸己之意。所謂「敬意向前伸展一分，智慧的運用亦隨之增加一分」，就是在這種精神理念下推衍而至的。故「同情」和「敬意」，基本上只是一通貫古今、泯除人我界限的絕對客觀的道德精神之流露，並不可直接當作研究歷史文化的方法用。乃韋君則不此之思，竟婉曲地將之轉化爲新儒家研究歷史文化的方法，說什麼「敬意……一旦進入研究……愈深入，可能因此而增加敬意，也可能因此而減少敬意……歷史上有不少大姦巨惡的人物，我們很難對他們抱什麼敬意，但在研究價值上並不見得有遜於聖賢豪傑」。又舉唐先生「孔子與人格世界」一文中，明明是依人格品位而類分的「偏至」與「圓滿」的聖賢型，而說「把孔子推崇太過，使他遠離了人群，甚至遠離歷史，孔子死矣！對孔子人格本質而言，欲尊反抑，可見敬意伸展，未必眞能幫助我們了解聖賢」。然後再引些論點或出發點不同的雅士培、朱子的意見，以及蕭公權的評論作幫襯，而把新儒家打落到與張之洞、康有爲等同流。像這樣的誇張羅織，我覺得實在近乎瞎纏和栽誣。試想一個人要對歷史文化抱同情，存敬意，就會連善人惡人都分不清楚而一視同仁嗎？就會影響到客觀地研究大姦巨惡其人之行迹的價值嗎？唐先生稱穆罕默德、釋迦、耶穌、甘地、武訓爲「偏至的聖賢型」、孔子爲「圓滿的聖賢型」，是由於以同情和敬意做研究方法的結果嗎？那他爲什麼要在其中分出個等級呢？同樣是聖賢，他說這是圓滿型，那是偏至型，豈不也有他在研究上必備的客觀的理論和方法嗎？你儘可依你自己的執著，不帶任何同情敬意，而惟取客觀冷靜及科學的方法態度去研究歷史文化，卻不能說帶有同情敬意的別人的研究，就沒有方法，或者徑自簡化或誣稱表現同情敬意的道德精神，就是他的研究方法。對歷史文化含有同情敬意是一回事，用客觀冷靜的科學方法研究歷史文化，又是一回事。據我所知，新儒家在這種地方，正是了別得很清楚，要求得很嚴格的，如果有所反對，也只反對那唯是冷酷地以科學方法自限或自滿者的無情無敬，何嘗反對過客觀冷靜的科學方法之本身？方法之為義，落實在學術的研究上說，無論為辨證的推論或義旨的引伸，總是要合理則。你說新儒家沒有方法，那就等於說他們一切的語言推論，都是不合理則的了。果如是，那還有人讀得懂他們的文字嗎？韋君又說：「朱熹對孔子的敬意，常不在新儒家之下」接著便引舉他答李季札書「不要說高了聖人。高俊學者如何企及？越說聖人低，越有意思」。照韋君這番意思的本身看，朱子當然是能說聖人的，然而他對聖人的「敬意」，也常不下於新儒家，則豈不正好說明敬意之與研究歷史文化，本無必然的衝突嗎？何況朱子這個聖人高低之說，顯然是為接引學者之方便而發（另外也許是有所對於象山學派而說）。但無論說高或說低，總該要說得是、說得當，換言之，就是要說得如理合度才可以。唐先生以孔子為「圓滿的聖賢型」，問題全在於說得是不是，當不當，絕不在於所定格位之高低。人總不能為了故意說高或說低，便可以不顧如理合度之是與當而任意胡謅吧！此中理趣分明，亦望韋君深思之。

C以新儒家的歷史文化觀，不是採取歷史的觀點，而是採取哲學的觀點。哲學的觀點有什麼不好呢？問題就出在它論斷文化傳統所持的中心觀念上：借余英時先生的話說「即每一位哲學家或思想家所持以論衡文化傳統的一組中心觀念都是個別的特殊的，我們究竟何所取捨呢？取捨的標準又是什麼呢」。因此，「這裡不難看到哲學觀點本身所蘊藏的內在限制」。

又謂：新儒家似乎要建立一個「文化中的天朝」，以彌補十九世紀以後失去「天朝模型世界觀」的意識上的空缺……？這種想法，是爲了護衛民族文化的自尊、也多少帶給保守主義者情緒上一點滿足。可是今天的問題，正如林毓生指出的是「在保存儒家道德傳統時所面臨的，如何對付歷史變遷的重大課題」，「如果不經歷基本的改變（實質意義的）儒家道德傳統對新社會是否仍然有用，有意義」……新儒家始終沒有正視過這些關鍵性的問題。（參閱頁四七上欄）

按：這裡韋君所引用的余英時、林毓生兩先生的話，有無斷章取義，強姦原意之嫌，或者竟如我們前文所指出的襲取別人論旨，據爲己有的殊不光明的作風，應該由余、林兩先生本人去鑑定。不過，韋君既然以之作爲自己意見的代表，那我們就只有當作韋君自己的說話來處理。首先，不能使我免於疑問的是：韋君所標稱的「歷史的觀點」與「哲學的觀點」，究應如何區分？兩者的涵義，是否絕對獨立而互不相干？換個方式說，也就是無關哲學的歷史的觀點，或不據歷史的哲學的觀點，是否還算得是什麼「歷史文化觀」？其次爲我們所深感嚴重關懷的是：韋君申言採哲學觀點者，其所持「中心觀念」，與欲建立「文化中的天朝」思想之一無是處，乃意在根本否定哲學觀點對歷史文化之有任何可能的貢獻。若果如此，則歷來一切哲學家或思想家皆成無意義的存在，而今後之任何從事哲學或思想性的學術工作，也可以完全取消不要了。這樣的話，姑無論其他哲學家思想家會不會贊同，就以你韋君本人自鳴得意的談古論今之活動而言，又將何以自處？誠然，你這裡也推出了一個不曾顧及自身安全的理由，「即每一位哲學家思想家所持以論衡文化傳統的中心觀念都是個別的特殊的，因此無可供人取捨的標準，而蘊有內在的限制」。這話也許對惟以突顯個人知見，好爲思想遊戲，而刻意標新立異，亦即單爲哲學而哲學的某些哲學家思想家有其恰當相應處，但不可以論本以護持歷史，開創文化爲職志的儒家或新儒家。因爲既已集古今之多士，同聲宗儒而成家，便必有所爲儒家式之共同的理想觀念爲中心或骨幹。其間每一儒者個人，當然可因才性之所近，而有不同的進路，而成各別的形態，但這也只能以造道之深淺，見理之偏全視之，卻不可謂各人所持的中心觀念爲南轅北轍，漫無標準。當年兩漢經生的「今文經」與「古文經」之爭，南宋朱陸的「性即理」與「心即理」之爭，乃其內部之師弟傳承與義理精熟與否的問題，後之論者，亦仍可今文是今文、古文是古文，朱子是朱子，象山是象山，各如其份地解之、尊之或評斥之，而總不至於與孔孟以來秉仁義以護持或開創歷史文化之中心觀念相背離。何得遽斷爲「無可取捨的標準」呢？時至今日，社會程態的變化，的確要比以往任何時期來得巨大而複雜，最明顯的事實，就是在這莽莽的大宇長宙之中，除了有個當然意義的生命存活的理想世界以外，還別有個自然事物組合結構的現實世界。而這個事物結構所成的世界，初由西方傳統的外求精神之不斷攻發，業已在十七、八世紀的歐美社會。被充份地挖掘了出來（就其所及於各個角落之細目言，眞可謂曲折多方，繽紛無盡，而落實於具體之文化成績及大勢說，即是所謂的「民主」與「科學」），且於近百年間，漸漸傳到了中國，因此，造成了今日中國社會前所未有的變局。爲了適應這樣的一個變局，新儒家自覺到的責任，就是要使兩個原本和合，但在觀念上尚未釐清封限的人與物的世界，亦即中西兩個重點各異的文化融通起來。此時，他們（新儒家）所著眼的，乃是如何透顯整個精神生命及其矢向之原理原則，以俾大家知所循持；而非急切於時序階程中已然事實之陳述，所以較多採取哲學的觀點爲論；然亦絕不排斥歷史的觀點，相反地，且常借重歷史觀點上的成說以相佐證（他們的著作具在，隨處可供查驗），那有如韋君所指的只取此而不取彼的現象？

從人類精神生命及其矢向之調護開發處用心，必然對于凡與精神生命相關的事物，無論其爲內容的或外延的，皆得予以肯定承認並積極成就之。是故新儒家之在今日，一方面要堅持自家文化中，本於道德理性所極成的人道；一方面也要吸納西方順事理物則所發明的民主科學。前者是人須成爲一個人之當然應守的原理，後者是維持人類生存幸福所不可或缺的程式。乃韋君竟完全無解於此，既不承認人世界之當有爲人之道，也不承認物世界之有因人道之貫運而促進文明的可能。遂逕直地斷言儒家道德傳統對新社會爲無用、無意義，對「新儒家確信儒家式的人文主義，如能轉出成融通西方的民主科學，不但能救西方之自毀，且足以成爲文化生命前進的最高原則，並爲人類提示一新的方向」（此引號中語句爲韋君所造，意雖不甚完備，但大體亦可說）的理念，極盡揶揄之能事，而說只是「爲了護衛民族文化的自尊，多少帶給保守主義一點情緒的滿足」。推觀韋君的這種心理，我不知與他近來亦常煞有介事地評彈的五四新文化運動者作賤自我，唯洋是崇的本質，究竟有什麼不同，據我的記憶，他在民國五〇—六〇年代中，確實是大力擁護過某一跡近瘋癲年輕人所高喊的「全盤西化」論。只不過那種傾動一時的歪風，不久即告熄滅，他也好像頓然失去了依托；如今乃又靠身所謂「現代化」論者的行列，藉口時代的遽變，轉說儒家的道德傳統，應作「基本的改變」罷了。

D在斷言新儒家有如心理學家葛登納所說「那些企圖逃避轉變之潮流的人……立足於高高在上的道德基地，斷言固有的一切緊緊繫於道德和精神之上，改變它將威脅到這些道德和精神」之後，便提出自己正式的主張：工業文化已成為世界性的潮流，已將人類歷史推進到一個新的階段。這個潮流使所有的非西方傳統都面臨到生死存亡的考驗，一個國家如不能進入這個潮流——由工業化而現代化，未來的命運將愈來愈坎坷。一個國家的現代化，絕不能止於科技與政治制度（我國即使這兩方面仍舊困難重重），價值系統的調整，尤其是道德精神的改變，才是最基本的。

按：歷史和社會之程態有了變化，因而主宰文化的人之心思，亦須適時適地作相應的調節配對，乃至在某些觀念或措置上之改弦易轍，這是不成問題的。但是我們也不要忘了，此所謂的調節配對，改弦易轍，仍係基於對人類生命精神矢向求為合理之整體的考慮，乃至根本即為發自人類生命精神之認其是善而非惡之決斷而有者，所以此中雖然有種種相應時勢而顯的「變的形式」，卻同時也有個所以相應而變的「常的體性」。落實的說，天下事物，正唯可容作形式之變，然後得有進步、有發展；亦唯當本乎體性之常，然後得有存主、有定向。否則常固將如呆滯的死水，變亦有如無防之奔流，不是腐臭，便成潰決。這種道理，從來儒家無不懂得；而今之新儒家，便是積極地從思想崗位上做著「體常而盡變」的工作，欲以「儒家式的人文主義融攝西方的民主科學」。其中如牟宗三先生，爲了曲達事物的本性，且復有「暫時坎陷道德心以知物從物，而後反以成就道德心」之偉論。我不知道這究竟有什麼不對。韋君卻無見於人類生命精神整體的意向與決斷，而唯一波波階段性的來而在前的事實之是應，乃根據一個本質上偏於生理分析的心理學者葛登之見，貿貿然斷之爲「企圖逃避轉變潮流的人」。順著這個意思伸展下去，就自然只有工業文化潮流之當追，全無道德理性推求的必要，更無人生存在或力挽狂瀾的意義可說了，而他所念念不忘的「現代化」，實際上乃是個純粹精光而不需要任何潤澤的「工業化的現代化」。然則他說「一個國家的現代化，絕不能止於科技與政治制度，價值系統的調整，尤其是道德精神的改變，才是最基本的」，又是什麼意思呢？簡單地說，這完全出於一種欲說還「羞」的忸怩心理，我們倒不妨仍取「同情」的態度，來爲他把實意揭穿，那就是：徹底去掉「道德爲本的觀念」，將「價値系統」調整到唯西方社會所以產生科技和政治制度的單線的背景或傳統之講求上去。果眞如此，則姑不論我們中國要從此改頭換面，一切重新開始之可不可能，即以西方社會而言，若完全去掉他們另一面的道德精神——如其宗教之信仰與傳統，又會是個怎樣的社會？難道盲從馬列猛行階級鬥爭者之毒害天下，塗炭生靈的惡例，還不夠使我們警惕嗎？

㈢關於「民主之根與民主之花」的部份

這一節，韋君的意思是認定「民主」與「道德」完全無關。新儒家的道德意識，不能解決民主的問題，甚至還可能阻礙民主的實現。其言說之進行，亦可略分下列三個重點。

A 認定新儒家對民主問題的思考，值得檢討的是在民主與中國傳統文化的關係上。這種「縱貫性聯想式的思考方式」，不祇新儒家，從晚清到現在，已使知識份子的思想糾纏了一百多年，最主要原因是因爲我們有一個民本思想的傳統（中舉黃梨洲以表示對這傳統的無奈）。目前中國在民主制這條道路上已累積了近百年的經驗，卻仍不能擺脫「傳統——現代」這種縱貫性聯想式的思考方式。（參閱頁四七下欄）

按：上面的這段摘要，要就他的原文看去，眞是扭扭曲曲，令人有如墜五里霧中，莫知所云之感。現在經過簡化，雖然文勢大致已明，但他所認爲值得檢討的「民主與中國傳統文化的關係」究竟意指如何？又什麼叫做「縱貫性聯想式的思考方式」？如何才是「擺脫『傳統——現代』這種縱貫性聯想式的思考方式」？因爲他還是含有一種忸怩作態，欲說還「羞」的隱情，故意造些這樣沒來頭的文句，便仍然難免教人大費思量。於此，我們可以不客氣的爲他戳穿著講，實意即謂：民主是民主，傳統是傳統，兩者不但互不相干，而且是要實行民主，就必須拋棄中國的傳統；要保守中國的傳統，就不可能實行現代的民主。中國實只有個「民本思想的傳統，要想由民本思想來接通民主，就是所謂「民主與中國傳統的關係」，是「値得檢討」的；落在對問題的思考上說，也就是「縱貫性聯想式的思考方式」而應予徹底「擺脫」的。由這種不分是非的斬頭式的絕對排斥傳統的意見之無限制地延伸，乃不惜對新儒家及其秉持的道德精神，進行毫無保留的誣蔑和曲解。

B謂新儒家運用縱貫性聯想式的思考方式，認爲中國文化在本源上並無不足，中國文化裡也有不少民主的種子，因此，民主根本就是中國文化中的道德精神自身發展所要求。這個說法，如果爲眞，必須證明在中國的傳統道德精神中，確曾要求過民主，事實上不能證明。……新儒家要求我們不要只以一外在的標準，來衡量中國文化的價值。然而民主或許還可以加上近代的科學，恰恰是「外在的標準」。在這兩個標準衡量之下，中國文化的價值，絕對不及西方。近代科學和民主未能在中國文化中出現，這個事實已足夠證明中國文化在本源上確有所不足。接著並舉張君勱、張東蓀二先生之言爲例，前者說「以民主爲精神，非可求之於古代典籍中」，後者說「民主主義和中國歷史上的傳統辦法，完全相反。如果中國仍走歷史上的老路，則不僅中國永遠不能變爲現代國家，並且中國人亦永久得不著人生幸福」。（參閱頁四八上欄—下欄前段）

按：這段文意，就一個作者主觀上應有的理路說，實在是一片混亂，但由他存心要給予對方——新儒家與傳統思想——形象上之毀損言，卻極盡扭曲、武斷和誘人入彀的能事。於是，我們必得細分三點明爲辨正：

1. 新儒家說「中國文化在本源上並無不足」，其中「本源」一詞，乃指一自成體段的價值理念之爲生發成就一切物事之根荄而言，也就是我們上文所提及的人類生命精神之整體的存有是也。此種整體之生命精神，本質上是無所不備的；但不拘泥於任何固定的形象而又隨時可以讓出餘地以容許或落實爲任何固定形象的。明白言之，即其本身是以全幅敞開的樣式，對凡為價值的物事，皆可在其屈伸往來中生息不止，各得其所的。若以「虛室生白」，而「白」又為一切形象事物得為形象事物之始的慧眼觀之，則謂其中有一切形象事物的種子，或特就中國文化本源上之自足而言有民主思想的種子，亦自不為過。當然，這裡不能便以「民本」思想為「民主」思想的種子，因為此兩者同為種子層以下之形象事物故也。但若推進一級，而就種子層以上之「虛室生白」處看，則中國文化中既曾產生過民本思想的種子，又何嘗不可說是原亦可有民主思想的種子？種子的類別無窮；而每類種子之發芽滋長，則常因外在機緣之是否具足而定。「雨露之養，人事之不齊」，都是使種子發不發芽，滋長不滋長的一些非關本質的因素。民主政治及其思想之未在已往之中國傳統中出現，乃至在近百年來若干有心人士之大力倡導而仍未定型，即皆由於是故使然也。此中道理甚深，韋君全不能入，只停在現實感覺層面上說話，以為新儒家既認「民主是中國文化中的道德精神自身發展所要求」，就常識地斷定「必須證明在中國的傳統道德精神中確曾要求過民主」，然後即以此常識上之不能證明，來證明中國文化在本源上之不足，則適見其於問題之不知類也。

2.就人類文化基本上之為自求安頓生命的行止這個直貫的本質的系統說，民主與科學，是別有所據而為外在的，誰也不能否認；新儒家如唐、牟兩先生，在原理上尤其見得分明，論得周詳，更是人所共知的事實。但他們爲何「要求人們不要只以一外在的標準，來衡量中國文化的價值」。問題就在這所謂的「標準」二字上。照整句的意思來看，原是說中國文化自有其依於人類本身固有之德性所成的內在價值，人們不該只以一外在於人，或與中國文化精神本身不相應的標準去衡量它。此乃針對某些唯我獨尊，卑視中國文化的西方學者及徹底作賤自我的中國全盤西化論者而發的忠告和呼喚。於此，我們須要注意的是，它並沒有表示外在的標準不是一標準，更沒有提到要以其他什麼標準去衡量其他什麼文化。言外之意，也可說是對以內在的道德精神爲本的中國文化，與以外在的物理物勢爲導向的西方文化，並未作有此無彼，或有彼無此的敵對而不相容的偏袒。反觀韋君，則在民主科學恰恰爲外在標準的衡量之下，遂一口斷定「中國文化的價值絕對不及西方。」本來光說價值上的「及不及」，也可以只表示對一個文化單位偏差或圓缺的感受——比如我認這個以人道爲尚的文化是全圓而無偏缺，你認那個以物理爲尚的文化爲全圓而無偏缺——這還可有轉寰的餘地，因爲只要雙方把道理說清楚，縱然彼此激於一時的意氣，不肯認輸，也自會有不帶意氣的第三者作公斷、和將來客觀事實的印證。可是韋君既於新儒家所講深一層的道理，聽不進去，又由武斷中國文化之價值不及西方，而竟要全部「擺脫」中國文化的羈絆——「傳統——現代」這種縱貫性聯想式的思考方式。直捷地說，實即是要以西方文化來代替中國文化。如是，則已根本不容再有第三者的公斷和將來事實印證的可能，而只有東方變爲西方這個獨一不二的途轍可循了。

3.最後韋君引用張君勱、張東蓀先生的片言隻語，來爲自己的私見張目，不僅是玷污了兩位張先生的特識，也充分暴露了他本人假虎威以壯己聲勢的曖昧態度，但是正因他的態度曖昧而又擅長文字魔術，亦眞可能「誘人入彀」而莫知其所非。在此，我們首先當知：君勱先生是與新儒家主腦人物唐、牟、徐三位同時具名發表「爲中國文化敬告世界人士宣言」者之一，他之謂「以民主爲精神，非可求之於古代典籍」，正如我們上文所說，是認得民主的實義，在與直貫地抒發人道主義系統之對比下爲外在而別有所據的；其爲種子，也是在西方已經繁榮滋蔓，而在中國尙未發芽的。所以說「不可求之於古代典籍」。至於東蓀先生，由韋君亦經承認爲「熱愛傳統」的知識份子看，基本上當亦不外於此一理念，不過其發爲議論，則或係有所爲而爲者罷了——也許當時（事實上、直到現在還是）確有許多在觀念上弄不清「民本」與「民主」的分際，而仍思借重歷史文化的名義，主張在政治上以民本的精神來推行民主，所以不免激憤地說「民主主義和中國歷史上的傳統辦法完全相反……」。此中所稱「歷史上的傳統辦法」，顯然是特指政治範限中與民主主義相對的民本主義的傳統辦法而言者。韋君卻機巧地利用之以爲自己否定整個傳統文化之意願和言說護航，其欲誘使天下英雄入彀之野心，豈不昭然若揭？然而問題還不止此。那就是兩位張先生，既如韋君所稱是熱愛傳統而又能正確地思考民主的人，則試問你又怎可斷言在中國傳統精神的持載下，必然不能向民主之路求發展？又怎可用一句「縱貫性聯想式的思考方式」的荒唐費解之言來加罪於新儒家？老實說，新儒家中如牟先生所著的《政道與治道》一書，對於這些問題，固早已作了深刻的思考和周密的解析，以韋君曾亦師事過牟先生的關係而言，不是沒有讀過，何以竟然隻字不提？這是否意味著他對整個新儒家的理論本來就無法否認，只是由於某種個人的積怨，便不但不加採擇，並且故意畫出界線，將之推到一般不知個中分際者的行列以便洩忿呢？然耶？否耶？我亦不敢斷言，但推論至此，卻不能不讓人有這種疑問。

C在檢討中國走向民主的過程中所以困難重重的原因時，認爲傳統文化裡那種根深蒂固的泛道德意識，很值得分析。由於這種意識，使中國傳統的政治塑造成「政治倫理化」的特殊型態，結果儒家內聖外王的一套，在歷史上形成空中樓閣，專制帝王變成實際的聖王，作之君作之師，在政教合一的運用下，教成爲專制權力一元化合理的根據。至於泛道德意識對國人生活上的影響，先引余英時的一段話說「不幸在中國的傳統中，一旦形成任何對立，雙方或多方，總是要把它加以道德化，使己方代表正義，而將對方在道德上判處死刑。己方既為正義的化身，罵起人來自然氣壯山河；至於其中究有幾分『理』在，那就不暇顧及了……」。小至個人之間是如此，大至政治上的鬥爭，我們中國人不也是如此嗎？政敵一旦在道德上判處死刑，接下去什麼殘忍的手段都可加於其身，三十多年中國大陸這種現象幾乎沒有中斷過。……（參閱頁四八下欄—四九上欄前段）

按：上錄整段文字，用心若僅在於要人分辨「民主觀念」與「道德意識」各為意理不同之兩事，不可相互攪混，自然是可說的。可是韋君卻於其中存有一份深重的好惡之情，且於其所好的民主觀念，並無如實的交代，倒是於所惡的道德意識，則作了不遺餘力的非議，足使人生起一種「道德意識一無是處，而與民主觀念絕不相容」的錯覺。因此，縱使他所指「泛道德意識」在傳統政治及國人生活上所生之負面影響，有不可諱言的事實，我們仍要就下面幾個問題，提出嚴正的辨白和質疑。

1.就「泛道德意識」這句名言的構造而言，其中蓋涵有所為主體詞的「道德意識」與所為形容詞「泛」的兩個成份。在文法上一個主體詞而加上任何其他的附加詞，便會使原為主體詞的本義有所變化而另成新義了。所以「道德意識」不是「泛道德意識」，泛道德意識，不能用來直表道德意識，至少是不可用來作道德意識本義的代表。這是我們首先應該弄明白的。先儒或新儒家之所存想的道德意識，本是從生生不息之宇宙大理處體認得來的。在宇宙生生動進的歷程中，看出有個所以動進的「本體」，以及動進所成的事事物物之「現象」——相應於具體而微的人之生命以言，前者（本體）即其內在的精神意志之主體，後者（現象）即其外顯的現實生活的貌相，必須於此內外兩境有充分的自覺和運作，然後始可語於絕對地道德意識之貫通。通常的人，可不必盡解主體層的精神意志爲何事，而唯視貌相層的行爲活動之中規合矩爲當然，於是便有所謂「泛道德意識」的這個領域。在這個領域中，因爲人多不解「當然」之所以爲當然，原須求證於內在而超越之主體性之反己自察，則其所視爲當然者，亦可誤蹈入不當然。乃至竟以不當然者爲當然。此時如再加上別有用心之徒的設計利用或捉弄，則如上錄韋君所指的情勢，就自然難以避免了。但是「泛道德意識」有問題，絕不能表示「道德意識」本身有問題；而且解鈴還須繫鈴人，要想消弭上述的問題，基本上正仍有待於大家之自覺地回歸到道德的主體性，充盡或發揮眞正道德意識之功能才行的，至少一些負有領導時代思潮責任的知識份子，應該多作這方面的努力，怎可唯其流弊之見，便魯莽滅裂地反欲以盡去道德意識爲快呢？

2.再者，即就「泛道德意識」的一層言，事實上也不全是個負面的作用，而仍有若干比重甚大的正面的意義。蓋平情而論，人要個個直透道德意識之本源，然後始行道德，這大概不是一件容易的事，所以大多數奉行道德的人，都是如上所說「只知其當然，而不知其所以當然」的。在僅知其當然的這個層境裡，人固有誤蹈入不當然的可能；然統天地之大，時序之久，情實之多而通觀之，爲數恐亦不過百之一、二罷了，其絕大部份則正因本於當然之想，以爲中規合矩之行，所謂「行之不著，習焉不察，不知其道而終身由之」，於以蔚成相交以禮，相待以誠的人際關係；奠立和睦親善，安定團結的社會基石；形成永恒貞固，萬衆共認的文化傳統，豈不亦適見其有不可磨滅的功能和效驗嗎？就如韋君所詬病的「政治倫理化」一環節，一個君主要求人民對之盡忠盡敬，相反地他也就必須要對人民保之愛之以盡爲君之責。所以孔子嘗說「君使臣以禮，臣事君以忠」。荀子嘗說「君者儀也，儀正而景正；君者槃也，槃圓而水圓；君者盂也，盂方而水方」。而孟子則徑謂「君之視臣如手足，則臣視君如腹心，君之視臣如犬馬，則臣視君如國人；君之視臣如土芥，則臣視君如寇讎。」當然，這種形態，是不合政治之自性原理，亦即未盡政治上權利義務、平等共享之極則的。但是我們也須知道，中國歷史上之所以尚未至於政治上權利義務平等共享之極則，乃是由於各人之未能及時自覺爲「政治主體之存在」之故，並非由於「泛道德意識」之阻撓使然也。政治是政治，道德是道德，兩者本來各是一回事。可是在有土地，就有人民，有組織，有體制的自然趨勢下，君主利用政治以外的道德力量來達成他的統治，而他本身自也必須接受政治以外的道德力量的約束，所以「政治倫理化」，雖然未盡合乎理想，卻也不是一面倒式的絕對地惡劣不堪。試想：在歷史的過程中，如果全只有君主要求人民盡忠盡敬，而無他對人民的保之愛之，那麼中國這個國家，和生存在這個國土上的民族，恐怕早已灰飛煙滅，蕩然無存了！至於社會上人與人間的相交相處，如果永遠只是自居正義以判處別人道德上的死刑，而無眞正原於道德意識的公論，則中國文化，亦恐早成了斷潢絕港、荒圮廢墟，何來數千年相續不斷之傳統呢？韋君乃全然無視於此，而把一切罪過盡歸於泛道德意識，眞不知其是何居心？

3.根據上面的意思，我們再作進一步的勘定，今日中國之需要如韋君所說「全力推行自由民主」，「必須把政治從道德中獨立出來」，誠屬天經地義的事，不容絲毫置疑。但是這樣做的目的，要在於期使每個個體的人民，都有其政治實體之自覺，進而在現實政治中，成爲充份行使一己權利和發展一己才智的絕對自主的存在，並不是爲的要擺脫傳統的泛道德意識而然的。泛道德意識本身並無過，只是在未能明辨本末輕重的歧誤中，被利用來爲視天下如私家產業的君主之掩護，才會造成種種的流弊。如果大家能夠把握住政治主體的存在性，發揮自由民主的精義，從而建立平等共和的憲政體制，使野心家不再有假借任何空名或美言欺惑愚衆的餘地，又何復泛道德意識被扭曲利用之足慮乎？韋君不切切於自由民主理念之宣明，而唯視道德意識如芒刺之在背，嚷嚷不休地大恐其去之不速，能說是一個眞正懂得自由民主者應取的態度嗎？

抑有說者，道德意識是源於先天的道德理性，本質上爲一具無限熱力的精神體，也可說就是人類生命動力的泉源。因此，凡爲人生宇宙間的物事，皆必在其不容自已的照察關注下，得其調適安頓，而且只有經由它的照察關注和調適安頓，始見其意義。自由民主雖然有其政治上獨特的原理原則，但就其實爲人文世界中有意義之物事而言，則不能脫出道德意識之關照與調護，固亦是絕對地必然的。否則，一任赤裸裸的自然生命之爲無明情緒的衝動，便鮮有不落於自私自利，惟權是奪，惟人是損之境，而與歷史上一切暴君大盜專制橫行所造成的毒害，不但沒有兩樣，或且將大爲過之。因爲皇帝專制、大盜橫行，尙只是一人或少數人之肆虐於上，終可由多數在下之民衆，起而革命，促其消解；若多數在下之民衆自已，群相紛爭，則勢必徧天下人而盡爲禍首，無一善類以收拾殘局了。晚近世界各地，其社會內部則貪暴恣肆，爾虞我詐之風，日益熾烈；由之轉而向外，則侵呑刮剝，乘危利災之行，無所不用其極。推求其故，未有不是種因於此者。即使不作此想，退而就其較好的一面以言，像西方若干進步國家的人民，他們之從正軌以制憲立法，然後守法守紀，共成國是，又何嘗不是一種道德意識在政治上之充量發揮？我國自辛亥革命以來，民主的制度和憲法，亦早經建立，而政治秩序則始終不上軌道，追根究柢，豈不正是由於大家欠缺一份守法守紀，共圖國是的道德精神嗎？韋君只顧自說自話，卻又持之無故，言不成理，難道眞的盡欺天下人無知嗎？

㈣關於「批判地繼承及創造地發展」的部份

在這最後的一節中，韋君是挾著上文未了的餘焰，使盡渾身解數，運用一切聳人聽聞的堂皇美麗之言，一方面幻映出中國傳統與新儒家的差錯，一方面則藉機作高姿態的自我凸顯。這本如我們前文所再三指出是他一貫的伎倆（試看他每寫一文或一書，幾乎沒有例外地都用大部的篇幅來故作這樣的鋪張，擺弄這樣的姿態，即可知矣），雖然由於利口便給，可能騙得若干胸無城府者一時的揄揚，然終究是些華而不實的空言，根本不足爲識者欺的。故其所謂的「批判地繼承，創造地發展」，格調上，也不會比一般高中或國中學生，在週記裡作年終檢討時所說「好的要保留，壞的要戒除，以開創明年的光明前途」那種言不由衷陳腔濫調高到那裡去。下面我們將不擬再作客觀義理的深論，僅就韋君自己顯著表露的各種心態及見識層面，略辨三點以見一般。

㈣之1

自「回顧新文化運動以來……至……眞要做好這些工作，必須要有深厚的學術工作爲基礎」一大段（請查四九頁上下欄），看來沒有一句不是說得冠冕堂皇、刺激人心的。但是究其實際，卻並不表示即有若何眞切見地或正大理由爲內容，所成的定然判斷。原因就是這樣的話語，本屬於一種人人可說的公式辭令。一個志節堅貞的性情中人，往往是反而不屑這樣去說的；只有心無正見，或其所見之不足爲人道者，才會處處借它作烟霧來擺架勢，撐場面以唬人。韋君在強烈地反傳統、反道德的情緒影響下，如果說他尙有某種可勉稱爲內容的東西，那就是固執著一個枯乾冷硬的「唯知論」（我這裡用「唯知論」一名詞，乃僅就韋君個人之心態而言，與一般哲學中特別作此主張的學派無關，因韋君亦實非忠於此種主張之學人也）。顧名思義，唯知論是一種專門對知物解事活動加以提倡或崇拜之論，它的精采，要在一一物事之被知被解以成客觀的知識處顯，其本身則只是一能爲如此知、如此解的存有性，並無任何精采足以爲人道的。無精采而又汲汲於求以精采炫耀人，便自然會超越界限，在外面繞圈子，說些不著邊際的大話來自我裝點了（此亦即韋君不得與於眞正唯知論學人行列之故）。這裡我們需要特加明辨的是：「知」之爲義，本爲人性中與「仁」並在而相輔相成的物事，順著它的意義加以開發，亦確有可以吸引人處的體精用宏的價値。一般人之所以認同於它，或且竭終身之力以赴而不知倦者，其故亦即在此。韋君不知是無意的巧合？還是出於有意的計謀？一下子就抓住了人們的這種心理，大行其「唯知是尙」的導引術，比如由他口中所慣說的學術研究，文化重建，乃至心靈的開放，理想的實現等等、等等的名號，無一不是百分之百地以「唯知論」爲底子而叫出的。須知「知」的本身並不壞，只有「唯知是尙」而至於盡去另一面的道德精神，徹底打掉原由道德精神所凝聚的傳統文化，便必然大壞。因爲這樣做的結果，是絕對免不了下趨於「唯物是尙」而禍及天下的。韋君當然感到「唯知論」的下文不好講，遂把它隱藏在不爲人見的陰暗裡，而僅利用大家所粗解的「知性」的本義來做幌子。以遂其對「仁性」（道德精神）之擎天維地的大用之竄奪。而且不管這一步的巧計是否得逞，就馬上予智自雄，大言不慚地決定此該如何，彼該如何，儒家傳統該如何揚棄，中國文化該如何改變……大顯其「世間學問，惟我獨尊」的氣概。那也實在未免過早得意了吧！

(四)之2

在上述的基本格調表過之後，韋君大概認爲人們都將五體投地的對他佩服了，接著便要不負衆望地推介他自感滿意的爲學方法，即所謂「批判的態度」是也。其所鋪張的大段文字（參看四九頁下欄後段—五〇頁上欄），實質上一如我們上文所指出的仍是些「人人可說的公式辭令」，本來用不著再費神思去辨析的。可是很不幸，竟然另有他極端矛盾而難以自圓其說的地方，仍不能讓我們緘默無言：那就是當他引述過雅士培有關研讀哲學的方法之後，接著牽強附會地補詮說：「可見思想上的批判要奠基於眞實的了解上，其中包括熱情的投入，信任地跟隨以及盡可能地全部加以理解，這雖已是一個艱難的過程，但主要還只是考驗耐力，更難的是還要從信服的權威中掙脫出來」。這些話，粗看似頗踏實而高明，韋君也好像自詡全部做到了。然細究內情，則適見其言行相乖與生命破裂之甚。姑舉兩例言之：①是關于「批判要基于眞實及全部理解」的問題。我覺得韋君其人，根本就不配講這樣的話，事實具在，韋君對於儒家或新儒家，乃至中國歷史上任何一家或一門的學問，算得是「眞實或全部了解」的有幾何？我說過，他很喜歡蒐記材料、寫文出書，其中除卻一些散篇雜誌之作，明是以刻意誣蔑毀損儒家及傳統道德思想爲目的者不用說；就算稍微正經點的，也無一夠得上「眞實或全部了解」這個水平，而總是以他一己的私意爲準，順者揚之，翻者非之；要不就是拾人牙慧，做些編列排比的工作（美其名曰服務，實則全在於炫博誇奢）。寫荀子則曲解荀子，論朱熹則誣枉朱熹；一部元氣淋漓，精義充沛的中國思想史，經他一編，就如同一池死水，全無生氣，幾與一個公司會計員所記之會計帳目無異樣。其效如此，還偏要說是奠基於眞實及全部的了解，豈不太過自欺欺人了嗎？②是關于「要從信服的權威中掙脫出來」的問題（按：雅士培原文是「惟有讓自己完全地被它吸引，以及完全進入那門學科，而再從它的中心掙脫出來之後，才能夠產生確具意義的批判」，與韋君所言「要從信服的權威中掙脫出來」，意義大不相同。細思可知，無待詳辨）。在這裡，韋君表示不爲「權威」所拘限，好像很可欣賞，而且依整個的語勢看來，他是把「掙脫權威」四字，懸爲爲學之終極目標的。但是我們要問：在學術領域中，用「權威」這種字眼來圈定你所從以研究的對象，是否恰當？你在向一個權威掙脫以後，又將何去何從？是否要另外建立你自己的權威，或者就永遠在掙脫權威的過程中討生活？照我們的看法，學術中、與其說誰權威倒不如說「誰見眞理」，因爲見眞理者固然可能成權威，而號稱權威者則不一定見眞理。但只要認得是眞理，就不可妄言「掙脫」；不管他有無權威，你都得「信服」。韋君不說眞理而說權威，基本的原因，就是他的生活質素中，向來只有反叛性的掙脫，而無眞誠性的信服，或者更直捷點說，腦子裡根本就只有不可一世的權威者的形象和思想——反權威就是爲的要權威，搞批判就是爲的玩批判——。卻又不肯自安其份，還要扮成道貌岸然的樣子教訓人，說什麼「有志於從事批判和創新工作者，應該學習容忍異見，表現雅量」。眞不免叫人啼笑皆非。

㈣之3

末了，我們要特別促請大家注意和警惕的是，韋君籠絡同好者的手法很高妙（或許也是很拙劣）。看他最後像點名似的提到傅偉勳、林毓生、張灝、余英時幾位先生，並且各別引了一些他們的文章乃至書信中的名言大意（參考五〇頁上欄末段及下欄）來作自我檢討式的結尾，曲意阿從地表示，一方面對他們的作品都用心讀過，一方面對他們的學問又極端敬慕。這種「謙恭下士」的態度，確是很令人舒服悅樂的。但是當我切實對照過前面座談記錄中所載余英時、林毓生、張灝等先生的主講內容以後，覺得他們的思想理路和心靈形態，並不同於韋君之全是一片暗昧。尤其張灝先生明明是主張「以傳統批判現代化，以現代化批判傳統」的往來交貫之道，韋君實際則只取了「以現代化批判傳統」的一邊，何嘗有「以傳統批判現代化」的絲毫跡象？誠然，他為了一廂情願地示好的緣故，也說過「……正點出我多年工作的缺失，促使我的反省」一類似乎非常誠懇的話。可是張先生的文章，你在「去年」（按，即七十年）就讀過了，為什麼「今年」（七十一年）寫文，而且是在由你主持過的相關性質的座談會之後來寫文，還是這樣一面倒的明察傳統的秋毫而不見現代化的輿薪呢？揭穿了說，豈不充份顯示你的那些「謙卑」之言，原只等於一種做戲的台詞，目的在於拉攏幾個為你捧場的觀衆，或免於孤立的靠山嗎？由此，我也就不免連帶地想到另一面，很替傅、余、林、張幾位先生擔憂的是：千萬要把握住分寸，不可再在他心目中形成「權威」。不然的話，恐怕他又要假雅士培之說申言「掙脫」，甚至堂皇地進行無情的「批判」了！

四、結語

本文寫到這裡，已經算是拉得很長了，除前面概論部份之外，單就對韋君個人心態的辨析而言，就幾乎超出他的原文將近一倍。回頭想想，像這類的問題，往往是信者常信、疑者常疑，恐怕包括許多讀者在內，永遠也沒法彼此相服。記得大約二十多年前，我也曾在人生雜誌上和幾位宗教界人士作過幾次相同形式的討論（各文後都集納入「人生理想與文化」一書中。商務人人文庫一九八五、一九八六雙號本），雖然未至干戈相向的程度，而所望於互相溝通的效果，似亦並不彰著。如今等於重作馮婦，再蹈前轍，正不敢想像會有什麼眞正的收穫。然而畢竟情有不能自禁者，眼見韋君十餘年來以種種方式對中國傳統的文化精神與儒家思想不斷進行詆毀，幾已達目空一切，惟我馬首是瞻之境。如果大家長期視若無覩，不予置理，他便眞要認爲天下無人了。可是我也有自己的習慣，即每當須要指正別人的差錯時，就一定要把自己的立場和所以認爲有錯的理由，原原本本地交代清楚，否則寧可不說。以我這樣過份的拘謹，要跟在一個不受任何約束，愛怎麼講就怎麼講的人後邊，一一認眞地去評彈，自然就用文要多，耗時要久，以致遲遲不願著手了；何況過去的經驗和當下的省察又都告訴我，眞要勞神費思去對付一種類似潢池戲水般的小事，實在也沒有多大的意義呢！可嘆的是：這次韋君繼策劃並主持「新儒家與中國現代化」座談會之後，且復正式提出對「當代新儒家心態」的評論，一切問題也就特別露骨而集中，以是，才引起我決心作此一番總賅的檢討。惟文既冗長，表意又未盡周延，是爲吾之所大憾！至於筆觸語勢，或多不免稍帶鋒厲，則以事關義道，氣塞天壤，不如是不足以明至理而振頹風，非特爲私衷惡惡之甚而已。知我罪我，是在讀者！

附篇乙：儒家心、身位階之衡定

——讀楊著《儒家身體觀》書後芻議

八十六（一九九七）年六月中國文哲通訊七卷二期

八十六年春節期間，適值拙著《論語章句分類義釋》暫時告一段落、自我休假之際，承蒙中研院文哲研究所惠贈楊儒賓教授著《儒家身體觀》一書。頓感名目特殊，隨即拜讀一過，深佩作者思維精敏，創說新穎，凡所引據資料及解義，可謂極盡旁蒐力探、迴環周密之能事。以一個學者作學問的標準來看，自必歷經勤勉奮發，堅持自許自信之所成就，堪爲任何求知好問者之欣羨而以爲榜樣。

可是，筆者亦有甚覺詫異，不能已於進言者，即就全書內容而觀作者蘊蓄之用心，要在闡發中國傳統社會中，一般仰慕威容盛貌，乃至筋強體美，道骨仙風之習俗見地之情實。誠然，這種情實之在於儒家，因其寬容量大，流派繁多，固亦難免有個人之好奇而介入，但不可謂爲整個儒家之一項顯著而重要的特徵，遂額其書曰：《儒家身體觀》，而且獨挈孟子其人其書隨機透露具體人格形象之部分語辭爲典據以證成。蓋依愚見，代表儒家正宗思想之經籍，殊少「身」與「體」連屬而名「身體」並加申論者。凡其欲表耳、目、口、鼻、手、足、心、肝、脾、胃、腎、腸等血肉結構之軀，則皆僅以「體」名，如曰「四體」、「五體」、「肢體」、「形體」之類是也。若單稱一個「身」字，則必爲整個活絡生命之代號，如《論》、《孟》、《學》、《庸》、《易》、《書》之言「修身」、「養身」或「安身」、「殉身」之諸辭，即皆以謂修善、維護完整活絡之生命，蔚成卓絕高尚之人格也。後世身、體連詞爲名，概由醫家按其肌膚臟腑，骨骼筋脈，調治疾病之固定形軀而來。儒家當然不能說這個形軀不需要或不予正視，但因其本質終究爲中性的無知無識、無是無非之物事；絕不能與知是知非、好善惡惡，足以導使身軀向是遠非、行善去惡之心性位階平齊並觀。孔子之「惡鄉原」，極言「有殺身以成仁，無求生以害仁」；孟子之「道性善」，不許告子的「生之謂性」，以至強調「舍生而取義」其後背之理論依據，即在於此。今若曰身體等同於心性，或強固了體氣，便是性德的完成，則孔、孟如上之理念，俱不能有矣。楊著所以不用「生命觀」而用「身體觀」，固必有其別出之異指，何可堂然以安於孟子，且復統括乎儒家也？

以愚觀楊先生之爲學，對於上述儒家之正見，並非全無所知，而且知得很多；否則不可能靈活運用，巧爲銜接，構造如許一部大書。只是其似甚游心於唯物現實之境，不屑爲內在而超越之體認，故常言在此而意在彼，凡所稱引《論》、《孟》、《易》、《庸》及宋明儒朱子與陸、王間異同或心宗、性宗各家各派之文獻與義理，雖然極其豐碩，實際多是新儒家前輩先生早已講論明白者，楊先生之取以套合一己先入之見，處處曲折其解，顯得勉強迴護，甚至矛盾不類，自非其自身之果眞有誤，乃欲藉此故爲模糊，以導夫天下英雄之入彀也。其書概列八章，原係對應不同他見提出異議的八個單篇論文。編輯成書以後，前六章算是合乎主題的通貫之論，全書宗旨，已盡於此，無復缺遺矣。殿後的七、八兩章，實可不必再有，附之，亦屬多餘，徒見爲牽扯之外的更牽扯。嚴格說來，眞正的意向所指，則惟五、六兩章：執定《管子》〈內業〉、〈心術〉、〈白心〉與《帛書》〈五行〉、〈聖德〉等孤篇之幾近於尊爲典憲，成其主斷而已。關此兩文獻所蘊意理之在中國思想文化中之分量與是非，吾今雅不欲辨，亦暫無所用其辨——人有信之，無或能沮其不信；人有倚之爲中心，敷衍或放大爲學術論著，無或能謂其不可。茲惟就二者之本義及作爲論說證立之可靠性，略微言之，以備識者之參詳耳。

首先是：《管子》之爲書，先儒多有置於諸子學之雜家言者，其思想內涵，包括有儒、道、名、法、墨、農、陰陽各流派之成分，且多攪拌混合成篇。楊先生所極爲推重的〈內業〉、〈心術（上、下）〉、〈白心〉各篇，正是儒、道、法、名諸家之善言雜揉所組成，而基本意識與思路，則最近道家，吾恐即道家後學，如漢世黃老之徒，轉向道教發展的過渡之作。所以歷來一般遊仙修道、追求長生羽化之想者，每多據其說（尤其〈內業篇〉）以創宗衍派。間亦或有更舉《論》、《孟》、《易》、《庸》之言相附和，則皆不過依托假借以為容飾耳。豈可認眞？

其次是：馬王堆出土之《帛書》「五行」、「四行」說，在歷經數千年、萬千學者取舍陶煉，仍然流傳不朽之《孟子七篇》中，並不見有此等稱謂。而帛書作者，則徑據《孟子》最為重心的仁、義、禮、智，再加一個「聖」字，撮合成「四行」、「五行」之名。因此，楊先生即一惟大陸信守馬列唯物主義，與域外某些自命權威學者之推論是從，斷然以為符合了《荀子·非十二子篇》「案往舊造說，謂之五行（……）是子思、孟軻之罪也」的論旨；推翻了前此學界之種種臆測，而且肯定絕對為思、孟後學之作。然吾人於此，則仍有大感疑惑莫解者三事：

一是荀子稱思、孟之五行，若眞是所謂的仁、義、禮、智、聖，則荀書中亦常見、而且非常看重此類之觀念，何得在子思、孟子，便遽謂其「僻違無類，幽隱無說，閉約無解」，而竟視之為「罪」戾乎？

二是就形式上看，帛書「五行」、「四行」說之文字，奇拗詰詘，意態模稜渾沌，若眞是思、孟後學之作，則其說理抒義，反不如先師遺著之明順通達；以致見棄於時人，終且埋置土壤，必待今人猜臆式的詮詁，實在令人不解。

三是就內容上看，《帛書》「五行」、「四行」說，除借用了《孟子》仁、義、禮、智、聖之名言，略事詮表外，而餘意所存，正如楊先生之所論析，往往俱是著力在軀體氣質之變化昇華處。是則其致思之由，何嘗不可歸於秦漢以降方術之士，勵行燒丹煉汞、點鐵成金，變肉體爲道身不腐之所存想？不此之求解，卻硬謂南蠻之地的馬王堆墓中老婦人，尊儒學勝於奉仙道，則固有難於思議者矣。

析論至此，我想可以總括地更進一步說：如果儒家（正宗的）眞有所謂「身體」的看法，那必然是屬於整個人格生命轄管下之一環；並認爲超出此一範圍，而縱任其本能之所之，則將有奔坡墜巖之大險。是故古先儒聖之視其位階，必以定限於工具之層級，而納歸於心性或精神實體之主控。當然，「工欲善其事，必先利其器」，工具級的身體，無疑亦至爲重要，佔有任何活動事宜「必先」的地位。所以凡爲人也，應盡一切可能的方法手段，確保其強健安康。曾子臨終告門弟子曰：「啓予足，啓予手，而今而後，吾和免夫！」孟子申論順命之正曰：「是故知命者，不立乎巖牆之下。」正是基於這個認知所提示的戒謹。但儘管如此，究其全幅之功能作用，畢竟爲「借過」而非可即以成「永恒」。最殘酷的現實，就是人必有死，甚且有時必須自覺地「捐軀」，而後得顯人生存在之價值。孟子繼前復曰：「盡其道而死者，正命也；桎梏死者，非正命也。」其以死關乎命之正不正，顯然不是由身軀之保固不保固為分判的。試看堯、舜、禹、湯、文、周、孔、孟……之典型，至今猶然鮮活於人心，而其血肉之軀體，又果何在乎？即或有在者，又能再生何等功用？吾以此故知人之逐求筋韌骨強、血足氣盛，乃至全形永生、玉色不毀，如傳說中之羽化飛仙者，皆幻妄也；而於楊先生費盡心力，作成《儒家身體觀》之終極理念，究欲何歸？亦甚有所存疑矣。

上來徧見，乃筆者由閱讀楊書隨處興起感觸，所作眉註數十條之綜持的回憶與提揭。若是依序疏通，擴展為整體之文章，勢必亦得跟著楊氏原著，祇為幾個定式概念，反覆重疊其說，卻又弄得篇幅甚長，徒滋繁複迷亂，教人難以卒讀。有生之年，尤其老來心境，惟於道理有固執，殊少緣於好名爭勝、強為學術而學術的興味，故但依心所謂然，略表其主要觀點如前。以下簡錄所就楊書各處草擬之原始意見若干條，其先且標舉頁數或行列，但願能助讀者先生之對勘，而明鄙懷所由來。不成論文體式，則請以「補篇」或「附識」視之可也。

(一)四九頁一行下

案：此以身體與意識相對互成所謂之「現象」，只可就人生言之，若就宇宙萬物言，則實有無意識的身體。由犬豕牛馬……之少有意識至草木瓦石……之全然無有，即可證之。在《孟子》，身體是中性無記的，可上可下。在於人生過程中，由善人本善性以率之，則身可進於善而有價值；若惡人之不順本性而縱任暴棄之，則身即下流而無價值或反價值。故孟子基本上是以中性之「物類」看待身體的，可修而與絕對理性之心合體同值，卻終不能說是同質。又須記住：只有人才能經由心以修善身體，他物則不能。

(二)一四三頁至一四九頁

案：就修習已達聖境之孟子個人說，自是心、氣、形為一體無分，所以形可生色，氣可浩然。但就客觀宇宙普一切人、物未經修習而亦有此三象之實言，則心、形、氣為各具特性之獨立物。其中「氣」一項，根本沒有自體，是依心之動發則有理氣；依形(身)之動作則有物氣，它不能無所依托而可徑自顯出。心、身兩項：心因能為自覺、自省、自制、自決……是本體即善，與理為一。身則為純物質的存在，無善無惡，但順自體往下滾則必惡；由心為主，導之使上則可善。孟子對於身一面少有論述，就是當作普遍的物質之身看待，所以不用說。如實言之，人雖有身，卻不能並心而同等。這是必須了別的問題，卻不可因孟子本人，經由工夫所達至的心身合一，遂謂客觀的心、身為同質，甚至倒過來說，鍛鍊身體即能以成就心德。如是，然後可知孟子何以堅持與告子的「生之謂性」相辯，並力倡「舍生取義」之故也。至於宋儒程明道之盛言天人一體，並且亦言「生之謂性」，則別有一種超越進路的體認，不可與此混說。

(三)一五二頁

案：講孟子的「夜氣」，前說是也；後說則爲附會，就作者之本意看，恐怕還是主要的用心所在。

(四)一五三頁

案：就孟子存心、養性、事天之過程言，作者此處所說，都是其「致曲」工夫所當有之事，也是其踐形以提升身體至於與心合一、同其價值之事。但不能即說普遍概念中的物質身體與心靈意識並齊同等。因爲這樣，物質身體便可獨立自由運作，帶來許多不負責任的善事或惡事，善固無礙，若是墮落而爲惡人，則他還可振振有詞地說：「身之所欲，非我罪也」。果眞如此，便太危險了！孟子念念要人「存心」，乃至「舍生取義」，就是基於這個道理。

㈤一五六頁一一行下

案：這些問題，如果知氣無自體，只是心或物之動發而後見其有，便可迎刃而解，甚至根本不必要提出。（氣之無自體，拙著《孟子知言養氣章研究》有詳申，先前發表於《民主評論》第十三卷第十九、二十期。後復併入《儒學探源》第三篇第五章〔鵝湖出版社〕。）

㈥一六一頁五行以下

案：這是作者將仙道法術之說理論化。孟子睟面盎背之云，乃是描述精神愉悅、自得自安時之神態，非如俗情中以煉氣活血而成所謂「鶴髮童顏」、「紅頭花色」者也。

㈦一六三頁八行以下

案：作者一直要想把物質的形（身）體，說成人生的價值體，可能有兩個因緣，一是受近世唯物論，尤其現今大陸上仍然固執唯物思想學者的影響；一是信得中國秦漢以下仙家術士修道煉丹，長生不死之民間傳統甚堅，而欲予理論化，且推升至學術地位之故。

(八)一七二頁

案：從上文看來，作者研究孟子的原始動機，正在借其「踐形」、「養氣」之現成詞語，以為養生家修鍊理論之佐證。最後說「不能過度誇大」，意恐尚在隱謂「孟子的不足」。如若不然，則根本不必有此類於孟子實如蛇足之論。

(九)二七六頁以下

案：由此兩條尤其第二條推演下來，業已充分透露作者意欲「身」成金剛不壞之仙體者甚明矣。

(十)二七七頁九行下

案：這明明是仙道家養氣煉丹、修成軀體不壞之想，乃借孟子說以誇奢張大其情境而已。關此，我們只要一問：成道以後之神仙，其所作所為，是否高於、乃至只說同於儒家之以人格精神為尚之聖賢，便可了然分判於心矣。

(十一)三〇七頁

案：良知著在身體，耳目口鼻便能視聽言動皆合理；不是能把耳目口鼻鍛鍊成竟能自主地視聽言動合理也。

(十二)三二四頁一行以下

案：這些話語及其所表示的理念，正宗儒家本俱可說。一個道成德立的聖賢人物，豈有不潤乎身而象諸形者乎？所以宋明心學派大師種種關聯著具體身形而表示的那些特異的感覺，如作者上文之所指陳者，皆爲理所必至的結果或收穫受用，絲毫不假。但儘管如此，仍應知名義上「心」與「身」，畢竟是分際不同——心是純粹的理（心即理），可凝聚而爲志；身則爲中性之物，必待心志之主導而後可合理、行善，它本身並不具理，也無善無惡。若任其流放，甚且只見其惡，不見其善（荀子就是在這個層面上主性惡），所以任何理學家，無論達至何等心身交融，乃至天人合一之境，而在修習過程中，總要說個「存天理，去人欲」（陽明《傳習錄》最常見）。去人欲，就是因爲身體（理學家多稱爲「軀殼」）有流於惡行的可能，所以要時時去除其可能爲惡的東西。天理說存，人欲說去，二者界劃得明明白白。若不掌握這點意思，而惟既已成德之聖賢人物，由體證朗現的「即心是身，即身是心」等等啓人深思，教人從善之法言、法行是取，藉爲一己「心身平列」徧見之掩護，甚至只求鍊得肉身成道、羽化逍遙，而遺心志應負家國天下、歷史文化開創之責任於不顧，此則正恐難免企圖矇混，以便移花接木之譏矣。

又案：作者以醫學家對於身體結構，或陰陽五行思想下氣化之理論與觀念講踐形，難怪他會認爲牟宗三先生之學不能實踐，而大肆貶評。（此見其所著《人性、歷史契機與社會實踐——從有限的人性論看牟宗三的社會哲學》，《臺灣社會研究季刊》第一卷第四期（一九八八年，冬季號）。）

㈢三二五頁倒一〇行起

案：請問孟子至今尚存的，是他的精神思想，還是他的物質身體？自古聖賢，名傳永世，其曾經睟面盎背的身體，今猶在否？

㈣三二六頁一行起

案：這大段文字，都是作者爲了圓成己見的強說辭。「氣」只是個抽象的共名，並無獨立的實體，它是隨各種有獨立實體之物事之動發，產生力能而謂之氣，如依心志之動發則有志氣；依物實之動發則有物氣；依正行有正氣，依邪行有邪氣。其所依發，可以無限，故其成象，亦可無限。但絕沒有個獨體之氣足供人之把捉或思以對之者（物理現象中之雲氣、蒸氣……之類，就其成形說，已是物；就其可因某種動能而積聚，亦因某種動能消失而消散，則仍屬無自體之虛名）。孟子「養氣」之說，正是落在心志之「養」上做工夫。其所云「夜氣」、「平旦之氣」，只是形容心在清明狀態中，蘊有無限潛力（氣）的形容詞。孟子去今數千年，其所深造而得之道，至今猶在人間與吾人相通，可是氣與身體，何處可復尋覓？知此之不能，則知必欲以保固實質可感的「身體」並依之以言「實踐」者之不足以言道也。再者，作者以社會主義立場講實踐，請問：人果鍊氣化神，成就金剛不壞之身（事實上不能），又能對人間社會作出怎樣的貢獻？顏淵短命，伯牛有斯疾，明道、象山、陽明，年皆不過四、五十，身體必然不能算強健；而張巡、許遠、文天祥、史可法諸忠烈，類皆英年殉國。然而他們在於歷史社會中實踐的影響及貢獻，卻為百世所欽仰，豈不深值吾人省思？

(五)三二七頁八行以下

案：孟子生前，自是如此。但他依理論形式說出時，是當作一種原則，示人之求至於道，可潛隱地有此一注意身體，而著實踐形、存心、養氣的進路，並非以為人人必須遵循之途轍。很顯然的，顏子就不必然如此。

㈥三二九頁以下至三三〇頁

案：如此說者，皆是儒學本有之義，與作者前此各章所企求之理念——在於身體之必鍊而成如金似鐵之觀點，殊不相應；究其實意，蓋皆欲以便其假借也。因若眞是會得此中道理，則根本不須有前頭的許多閒嗑牙。

㈦三三三頁六行以下

案：對朱子學派的批判，定義殊不切當。1.朱子學在儒學傳統中，是繼荀子、董仲舒等正視經驗現實之系列下發展出來的，不能全稱自鑄系統。2.對人的身體有戒心，不是朱子學派的獨見；孔、曾、思、孟下及宋明諸儒俱有之。孔曰「殺身成仁」，孟曰「舍生取義」，理學家稱「存天理，去人欲」皆是。

㈥三三四頁最後幾行

案：作者欲說的眞心話——身體觀，就是從這種模糊界地幌幌盪盪，遊離漂浮出來了。

(九)三四八頁一七行以下

案：此處義須簡別「天地之性」與「氣質之性」，論說時雖可對稱，實質則不可等同而觀。天地之性是宇宙原始的本體，由之衍生，乃有氣質，且有其性（天地之性是有天地即有性；氣質之性，是先有質而後才有性。此是二者對稱時必須了別的。當然，氣質之性，既已成形，它亦可以再三衍化，甚至無限衍化外於其自身的氣質。如人則子孫綿延；萬物則基因繁殖。到得此時，則性、質是同時存在的了）。氣質與其性，是通一切現實或現象之物而言，但其中必須分辨有個特殊存有者，便是「人」。當天地之性落實而成就氣質與其性時，唯人乃兼有天地與氣質兩層之性之蘊於中。所以人能自覺地將氣質之性經由修持而提昇，而契合於天地之性。及其昇合於天地之性以後，二者便自然同一，而作者於前文所說那些聖賢人物超卓的氣象，就自然呈顯出來了。但是這種上昇以同於天地的行徑，在其他亦可名爲氣質之性的萬物則不能。不但他物不能，即人而言，如不自覺地善爲操持其內蘊的天地之性，則亦僅爲氣質之性之存在而已。由此可知氣質之性，是有其獨特存有之質性，不與天地之性同一的。作者於此無所辨，應非其明不足以及此，而是其殷切冀望躋登身體於仙風道骨之境，所釀成的執著使然吧！考察至此，可以充分知其寫此一部大書之關鍵所在矣。

㈩四一一頁前後

案：作者最後只就哲學或思想，做了歷史的判斷，未就宇宙人生之當然乃至必然得爲道德的或善的存在做出判斷。雖然從本書開始至最後的兩三行，都歸於以孟子爲標的，但眞正的用意，總是落在一個狹窄的「身體」上表其概見的。

〔**別記**〕上文刊出後，楊儒賓教授旋有《無心之諍》一文作回應。筆者亦遂有致編者先生之復函，聊表意理無礙之交流。但經主編戴璉璋兄電告：爲免彼此往覆辯說無已，只影印原稿寄楊先生參考，文則不再刊登。今本書既復輯錄前文，對於凡所牽連之餘音，自當明爲交代，故仍附列於此，俾見一事之原始要終也。

編者先生：

月前承轉寄楊儒賓教授對拙文〈儒家心、身位階衡定〉答覆之原稿影本（該文嗣已刊於文哲通訊七卷三期），早經拜讀，因故遲覆爲歉！

細審楊先生答覆之文，字裡行間並無與鄙意絕不相容之衝突。蓋如其所了別：基本理念，正是在肯定，甚至尊尚儒家學術或學問之價值意義下進行的。聲氣本可相通，群振自無庸再事諍言；故但就前之拙作，略申三點原委於下，藉爲初時之唐突繫鈴解套而已。

1.就原書整體之內容及論證程式看，楊先生在心、形、氣三者方面的鋪陳，顯然前一不及後二之深密繁富，尤其所據文獻資料和標其書名《儒家身體觀》，正有邊緣掩蓋中心，而致重點錯雜失衡，足使讀者印象，適與著者用心相翻之嫌。

2.群振於道、佛乃至耶、回等宗教教友對其教義之奉持，諸子百家之以思想學術而成一家言者，無不依義理之當然，肯定其價值。惟個己修習，則以儒聖「爲仁由己」之操持爲足，故於諸家所是，可以竭誠尊之敬之，而不必循其方。人有據彼之方式訾議或混充儒學者，則輒不能忍而不出爲明辨耳。

3.說到牟宗三先生，群振僅於〈附識〉十二之二條偶有提及，楊先生卻因以暢發了大段的議論，並認爲「正面的傳述」不定能比「側面的質疑」，更足以突顯牟先生哲學的意義。這說法，有無堅實的理論基礎，可暫不論，倒是充份表明了他確然對牟先生學思之無所契許。就依群振前據楊所批評牟先生之學不能爲社會實踐的原文看，楊之於牟，正如針鋒之相對而牴觸。其對反所造作的名言及表顯的意態，琦瑰多端，當然不是此一短函所能盡其曲折者。但我可借人皆熟識的兩組語詞——「超越理性」與「現實經驗」之因果關係，來爲二家學理作個大致的簡別：牟先生是主張由理性以開發經驗，楊氏則強調隨經驗而認可理性。義路趨向之別，原是儒家哲學傳統中，早經孟、荀二子而已形成宗、支分異之兩流。楊先生在於現代多元學術風氣之薰陶下，思想見識，自較荀子豐厚而特出，然其基本向度，畢竟與荀子爲同途。可是其論證卻惟天道性命相貫通之孟子是崇，而絕少及於荀子，且復大力推揚與荀子非難的「以形狀顏色論吉凶妖祥」觀念（見〈非相篇〉）相左的神仙術士之行，是即吾先之所以直覺未妥而不能無言也。今讀其〈無諍〉之文，既知伊人所見如彼，則在無傷根原義旨之大前提下，因可各信所信而相推互許，自不用喋喋多言矣。

附篇丙：秦始皇功過論評

民六三（一九七四）年五月台南師專國教之友月刊發表

一、從電視劇中的「一代暴君」說起

大約自本年（一九七四）三月中旬開始，中國電視台播映一部「一代暴君」的歷史連續劇，內容主要是描繪人皆咒詛的秦始皇一生的暴行。照理講，此時大陸的共黨正在大搞其「批孔揚秦」的把戲，我們黨營電視公司之推出這樣一個節目，無疑地該是採取絕對「貶秦」路線的，至少也不該讓觀衆對他有任何的好感或同情才對。最初我沒有時間看它，只由內子偶而欣賞了幾次，然後將她的觀感告訴我說：「劇中的秦始皇，並不見得如何殘暴，只是他下面的一些小人，從呂不韋、蒙嘉到顏洩、趙高之類，個個玩弄權勢，欺壓上下，確實令人可惡。」我覺得有點奇怪，便也跟著看了幾次，正好碰上呂不韋長期與太后私通，因恐事發，乃推舉一個市井無賴「嫪毒」自代，終被秦始皇發覺，斷然處決的一段過節。結果我所感受於劇情的暗示，不僅是不覺得秦始皇怎樣殘暴，反而會無意中爲他處處被小人蒙蔽的處境，深表憂慮；乃至當其果斷地解決問題時，會感到一股不可名狀的快意和佩服。我想眞是糟糕！假如我們平時所深惡痛絕的暴君，竟能這樣引起人們內心的同情，豈不是自己打自己嘴巴？我當然有我自己的主見，不會爲這種娛樂性的戲劇所迷惑。可是在一般尙無定見的或年輕的人看來，也許眞會覺得秦始皇並不可惡可恨，反而覺得可愛可敬；更嚴重的問題是：由此聯想到我們經常指爲專制獨裁，並且公然頌揚秦始皇的某政黨，假如也像現在電視劇中所見所感的秦始皇一樣，那豈不要根本動搖我們反對暴政的信念了嗎？因此，我特別爲中視之演出這樣一個節目感到費解，也爲這整個的事體而苦思了好幾天，最後逼得我又找出《史記》、《資治通鑑》等書，把有關的紀傳資料，重溫一遍。邊讀邊想，於是我得了幾點或可自圓其說的意見，謹以野人獻曝之忱，提供大家作個參考。

二、秦始皇本為功過混一的人物

首先，我們從編劇的困難這個角度去看，要想描繪秦始皇這樣的歷史人物，實在有很大的麻煩；因爲它一方面不能歪曲事實，導致歷史的錯亂；一方面又要充份顯露劇中角色的本質和精神狀態，讓人有鮮明而正確的判斷。前者是具體的，尙可容易辨到；後者則比較抽象，非具有刻劃精微，直探幽隱的主題與細工不可。「一代暴君」這個劇本，到目前爲止，大體上不能算是不合史實，但何以給人的印象是這個「暴君」，並不令人覺得可惡可恨？人的行爲事實，既不致引起人們的恨惡，又怎能稱之爲「暴」？難道歷來史家學者所稱始皇爲暴者，都是無的放矢？我想來想去，覺得只有一個答案，那就是秦始皇這個實存於歷史上的人物，原本由「清」與「濁」之兩種現實混雜而成的，不過清是他外在的緣，濁則是他內在的質。切實地就其功業與過惡而言，我們若想彰著的過，就同時離不開他的功。因爲他的過惡昭彰處，就在功業表現處；其功業表現處，就是過惡昭彰處。兩者總是糾纏一起，很不容易分解開來。由此，可知秦始皇之爲暴，與歷史上其他的暴君，如夏桀、商紂、陳後主、隋煬帝之類，是很難同一而論的。所以要在戲劇中來表演這種角色，無論編劇、導演或演員，都必須有深刻的觀照和卓越的技巧，始能予人涇渭分明的印象和辨識。否則將失之毫厘、謬以千里，不演還好。

三、我們所當判定之準則

現在我們可以撇開戲劇的問題不談，卻要切實檢查一下何以秦始皇是個清濁或功過相混的人物？何以說他的過惡昭彰處，就在功業表現處；功業表現處，就是過惡昭彰處？我們是否可以用功過相抵的辦法，說秦始皇是功不掩其過，或過不害其功？對於這一連串的問題，我以爲必須經由下列兩個具有指導性的觀念原則來解決：一是歷史原則，一是道德原則。我們須知：在中國歷史上，確然有許多大事，是通過秦始皇這個人來完成的，例如蕩平六國的紛爭，統一天下；推行郡縣制度，建立完整的中央政府；以及北禦匈奴，南定百越；乃至築長城，開馳道；強制書同文，車同軌。在在都是促使中國一統，民族凝結，以達富強繁榮之所必備的條件。秦始皇既已一一做了，則就事論事，自然不可磨滅，是即所謂「歷史原則」。但在這裡，我們仍要進一步的想：一切歷史事實之出現，背後既然少不了個人之爲操作或支配，則不能僅以是其所是的態度看歷史事實，而必牽連著後面那個操作或支配的人之行爲以論其是非；而要論定一人之是非，自必另有所以論定之準據，這就是所謂的「道德原則」了。歷史原則，在求史事之眞相；道德原則，則在求出眞實事跡後面那人的本質。一表一裡，不可不加分別。所以秦始皇雖在歷史原則下，似有不可磨滅的事功；但在道德原則下，卻因一切皆出乎個己之權利私慾，故是一徹頭徹尾的暴君。而且正因其爲人的本質是個暴君，也就使得他的事功，只具有歷史的客觀性，不能繫屬於主觀的個體，而視爲他本身的成就。這種分判，在我們古代的史家或學者，都是表露得很清楚的，如司馬遷的《史記》，與司馬光的《通鑑》等，只要你細心的研讀它，一定會給你非常明曉的意理和認識。

然而在今天的世界風尚中，一切唯功利主義的馬首是瞻，對於一個人的觀感，往往只要他在歷史上有可說的事功，就不再從道德上問他的是非了。尤其我們中國，由於近百年來的積弱不振，受盡列強種種之壓迫，沉鬱待申，更不免有此借題發揮的趨勢。這便是「一代暴君」劇中的主角秦始皇，所以難免令人心存好感之故；而編劇者與表演者，也都無形中受著此種潛在意識的左右，竟有暗示這個方向的嫌疑。推而論之，即目前大陸上部份人們之無忌憚地「揚秦」以彰暴，我想，理論上也必是起因於此的，只是他們更敢明目張膽地誇大其事，藉以撩撥一般人的情緒，以供其驅策效命而已。這種情形，實在太危險了！所以我們今天應該就秦始皇的時代背景及其所行所爲，來作一番如理如實的分析，以見這個人的本質，實是罪惡滔天，絕不能語於事功開創者之林也。

四、因緣時會所成之事功，非真事功

通常所視爲秦始皇事功之最者，主要在兼併群雄，統一中國，這問題的是非，理當從周室中葉說起。蓋自平王東遷洛陽以降，原本爲天下共尊的王權，日漸衰落；而政治上大一統的局面，也日形瓦解。於是諸侯競起，各自擴張自己的領地和勢力。強者凌弱，衆者暴寡；攻伐無已，戰禍綿延。歷經春秋、戰國兩個時代，約近五百年的時間，人民都沉淪於水深火熱之中，痛苦不堪，自然滋長著一種強烈地要求天下一統的潛在意識。最顯著的趨勢，就是當時一般嶄露頭角的智識份子，都能不據國限，紛紛投向可能實現其心中理想的諸侯，爲之效命——孔、孟、荀等儒家大師之周遊列國，以及一些遊士們之各以所能遊說諸侯，無不是基於這種要求天下一統的意識而有的行動，積而久之，以致形成一股不可遏止的時代精神的大流。不過孔、孟、荀是希望天下有一個能夠實行仁義禮法的國君來完成這項任務，是其與一般遊士不同耳。但當時諸侯，都是利欲薰心，征伐是尚，對於儒家仁義道德之說，根本聽不進去；則在大家講求功利，競相角逐的場合中，就得看誰的手段高明，誰的做法徹底，誰就能捷足先登，掌握這時代精神之有利的態勢，獲得天下一統的便宜。那麼比較起來，秦國自孝公開始，據殽函之固，擁雍州之地，重用商鞅，變法圖強；下及惠文王、武王、昭襄王等幾個精明幹練的君主，都是採取一貫地富國強兵的措施，內以戰功思想，誘導人民；外以連衡政策，相機蠶食諸侯。反觀燕趙韓魏齊楚各國，其貪圖功利之心，固與秦國不相上下，但他們的內部，既無一貫的強而有力的作法，而彼此之間，又復猜忌橫生，征戰不已，處處予秦人以坐大之利，可乘之機。故一至始皇繼位，遂能挾其祖先數代厚積國力之餘，一舉而呑滅六國矣。然則循此以思，秦始皇之統一天下，在中國歷史上所開之新局，實在是承襲先業，因緣時會所拾到的一個現成的便宜，絕不能視爲他個人英武能幹所成的事功，正是至爲明顯的道理。唯其如是，所以他雖然妄想傳世萬世，並盡一切可能，做了種種鞏固政權、預防傾危的措施，結果死後不過數年，竟由一夫作難而立即崩解，以至於完全不可收拾。焉有眞於歷史文化中建功立業之人而果如此之不濟者乎？

五、秦始皇暴戾生命之本質的分析

上文中，我們已經剝落掉秦始皇一切可能招人好感的功業，那麼剩下來的就是他那赤裸裸的現實生命了。只有這，才是他眞正的本質所在；然而分析起來，卻可說一無是處。茲據《史記》及《通鑑》所載，概以下列八點論之。

㈠問題家庭中之問題少年

此有以下三事可說：①始皇之父「子楚」，本爲秦昭王之孫，孝文王之子。但因出身庶孽、不被重視，僅只利用其爲公子的身份，下放趙國作人質；又復不守約言，照常攻打趙國，以致子楚時遭趙人欺侮，流落邯鄲。即此可見始皇家世之複雜，正如今世所謂「問題家庭」者。②秦始皇本人之身世，乃呂不韋取邯鄲舞女同居，知其「有身」以後，獻與子楚爲夫人所生者。論血統，始皇實是呂不韋之子。此在始皇自已，當必有所聞知；但在名義上，他卻不能公開承認這個事實。因爲一經公開承認，便將無法繼承秦國的王位了；即勉強繼承下來，亦必不能厭服人心。爲了保權固位、便不能做正常的人子；要做正常的人子，便不能保權固位。於是秦始皇之內心中，必然深藏著一種無可奈何的痛苦；終由極度之自卑，反動到極度之自尊，而構成他那喜怒無常、敵視一切正常人的偏激心理。③當其既爲秦王，且頗得志之時，內宮中又出現太后與嫪毐淫亂穢污的醜行，幾乎使他完全見不得人，面對倫理世界有所作爲。這眞是火上加油，更撩撥了他那原本自卑偏激的心理，終於走向孤注一擲的絕路，借殘酷暴戾，作泛濫而無一定目標的報復。

綜上以觀，可知秦始皇實在是個問題少年——一個由問題家庭中孕育出來的問題少年。

㈡愚昧荒唐，濫行爵賞

秦始皇由十三歲即位爲王，逮至八年，已經二十有一歲，年齡可不算小了。但在這時，竟將一個既無人望、又無事功的市井無賴──嫪毒，封以長信侯之高爵，並且「予之山陽之地，令毒居之，宮室、車馬、衣服、苑囿、馳獵恣毒；事無大小，皆決於毒。又以河西太原郡，更爲毒國」。這是濫施爵賞，只有反映秦始皇自己的荒唐。當然，這中間也許還有太后的要求和呂不韋的慫恿，但秦始皇究竟是一國之主，對於一個人的封賞，總得有點理由可說，沒有理由而太后是如此要求，呂不韋是如此慫恿，則其中必有隱曲。不能審察其隱曲，遂隨意濫賞，那便簡直是個愚蠢無知的廢物了。

(三)兇殘嗜殺，草菅人命

始皇之凶殘嗜殺，舉其顯而著者言之，有以下諸事：①九年，誅夷嫪毒三族，黨與皆車裂滅宗。因諫遷太后於萯陽宮事，戮而殺之，斷其四肢，積屍闕下者二十七人。(此據通鑑)。②八年，逼弟長安君將軍擊趙，以致反叛，所有軍吏皆斬死，駐地士卒已死者，亦盡戮其屍。③十九年滅趙，始皇親至邯鄲，盡捕嘗與生趙時母家有仇怨者，皆坑之。④三十五年，阿房宮造成，信方士盧生之說，所居不令人知，後有中人(即閹宦)洩其行止語言，遂捕當時在旁者皆殺之。⑤三十五年，方士盧生侯生等亡去，始皇大怒，於是使御史案問諸儒生，嚴刑逼供，牽連四百六十餘人，皆坑之。長子扶蘇力諫，始皇怒，使北監蒙恬於上郡。⑥三十六年，有隕石于東郡，或刻其石曰「始皇死而地分」。始皇怒，使御史逐問、莫服，盡取石旁人誅之、燔其石。

以上各條所舉，只不過與秦始皇個人喜怒直接相關者而已；至於在其苛猛法制下，驅策酷吏悍將，間接地普遍殘害天下人民者，自更罄竹難書。然即此諸事之經過情節而評審之，已不是任何稍有人性之人所能作得出來的。可是秦始皇卻說殺就殺，要坑就坑，絲毫沒有顧忌。眞可說是極千古兇人的典型了。

四性情乖戾，遷怒無辜

此有①十年，因韓人鄭國來間秦，於是依宗室大臣之議，大索、逐客。②二十八年，渡淮水，之湘山，至湘山祠，逢大雨，幾不得渡。於是始皇大怒，使刑徒三千人，皆伐湘山樹，赭其山。③二十九年，游至陽武博浪沙中，爲盜所驚，求弗得。乃令天下大索十日。④三十一年，微行咸陽，逢盜蘭池，乃令關中大索十日等事。

所謂「大索、逐客」，「令天下大索十日」，「關中大索十日」，史傳上雖然沒有就如何「索」法的事實，具體陳說；但用一「大」字形容之，即可見絕不是一件輕鬆的事體，因而牽連到的無辜之人之多，當是可以斷言的。然而細究每一「大索」的起因，都不過是由於對一人一事的不洽意，便遷怒及於整個大衆的。尤其因大雨不得渡河，便砍盡湘山之樹而赭其山，這種乖戾浮躁的行爲，不僅是幼稚可笑，實已到了中風病狂的地步。

(五)窮奢極慾，困民自奉

大概終秦始皇之一生，都在大興土木，搾取人民的勞力和財力以自奉。自其即位之初，便在酈山營建自己的墳墓。後來更動員七十餘萬的刑徒，逐步加強，挖深到三泉以下。整個大洞，都用銅鑄成，說是棺材的外槨，裡面的設備，有宮殿、有百官；奇器珍怪，無所不有；以水銀爲河川江海，互相輪灌；上具天文，下具地理；以人魚的膏油作燭，可以久燃不滅；又作機弩矢，防人穿入。即此一事，已見其奢侈之極，即使是科學發達，物質充足的今天，恐亦無人設想到那種豪華靡費的程度。但這在秦始皇，還只能算是個小小的節目，更甚者，則有二十七年在咸陽北阪上所作的宮室，都是將破滅諸侯各國宮室的樣本，重建於此。又有渭水南岸所作的信宮（極廟），乃倣照「天極」的形狀而設計的。至於阿房宮，更是名震千古：光是一個前殿，就東西五百步，南北五十丈，上可坐萬人，下可建五丈旗；整個完成，大約綿亙二百里，宮觀二百七十，復道甬道相連；材料多自四川湘鄂一帶運來。（據項羽本紀：「羽燒秦宮室，火三月不滅」。足知其佔地之廣，費材之多。）試想在兩千年前的古代，一切都靠勞力發動，而所建工程之巨大，幾乎是現在科學時代的人所不可想像的，則其害苦人民之深，又豈可勝言？

㈥縱情遊樂，騷擾天下

秦始皇自二十六年兼併天下之後，即經常出遊，行踪遍及南北各地：計自二十七年至三十七年死時爲止，共有七次之多。每次出遊，動輒數月；在旅途中，爲了安全自保和誇耀天下，隨行的車馬人員，必極浩繁；儀仗聲勢，必極壯觀。（此由項羽劉邦見之而羨嘆：或謂「彼可取而代也」，或謂「大丈夫當如是也」，以及張良蓄意行刺，也只能「誤中副車」，即可明證。）加上一些鷹犬般的屬下，仗勢凌人，則所到之處，無不橫遭侵擾，不得安寧，固亦想像中必然之事也。

㈦怯懦自私，迷信神仙

秦始皇之迷信神仙，甘心接受方士詐騙，且至死不悟者，亦極盡怪誕荒謬之能事：①二十八年，齊人徐市等上書，言海中有三神山，曰蓬萊，方丈，瀛洲，爲仙人之居所。於是遣徐市發童男女數千人入海求仙人。②三十二年，始皇之碣石，使燕人盧生求（仙人）羨門、高誓，又使韓終、侯公、石生求仙人不死之藥。③三十五年，信盧生求仙應避惡鬼之說，於是將徧及咸陽附近數百里之宮殿，都加上隱密的走廊或地道（甬道），以便行動不爲人知。④三十七年，又信徐市求仙藥不得，乃因爲大鮫魚所阻之說，於是令入海者，帶著捕捉巨魚的工具，而始皇自己，則親挾弩箭，沿著海邊進行，等著大魚出而射之，結果自琅邪經榮成山，到之罘，大約幾百里，才見一巨魚射殺之。

自古以來，凡屬創業垂統之英主，無不志慮清明，胸懷超曠，惟以承繼天之德命爲念者。詩書中所記五帝三王之事，足可明徵。即如漢之高祖，出身平民，當其病危之時，亦謂：「吾以布衣提三尺劍，取天下，此非天命乎？命乃在天，雖扁鵲何益」？於是拒絕治病。故史稱其「豁達大度」；且在事實上開創了四百年漢代的基業，良有以也。獨秦始皇則沾滯於現實的享樂，妄思求助於神仙，以成其長生不死之私願，十足地顯露出一副萎瑣猥褻，卑陋膽怯的懦夫相，非徒可鄙，亦復可憐。人而如此，能無悲乎！

(八)蔑棄文化，壓制思想

在秦始皇君臨天下之三十七年中，絕無及於文教之事者。若曰稍有類乎文教意義之舉，則惟隨其游興所至，處處刻碑立石而已。然細究各種碑石之內容，幾全爲矜功耀能，妄自尊大的浮誇之辭，無一可語於與人民教化有關者。反之，於三十四年，則竟採李斯逢迎邪惡之議，制令「史官非秦紀皆燒之；非博士官所職，天下敢有藏詩書百家語者，悉詣守尉雜燒之；有敢偶語詩書者棄市，以古非今者族；吏見知不舉者同罪；令下三十日不燒，黥爲城旦……若欲學法令，以吏爲師」。

我們推究秦始皇的罪過，在其他方面，或許還可說是一時的；明白言之，即只要挨過一定的時間，其所爲禍害，也就可以自然終止，尚不致遺患無窮。惟獨執行此種蔑棄文化，制壓思想的愚民政策，則影響之深，尤非一般之所能比擬；極其所至，可以蕩毀一切既有的文明，使整個人類回復到原始洪荒時代的野蠻狀況。所幸他此後的統治，不過數年，便已崩潰；否則，在中國歷史上所成的惡劣後果，必將不堪設想。故即此一舉，我們就足以判定秦始皇爲天下萬世的大罪人了。

六、餘　言

關於秦始皇其人之功與過的問題，大概已如上述；依我個人的觀察，兩千餘年來，似乎沒有什麼人是對他心存好感的。然而在今天的時代裡，一個發動紅衛兵造反的共黨四人幫，竟想一手遮天，推翻歷史的定案，一方否定以仁道爲倡的孔子的價值；一方面又大力推尊秦始皇，視之爲他們自己的榜樣。這就是目前大陸上正在如火如荼般進行的「批孔揚秦」運動。平心而論，共產黨在已往的二十餘年間，其一切舉措，早就將所謂「批孔揚秦」的實際內容，完全付諸實行了；只是因爲尚有某些顧慮，一直未敢宣諸口舌而已。如今的四人幫大概是所有壞事，都已作盡，換句話說，也就是沒有可讓他們覺得更刺激，更洽意的壞事好作了，於是才正式揭開了這最後的一張底牌。現在我們單就其中之「揚秦」一事而考論之，秦始皇不僅其陰私險狠，兇殘暴戾的性格，不足值人稱道；即以其兼併六國後之善後情實而言之，亦根本是昏昧無知的。正如賈誼所說，他以詐力「離戰國而王天下，其道不易，其政不改，是以其所取之者守之也（按：據史記本文，此句原爲「是其所以取之守之者異也」，語意與上文不接，必有錯亂。故略予改正，以通其意。）孤獨而有之，故其亡可立而待」。然則共黨之揚秦，豈不正意味著他們是自覺地繼步秦始皇之後塵，既以邪辟的馬列主義騙得了政權，而亦終將一意孤行地以馬列主義毒害人民到底嗎？秦始皇「以其所取之者而守之」，結果是「亡可立而待」；那麼共黨四人幫又如何？「殷鑑不遠，在夏后之世」，歷史的鐵則，四人幫又豈能獨自脫出例外？由此種種，所以我敢斷言，四人幫此番底牌的揭露，必然是其惡貫滿盈後，所作孤注一擲，自成絕響的最後一次了。因爲天人共憤，勢已不容他們再有任何作孽的可能呀！

附言：本文初係應台南師專「國父遺教」及「敵情研究社」之邀所作專題演講之講詞。嗣經稍微修訂發表。大體文思理路，仍保持原演講時之語氣與形式，不免未盡嚴整周備。惟所關內容情實，亦頗有相應時序之趾爪痕跡在，故復錄存於此，俾供讀者參詳。

清樣後贅言

儒學之在中國歷史文化中，自孔孟上規堯舜三王之德教，與其本身創發之義理綱維，至於今時，可以統計而謂有五千年悠久光輝之傳承。它之所以如此經久不息，綿延永續，當然必有昭然明爽，煥乎文章；足以彌綸天地，變化愚柔之內容眞理爲骨幹。可是刻就隨而起現之實際情境以觀，除卻上古事簡民惇，文明初肇階段，或曾呈露過相當之業蹟以下，包括三代末期，乃至漢唐盛世，似均未盡得爲充類至義之表顯；倒是於中所見藏汙納垢——善惡之報施不恰，是非之淆亂莫明，在在處處，難免教人吁聲長嘆不能已！以是，從來「道問學」者，儘管代有賢達，依存在生命之親切體證，前仆後繼地再三爲振聾啓聵，精誠明著之弘擴推申，仍未能杜衆多不軌於思者之別具畸想，詆訾正學，導引流俗長墮於卑下；衍及近世，更因功利取向而多途競進之西學東來，人皆爲之目眩神搖，而愈若奔波放瀉，一往不反矣。

問常察其所以然之根由；無論如何，總以儒學本義之未得明解爲先；而未得明解之故，則又因人之易爲眼見現前物事之繁富多姿，錯雜紛紜所牽引纏縛，莫能振拔超脫，以伸其迴旋布護之志慮耳。關此，原亦是個可容見仁見智，未便強徵左右袒之間題。不過，凡事之著於定型定在處說話，自必各有適切如理之分際，是即：吾人今之所論說證會者，本屬人類歷史進程中，既成觀念性偉大宗派之儒學，及其得爲永久信持崇奉之傳統之何以可能，則自當依適如其量之律則或準據以爲切實之規範與翻省。由是，吾人便首須知道：儒學之基本精神與向度，要在求爲實現或完成一個理想——即整全宇宙人生必至且必備之圓融豐懋之盛德；而進展之方，則是順著兩個決然不可缺少的程式——「思」與「行」之步步實踐以達致。蓋思則見理；行則作氣。理者，聚而爲體；氣者，散而成用。故見理則形而上之一元大始以顯；作氣則形而下之多元開發可期。所謂理先氣後，本末相貫；即體即用，保合太和。是中國先哲天人物我渾然同一之終極義蘊所指；而亦西方智者汲汲探索，渴望溝通之目的所在。不可誣也。

雖然，就一「眞實」之存有而言，理——體與氣——用，固必不得離異。惟其間既各命以名，則亦必各有其分。名所以供識別；分所以彰定義。譬如：天覆地載：天、地爲理——體之名，循名，便知夫天地；覆、載爲氣——用之分，守分，便成其覆載。天無不覆，地無不載；載無非地，覆無非天。此理氣、體用之自成如如永在，一之不宜，二之亦不可也。由而演爲思、行所至之客觀效應或因果，遂見有超越而內在之主體之裁節於上；亦有沉落可經驗之事用之符契於下。斯乃自古聖賢所共鄭重認許，而今之哲人區處爲「本質」（或稱「本體」）與「現量」（或稱「現象」）之兩個層境者，信非虛構矣。惟其爲形容：本質層境，則隱而無跡，視之不見，聽之不聞，但可神感斯通；現量層境，則顯而有徵，按之便在，取之便得，儘可覿面相對。神感斯通者，獨一堅實，恆常而貞定；覿面相對者，衆多紛歧，瞬息有生滅。世人皆能觸知衆多紛歧者之爲完形具在與倏生倏滅，而少有理會所以興發或左右衆多紛歧者後面的恆常貞定之獨一。此本無關緊要。因爲行之不著，習焉不察，尙可終身不至違道。最爲可憾者，乃是許多躋身學者之流，自信不及，又復好事張皇，憑其豐博而昧於高明之常識，發爲佻達而足資敗德之異議。吹噓下層多元之可適多欲，而極力鼓舞逐求；蔑視上層一元之能奠一志，而盡情牴排揚棄。殊不知：多元無一元之爲統會，則必各自孤立，然後是其所獨是，非其所獨非；延衍至於行事，且將泯失中正恆久之判準，而善不得正其爲善，惡不得正其爲惡。徒見爲高空隳墜所成破碎場景下，群群游離分子盲目充耳地紛爭角鬥、一團混亂。於中本具先天智思能爲之人士，不惟不此之慮懼，卻反妄作聰明，偏執畸論助其勢，是故有似煽火益烈，焚林愈普，天下因以靡然俱燼而莫救，何復學術功能之可言？人際均安之可冀乎？

著者不才，平生偃蹇困窘，無所可述。惟幼讀儒書，頗受啓發。及長，稍觀歷史，於彼先世運會之詭譎迭宕，當代流風之濫竽泄沓，每多深懷感憤，認爲從來之凡有惡徒作亂，暴政虐民，無不肇因於此。然以學養不充，智德有限，亦徒歎無如之何！直至年三、四十，羈身軍旅，未成一得。所幸四十一、二年間，因緣邂逅《民主評論》及《人生》兩家雜誌，屢屢讀到錢穆、唐君毅、牟宗三、徐復觀諸先生暢論中國思想文化，批導時俗浮議方面的文章，大有先獲我心之喜悅，竟於往日誦習熟稔之四書五經部份，自然泛起「溫故知新」之驅策和蘄願，遂不自忖薄陋，誠心拜投 牟師宗三先生門下領受教益。多年追隨，長親儀範；聆其講演，讀其著書；宏觀博取，默認力探。又蒙同門學友——王淮、唐亦男、蔡仁厚、戴璉璋、陳問梅、周文傑諸兄之催督輔誘，不容稍懈。經久蘊積，茅塞漸開，信於儒學略具會心，便亦思抒胸臆，間有寫作：先已輯成《人生理想與文化》『(商務人人文庫版)、《儒學探源》(鵝湖出版社印行)、《荀子思想研究》(文津出版社印行)之三書行於世。

邇近之作，則可分兩途以言：一爲自七十九(一九九〇)年由台南師院退休後，利其閒暇，奮其餘力，整理宿昔課堂蒐存之大部資料及講義，訂定持續計劃，撰述《論語章句分類義釋》之巨篇(現已概成八十餘萬言，部份且由〈鵝湖月刊〉分期發表)。一爲更前若干年來，應學界邀約，斷續寫成意旨相貫之各篇論文，是即本書所名《儒學義理通詮》者。今此後書，幸蒙台灣學生書局惠予出版，既經校印完畢，在於清樣時，忽覺

國家圖書館出版品預行編目資料

儒學義理通詮

周群振著. – 初版. – 臺北市：臺灣學生，2000 [民 89]
面；公分

ISBN 957-15-1022-X (精裝)
ISBN 957-15-1023-8 (平裝)

1. 儒家 – 中國

121.2 89007577

儒學義理通詮（全一冊）

著作者：周群振
出版者：臺灣學生書局
發行人：孫善治
發行所：臺灣學生書局
臺北市和平東路一段一九八號
郵政劃撥戶：〇〇〇二四六六八號
電話：(〇二)二三六三四一五六
傳真：(〇二)二三六三六三三四

本書局登記證字號：行政院新聞局局版北市業字第捌玖壹號

印刷所：宏輝彩色印刷公司
中和市永和路三六三巷四二號
電話：二二二六八八五三

定價：精裝新臺幣四八〇元
平裝新臺幣四〇〇元

西元二〇〇〇年六月初版

12139

ISBN 957-15-1022-X (精裝)
ISBN 957-15-1023-8 (平裝)

一己從學之歷程與心跡，忡忡然不能無所交代。爰復略贅所感，藉爲〈後記〉，聊以抒其愫懷耳。